做语文教育的「本手」
汪文龙◎著
开明出版社

序：教育探索，需要坚定的“行动派”

顾德希

我认识汪文龙已有二十多年，在语文课程信息化探索领域，多有交道。

2000年，一个春暖花开的午后，在北京四中语文教研组正式见面，那应该是初次见面，那时就听说北师大实验中学在信息技术语文教学结合领域，已经开展了一些极富前瞻性的探索，汪文龙就是主力之一。一见“真人”，果然就有“干练坚决”的气度。

2003年，受北京教育学院委托，我开办了为期一学年的“信息技术整合语文教学高端研修班”，18位学员名单里，我特意点了汪文龙。当时他在实验中学高中任教刚两年，为了这一年的课程，辞了班主任并暂时没上高三，专心认真地学。

互相介绍经验的环节，他说了他先前的课例实践，说了半天，好像大家也没听太明白。他就接着说了一句：不明白没关系，只要做起来，就明白了！

关于信息技术与语文教学的整合，在当时确实是很超前的“新鲜事物”，常常感觉是“叫喊于生人中，生人并无反应”。汪文龙的这句话，其实是打开障壁的“利器”！难事，超前的探索，要听懂，要理解，那就得自己先跟着做起来，在做中就渐渐明白了。

在点评环节，我特意借势重申阐释了汪文龙的这句话，一时间，“只要做起来，就明白了”成了汪文龙的标签，倒也很切合他的“行动派”的气质。

在为期一年的学习中，汪文龙不断探索，就有了案例“《登高》教学”，又有了案例“《范爱农》教学”，最后有了重磅案例“单元主题读写”系列。在此过程中，他颇注意聚篇成类，总结规律。后来看到他的“单元主题读写”系列案例，在“虚拟课堂”中学生互动频繁，主动积极，是真正意义上的学生“自主合作探究”的局面。特别是在他的“信仰”这一案例中，我看到了“生动活泼的学习”，这大概就是我理想中的语文学习“该有的样子”。

后来，在现在的西城教育研究学院举办的北京市“语文课程信息化”的相关会议上，汪文龙又做了题为《做好“栏目设置”，致力“有效联结”》的发言，丰富的实践案例让与会者们“耳目一新”。申士昌老师会后告诉我，他从汪文龙的发言中，感觉语文课程信息化“很有前途”，“这就是语文教学未来要走的路”。

再后来，汪文龙又在“全国语文课程信息化延庆会议”上做主旨发言，提出了“信息技术与语文教学整合的三种应用型模式”（即“泛读整合精读模式”“主题读写模式”与“多样化生活化写作模式”），这三种模式的提出，也标志着语文课程信息化进入了一个新阶段。我在会上点评：这三种语文课程信息化应用模式，在全国，都是比较先进的。汪文龙备受鼓舞。我这话里有鼓励的成分，但较多的是肯定，是对他在这一领域坚持深耕探索做法的肯定。

在汪文龙的带动与带领下，北师大实验中学也一直是“语文课程信息化（即后来我提出的“双课堂”）”领域的主要实验基地，2011 年 1 月，《中国多媒体教学学报》曾经专刊报道。从单个实验课例的积累，到一支实践队伍的壮大，“做起来”的力量，体现在“行动派”的身上。

2023 年春天，汪文龙来看我，带着他主编的一本新书——《“双课堂”在实验》，他说：顾老师，我们的实验，又往前走了一小步。一看书，大为感慨：“双课堂”又在学习任务群时代开拓了大有可为的空间！这是一小步，也当然是一大步！语文课程信息化探索已经走过二十年，期间甘苦，为者自知，汪文龙是亲历者，但是他这种“只要做起来”的态度，是一以贯之的，也是他能坚持下来不断突破的秘诀！

汪文龙又告诉我，他带着他人文班的学生，在大观园里组织了关于《红楼梦》的沉浸式演出，而且是学生演给学生看。又细聊，才知道实验中学的戏剧文化也已然“蔚为大观”。“大观园里演红楼”是实验中学戏剧大树上“新开的一朵小花”。以前只是耳闻，今日是从汪文龙给我看的“演出视频”中亲见。

我想，做“双课堂”的汪文龙和做“戏剧演出”实践的汪文龙，都是在从教育的高度从事教学研究，从教学的“痛点”与“难点”处，去做开拓性的尝试，这种尝试也是我所谓的“归元返本，面向未来”的语文教育吧！

曾国藩说：天下事，在局外呐喊议论，总是无益，必须躬身入局，挺膺负责，乃有成事之可冀。

我想，语文教育的探索，也自然需要躬身入局的“行动派”，挺膺负责，坚持下去，才能走向未来。

自序：语文教学，极似传统农业

吕叔湘先生在80年代初指出：语文教育类似农业而非工业。

这话在理，于我心有戚戚焉。二十多年，一体会，还就是这话。

一

公元1999年，在那个使用486台式电脑上网和“BP机(移动寻呼设备)+固定电话”通讯为主的年代，笔者从北京师范大学中文系毕业，来到教育部隔壁的北师大实验中学，带着羞涩和忐忑走上讲台，成为一名光荣的语文教师，至今已二十多年。

一根粉笔，一块黑板，肚子里装了几本书，脑子里“盘旋”着教材文章，一张嘴也每每能“口若悬河且滔滔不绝”。在讲台前，就这么站“定”了，也渐渐地站“稳”了。

那个时代，印卷子还是“手刻油印”，课堂上没有花哨的PPT，投幻灯片都偶尔为之。技术不发达的年代里，备课讲课，答疑阅卷，舌耕笔耘，颇似“杏坛耕夫”；“日出而作，日落而息”，语文教学，真的极似传统农业。

公元2023年，体现信息技术赋能语文学习成果的《“双课堂”在实验》已出版，作为主编，我从事相关研究已20多年，早已可以很自然地使用相关手机APP进行语文教学。

技术的进步，极大地改变了很多学科的学习生态。君不见：英语记单词，有了“百词斩”；数学查对错，有了“题拍拍”；连理化生实验，也可借助先进的“穿戴装备”来完成。学习的获得感提升了，效率提高了，体验感增强了。技术的力量已经消除了许多传统障碍，拆除了学科进步的“拦路虎”及“绊脚石”。在某种程度上，很多学科搭上了信息时代的“快车”，迈入了学科学习的“工业时代”乃至于“AI智能时代”。

那么，对于语文学习，技术又能带来多少福利？网络平台上的百科文章解读、丰富的慕课资源及名家精讲的经典导读，确实使得学习者不再单纯仰赖课堂上的“授课者”。在“某科网”上可以简易获取的精美PPT，极大地简化了备课的过程；编写试卷、教案不再是“刀耕火种”时代的繁重工作，已经可以由“智能小管家”提供个性化服务和定制化管理。

然而，尽管AI智能能够解答复杂的科技问题，面对真实的高考作文题目，ChatGPT仍然显得力不从心。虽然“有声读物”能够辅助阅读，但它并不能取代真正的阅读，反而可能逐渐使我们远离传统的纸质书籍。随之而来的“浅阅读”现象，成为快节奏生活中的“次生灾害”。而日渐习惯的“虚拟社交”所引发的“网络失语症”，以及在“信息投喂”的环境下所面临的“信息茧房”问题，都在向我们发出警示：技术的辅助不应取代基础学习和深刻思考。

听说读写，作为语言学习的核心任务，没变；语文素养需要点滴积累的学习要求，也没变。

以笔者的观察，母语的学习自有其独特的运行逻辑，不管科技怎样迭代，无论技术如何助力赋能，语文教学，仍似传统农业。

每每看到坊间的一些课（也包括有时候身不由己的自己），从过去的“满堂人灌”进化为“满堂电灌”，都不由得觉得语文学习天地里充满了“浓黑的悲凉”，所以便常常这样“警醒”自己：假如教室突然停电，还能不能上好一堂语文课？假如长时间停电，还能不能备好一节语文课？

这大概就是“传统农业思维”。

二

农谚有云：人勤地不懒。

春种夏耘、秋收冬藏。“蓑笠朝朝出，沟塍处处通”，讲的是春种不避风雨；“锄禾日当午，汗滴禾下土”，说的是夏耘曝于骄阳；“卷起黄云挥谷雨，缚成碧草晒重阳”，写的是秋收只争朝夕。土地的收成，在传统农业时代，总是与辛苦辛劳相伴随；于农作物而言，就是在沉淀自我的“向内生长”，是缓慢的“长肌肉长骨骼”。

理想的语文教育，与“作物培育”何其相似！

鲁迅先生曾这样说“煤的形成”：用大量的木材，结果却只是一小块儿。

有效的语文学习，与“煤的形成”何其相似！

围棋有“三手”：按照棋理，不疾不徐地下棋，是本手；出人意料，落子而精妙，是妙手；貌似合理，而致全局受损，是俗手。

围棋高手说：善弈者，通盘无妙手。

从事语文教育，恰如在下一盘大棋。要遵循母语学习的规律，“无欲速，无见小利”，“不求妙招，只做本手”。

在今天这样一个“一切都要加速，诸事都求速成”的时代，有时候会无端地觉得，语文教师特别似“孟子”，天底下的学生则像极了“齐宣王”。

于是，《齐桓晋文之事》的戏码，常常在语文学习的课上课下，上演。

学生追求学习成绩的“富国强兵”，想知道“齐桓晋文之事”，作为语文教师，想推销的却是“修身立德”的“王道”。

“孟子”循循善诱口若悬河搞推销，“齐宣王”却昏昏欲睡懒得理睬，因为“孟子”的商品不对“齐宣王”的胃口。

但是，“孟子”知道，语文老师也清楚：以法家“霸道”的路径学习语文，是“邪道”更是“毒药”，信不得，更要不得。

齐宣王最终远离了孟子，拥抱了法家的“霸道”。然而，“起高楼又楼塌了”的齐宣王，到底后悔了。

然而现实中大大小小形形色色林林总总的“齐宣王”们，能认识到恪守儒家“王道”，下“本手棋”，才是语文学习的“正道”么？

语文学习的难，在于其先天命定的“少且慢”：耗费大量木材，才能得到的那“一小块儿”，当然“少”；传统农业有拒绝“工业化”的“免疫力”，当然“慢”。

语文教育的难，就在于被“齐宣王们”打上了“迂远而阔于事情”的标签，也在于被众多“中道而辍”的求学者扣上了“语文就是玄学，成绩就靠人品”的帽子。

于是，教语文，需要不断地“祛魅”和“驱魔”，需要持续地“劝学”和“棒喝”。

三

关于学习，时下有些歌词儿很流行，一些词儿，听着“刺耳”，看着“扎青春生活”，开拓校园的疆域用“行万里路的游学”让教育做到“‘万卷书’与‘万里路’双向奔赴”。

世界那么大，语文那么美。

教育，不能“螺丝壳里做道场”；语文，不能只在“字里行间做文章”。

做文章，要做大文章。教语文，当教大语文。

照这样的要求“量一量”，在语文教育的园地里深耕了二十多年的笔者，大约也能算一名“斜杠青年”！

笔者追求的语文，是“伏脉千里”的语文；笔者倡导的语文，是立足于活力课堂的语文，是植根于青春生活的语文，是着眼于心灵成长的语文，是伏笔于养心阅读的语文。

笔者推崇的语文，有古风朗诵会，有现代诗朗诵会，可以在学校一隅，可以在北大静园，可能在厦门鼓浪屿。笔者曾是仗剑的李白，也曾是宋妆的苏轼。

笔者教过的语文，有演了十多届的《雷雨》，有十多名同学竞聘“蘩漪”的盛况，有师生同台校友客串的《茶馆》的“济济一堂”，以及曾经在清华大学演出的校友专场；笔者的语文课，曾经在国家话剧院小剧场，也曾经在梅兰芳剧院大剧场，曾经在天桥剧场，也曾经在民族文化宫剧场。笔者曾经是小茶客与路人甲，也曾是王利发与制片人。

笔者欣赏的语文，有“名人故居踏访”与“文化古迹探访”，有“家族人物访谈”与“寻找最美书店”，有“京剧昆曲观赏”与“经典影片欣赏”。笔者是幕后设计师，也是台前主持人。

笔者心仪的语文，走过汉唐，走向敦煌；穿越宋元，一路向海。从陆上丝绸之路，到海上丝绸之路。携手历史、地理，践行跨学科，走向大课堂。

随风潜入夜，润物细无声。

五

教材，是语文学习的根据地。课堂，是语文教育的主阵地。

一个明智的语文教师，要“咬定教材不放松”，做一个教学设计的高手和单元研究的妙手，所以痴迷于研究课程吃透教材琢磨教法。

一个称职的语文教师，得走在教改最前沿，固守“传统农业思维”，却也不拒绝工业化信息化，要在传统课堂之外开辟新战场新课堂。

一个“新潮爱玩儿”的语文教师，要不断延展延伸课堂的边界，敢于尝试语文戏剧教育，不妨以“票友”的心态，导几回剧，演几出戏。

一个职业活力“不枯竭”的语文教师，要坚持读书，手不释卷，习惯读整本书；一个教学生写作的语文教师，要拿起笔来，写点文字。

照这么做，正是在下一盘大棋，下的是语文教育的“本手棋”。

照这么做，也正是在做语文教育的“本手”，也就有了这本《做语文教育的“本手”》。

既已杀青付梓，一册小书悬揣人间，如果还能有几位读者，也就不辜负一番经冬到春的绞尽脑汁，也就不辜负从师友同仁到出版社编辑的厚爱，也大约的确能为“在冬天里苦苦等待春天”的语文，燃起一小堆御寒的篝火！

谨录宋人王炎《南柯子》一首，以记：

> 山冥云阴重，天寒雨意浓。数枝幽艳湿啼红。莫为惜花惆怅、对东风。
>
> 蓑笠朝朝出，沟塍处处通。人间辛苦是三农。要得一犁水足、望年丰。

是为序。

2023年春

于城西二龙路

第一节　新课标与新教材

一、多元跨学科，助读《红楼梦》

——关于《红楼梦》的跨学科主题学习设计

（一）《红楼梦》整本书阅读的“症结”：“读不下去”与“读不进去”

《红楼梦》以整本书阅读的要求进入高中语文教材以来，因其情节琐碎、人物众多、头绪复杂、主题深奥，学生“读不下去”“读不进去”始终是《红楼梦》整本书阅读的“症结”。高中生阅读《红楼梦》，仿佛进入了一个巨大的“文学迷宫”，游览时间有限而实在难以“窥其堂奥”。在新课标的的课程规划中，“整本书阅读与研讨”仅占1个学分，分配给《红楼梦》的阅读教学时间大致在10学时左右。

据笔者多年的经历，高中生“没时间读书”在当前及未来很长一段时间的教育语境下，恐怕是“无解难题”，遑论“课外阅读”？更何况是读《红楼梦》？

有关《红楼梦》阅读的新近调查显示：除了缺乏阅读时间这一最大的障碍，有超过半数的同学认为自己难以坚持读完整本《红楼梦》。此外，也有超过40%的同学认为“完全读不懂《红楼梦》”。只有少数同学认为自己的阅读方式有误，或者缺乏老师的指导，分别接近10%和9%。

接近60%的学生，希望教师能够多提供一些答疑解惑，接近50%的学生则希望教师能组织阅读分享活动，而关于阅读方式指导和读书笔记指导方面的需求则相对而言较少，都是20%多一点，可见学生对于阅读技巧指导方面的需求较小。关于学生希望老师能在阅读过程中提供的指导，接近70%的学生希望老师能从兴趣激发方面着手，兴趣是学生主动学习和探究的动力来源。

据笔者对所执教学校的最新调查，截止到高一暑假，一遍读完红楼梦前 80 回的全年级不到 30%，一遍读完 120 回的全年级不到 5%，一遍读完前 20 回的才到 60%。

所以，针对《红楼梦》整本书阅读，如何让学生“读下去”？怎样让学生“读进去”？这是《红楼梦》整本书阅读首先要直面的“惨淡现实”，也是亟待解决的“基础问题”。

（二）《红楼梦》整本书阅读的“优质选项”：跨学科学习方案

吴昕歆老师曾在《整本书阅读的推进策略》提到“跨界阅读”的策略：跨界阅读指阅读过程中，突破学科边界、突破纸质媒介进行的综合阅读。经典作品常常被改编成多种艺术形式。……有些书需要打开不同艺术形式的边界，借助戏剧、电影、评书、连环画等表现形式发现其与文学表达的差异。跨界阅读有助于体会不同艺术形式在表现人物、设置情节方面的特点，立体化地品评人物，加深对原著的理解。

这里的“跨界阅读”，接近于“跨学科学习”。《义务教育课程方案（2022 年版)》指出，要“设立跨学科主题学习活动，加强学科间相互关联，带动课程综合化实施，强化实践性要求”①。即实施跨学科主题学习活动，并将跨学科的思想融入每一门课程，且要求跨学科主题活动在教学中所占的课时比重不少于本学科总课时的 10%，从而强化学科之间的关联属性。并设立了跨学科学习的拓展型学习任务群：在引导学生在语文实践活动中，联结课堂内外、学校内外，拓宽语文学习和运用领域；围绕学科学习、社会生活中有意义的话题，开展阅读、梳理、探究、交流等活动……②

跨学科学习作为一种全新的教育理念和教育方式，蕴含了课程育人改革的方向。其提出具有极强的科学性和时代性，符合培养学生核心素养的教育旨归，跨学科学习形成的跨学科素养和传统学科学习形成的学科素养，二者之间互相补

① 中华人民共和国教育部. 义务教育语文课程标准［S］. 北京：北京师范大学出版社，2022.

② 中华人民共和国教育部. 义务教育语文课程标准（2022 年版）［S］. 北京：北京师范大学出版社，2022：34.

充，共同组成了核心素养。

从语文核心素养“语言、思维、文化、审美”四个方面来看，《红楼梦》也是难得“四美兼备”的教学范本，基于此，也基于几轮《红楼梦》整本书阅读的经验教训，我们尝试开展基于《红楼梦》整本书阅读的语文跨学科学习的教学研究，这是变革传统《红楼梦》整本书阅读教学的一次积极尝试。

《普通高中语文课程标准（2017 年版 2020 年修订）》强调，“应引导和鼓励教师遵循语文教育规律，变革教学方式、在丰富多样的语文实践活动中培养学生的语文素养”①，“语文学科核心素养是学生在积极的语言实践活动中积累与构建起来，并在真实的语言运用情境中表现出来的语言能力及其品质”②。可见，跨学科学习是课程改革深入推进、教育模式不断优化的重要着力点。

《普通高中语文课程标准（2017 年版 2020 年修订）》在整本书阅读的“学习目标”中这样表述：联系个人经验，深入理解作品；享受读书的愉悦，从作品中汲取营养，丰富自己的精神世界，……通过口头、书面形式或其他媒介与他人分享。《红楼梦》号称“封建百科全书著称”，有最丰富的多元艺术改编，是绝佳的“跨学科学习”的教学素材。

戴健在《从建构角度看整本书阅读教学的独特性》(《语文建设》2019.09）一文中提到：将自己的阅读心得用个性化的语言表达出来，这是贡献了一份认知材料。当每一个阅读参与者都贡献出了自己的那一份个性化认知，群体间的交流与分享才具备开展的可能。他人的个性化认知以同伴学习的方式得以分享，丰富的不仅是对具体作品的阅读感受，更有可能提升批判、独创、深刻等思维品质，以及培育合作、包容、理性等个性素养，为创新人才的培养奠定基础。

周汝昌先生曾言《红楼梦》是“我们中华民族的一部古往今来、绝无仅有的‘文化小说’”，他认为“从所有中国明清两代重要小说来看，没有哪一部能够像《红楼梦》具有如此惊人广博而深厚的文化内涵的了”。相较其他文本，《红楼梦》作为“民族精神源泉性的经典”和“古代文化繁荣期”的典范之作，更容易打破学科之间的壁垒和其他学科相互融合，同时最大程度地帮助学生理解

① 中华人民共和国教育部. 普通高中语文课程标准（2017 年版 2020 年修订）[S]. 北京：人民教育出版社，2020.

② 中华人民共和国教育部. 普通高中语文课程标准（2017 年版 2020 年修订）[S]. 北京：人民教育出版社，2020.

这座文化宝库的深厚思想内涵。

初步调研发现，高中生大部分都主动或被迫看过有关《红楼梦》的影视改编作品（接近 80%），欣赏过有关《红楼梦》的音乐作品（接近 60%），这些都是开展《红楼梦》“跨学科学习”的良好基础。

（三）《红楼梦》跨学科学习的方案：“绘画促读”与“表演助读”

鉴于笔者所在学校一直有北京大观园研学的语文学习传统，基于学校丰厚的语文课本剧排演的戏剧文化“土壤”，在《红楼梦》跨学科学习方案设计中，我们把在北京大观园沉浸式“路演展示红楼”作为“核心任务”，围绕这一核心项目任务，围绕高中语文统编教材必修下第七单元列出的人物理解，情节分析，主题探究等六大任务，师生充分挖掘适切的跨学科学习资源（画册、书法、戏曲选段等），设置了体现分层进阶的四大“任务群”：

如下图所示：

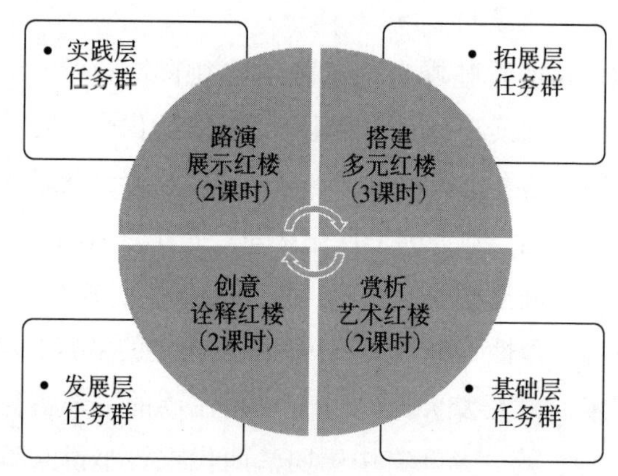

四大类分层式、进阶性教学任务，旨在引导学生调动多学科思维有步骤地开展《红楼梦》的阅读与研讨，有助于激发学生发现和创造的兴趣，培养创新精神和实践能力，丰富了《红楼梦》的学习方式。

《红楼梦》整本书阅读的“跨学科学习”课程设计、阅读目标、学习策略具体安排如下：

铺垫任务：持续一学期，每节语文课前开展《红楼梦》巡回主讲活动——“**我讲红楼这一回**”（活动形式：5 分钟以内，《红楼梦》120 回，撷其概要，每回一名同学，逐回讲，教师点评补讲）；持续一学期，每两周一节《红楼梦》重要片段精读课（活动形式：学生先读，提出问题，老师讲解。讲读片段：黛玉进贾府、元妃省亲、龄官画蔷、宝玉挨打、刘姥姥进大观园等）

在此基础上，开展下列进阶学习任务。

1. 基础层任务群："绘画红楼"与"音乐红楼"

通过"人物画"了解"十二钗"理解第五回，借助"场景画"了解《红楼梦》十六个大情节；通过了解"民乐合奏欣赏技巧"理解《红楼梦》十二支曲，感受"宝黛爱情"的厚重分量，感受"悲喜交集"的情节匠心。

跨学科教学资源：《红楼梦图咏》(清·改琦)；《红楼梦群芳图》(彭连熙)；《人物图》(彩)(赵成伟)《清代〈红楼梦〉的图像世界》(陈骁)；北师大实验中学民乐团2023传统文化节演出版《〈红楼梦〉组曲》(20分钟)(含《枉凝眉》《上元节》《大出殡》与《宝黛情》)；1987年版《红楼梦》电视剧片头片尾曲《枉凝眉》《红楼梦序曲》；2010年版《红楼梦》电视剧片头片尾曲《开辟鸿蒙》《飞鸟各投林》；第五回十二支《红楼梦曲》、引子、尾曲相关内容。

基础层配套作业：1. 必做：每个人选一幅你最喜欢的图，说明理由及其和《红楼梦》的联系。2. 选做：画一画你的红楼（任选一个《红楼梦》的人物或画面）。(能力考查点：创意表达、跨学科思辨）3. 必做：欣赏《红楼梦》相关主题曲目，精选其中5首，辑为"我的红楼曲库"并为其撰写推荐语，500字左右。(能力考查点：信息检索能力、写作能力）

2. 发展层任务群："戏曲红楼"与"表演红楼"

借助越剧、京剧与昆曲的片段对比欣赏感受"黛玉葬花"的艺术魅力，深度解读林黛玉的艺术形象；借助朗读、配音与话剧表演深度研读并朗读"一回红楼"，深度研读并配音"某段红楼"，深度研读并宣讲"红楼中人"。

跨学科教学资源：王文娟版越剧《红楼梦》、温如华版京剧《红楼梦》、邵天帅版昆曲《红楼梦》；《百家讲坛》讲红楼若干资料；《红楼梦》整本书阅读校本学案相关资料；1987版《红楼梦》若干片段；2010版《红楼梦》若干片段。

发展层配套作业：1. 随笔：我最欣赏的这一版"黛玉葬花"（不少于500字）(能力考查点：人物理解、戏曲表演欣赏常识）2. 走进人物，完成个人"朗读/配音秀"（能力考查点：理解、创作）3. 合作配音，演绎经典红楼片段（能力考查点：合作、表演）

3. 拓展层任务群：“饮食红楼”与“文创红楼”

通过对相关领域的基本知识的了解，感受《红楼梦》的“百科魅力”，选择感兴趣的领域深度研读，创造适合条件转化阅读成果，团队合作完成主题检索阅读，整合梳理红楼人物情节主题。

跨学科教学资源：舞剧“红楼梦”；《红楼梦诗词书法集》；河北正定荣国府主题研学考查活动；与学校通用技术组合作，由学生自主设计和制作“文创红楼”产品。

拓展层配套作业：自主查询文献，独立开展研究；以“大千红楼之________（饮食、服饰、建筑、经济、礼俗、哲学等领域任选其一）”为主题撰写研究论文。（能力考查点：思辨能力、跨学科思维）

4. 实践层任务群：北京大观园“戏剧红楼公益路演”

《红楼梦》改编，最终以戏剧演出的形式走出校园，在北京大观园做“沉浸式路演”。以此落实对《红楼梦》小说的整体理解，演出落实小说，演出回归小说，防止“因演废文”。通过大观园路演主题活动，锻炼学生的表达表演能力，促成对小说人物的深入理解，锻炼综合实践能力。

演出采用“剧组制”，演员实行“竞聘海选制”，要求演员理解人物，梳理相关情节，发掘小说细节，为表演做知识准备。演出前开展“角色”说“角色”活动，完成“角色小传”，班级共享；演出后开展“角色”析“角色”活动。演出期间，同步开展“北京大观园主题研学考查”，学生依据评价量表，对角色进行评价，同时完成观后感。教师对本次跨学科学习的实施与完成情况进行总结，对每位学生的综合性表现进行描述性评价。

最终演出片段及演出顺序（“十幕大戏演红楼”活动已于2023年4月7日在北京大观园顾恩思义殿大舞台顺利举行，详见后附二维码视频）：

（1）顽童闹学堂　（2）凤姐泼醋　（3）宝玉挨打

（4）黛玉进贾府　（5）共读《西厢》(6)《游园》选段

（7）刘姥姥进大观园　（8）凤姐讯家童(9）宝玉娶亲

（10）评优·宝玉挨训

演出活动结束后，邀请相关演职人员进行“演后访谈”，对所有跨学科主题学习活动进行总结，进一步提升学生的“读红”获得感。

实践层配套作业：于北京大观园观看“十幕大戏演红楼”，根据评价量表对当日演出做出评价；演职人员根据量表做“戏剧红楼公益路演自我评价”。

关于《红楼梦》的“跨学科学习”设计体现了新的教学理念，是打破学科边界、强化课程内容整合的必然选择。《红楼梦》跨学科学习就是以学生的“语言建构与运用”为核心，以“文化传承与理解”为主题，全方面促进“思维发展与提升”“审美鉴赏与创造”各项能力提升的综合学习过程。

“跨学科学习”以综合实践活动为底色，《红楼梦》跨学科学习主题活动有大量实践类活动的设计，结果呈现也以出校园综合演出实践活动为主体。《红楼梦》跨学科学习，打破了语文学科和美术、音乐、戏剧表演、建筑等诸多学科壁垒。

附：

图 1　“表演红楼”视频及学生演后反思　　图 2　“绘画红楼”学生作品及解读

附：《绘画红楼》教学设计

教学目标：

1. 通过评点人物画，学习《红楼梦》的绘画语言，体会其对人物刻画、情节发展所起的作用，进一步理解“金陵十二钗”等典型人物的性格特点。(审美鉴赏、信息提炼、口语表达)

2. 通过鉴赏场景画，学习曹雪芹“草蛇灰线，伏脉千里”的独特笔法，思考如何从绘画角度勾连小说情节、凸显人文主题，训练多学科逻辑思维与整合能力。(语言建构、逻辑思维)

3. 通过回读“惜春作画”相关章节，以“大观园行乐图”为线索感受绘画艺术与经典文学之间具特殊美感的“镜像结构”，学习《红楼梦》的盛衰之变与色空主题，获得更高层次的生命体验。(审美鉴赏、逻辑思维)

教学重点：

理解《红楼梦》中人物形象的多样性和复杂性，深入探究小说人物的精神世界和生命历程，建构关于《红楼梦》的基本认知框架，加深学生对人生命运的思考，获得更高层次的生命体验。

教学难点：

发展学生自主搜集、筛选、使用多领域文献资源的能力，理解绘画艺术与经典文学之间的“镜像结构”，掌握运用多学科思维同中求异、异中求同的思考方式。

第一课时　教学过程

教学阶段	教师活动	学生活动	设计意图
回顾上节课	**回顾**：上节课我跟大家讲《红楼梦》的伟大，就是标题所呈现出来的伟大，叫什么还记得吗？——“时间之外的奇书”。	听讲、思考、回应	指导学生自主回顾复习
导入本课	**导入**：《红楼梦》“奇”在何处？《红楼梦》作为一个百科全书，说明他跨越了好多学科，我们要多元跨学科走进《红楼梦》，注意这个“进”是走进去，我们现在很多可能有点靠“近”了，要真正走到《红楼梦》里面去，我们要开启《红楼梦》跨学科主题学习活动。	听讲、思考、回应	提出研究主题，激发学生探索兴趣。
聚焦研究视角	**明确**：学习《红楼梦》有六个维度，分别是人物、情节、细节、诗词、文化、主题。走进《红楼梦》的学科支点有绘画、音乐、戏曲、表演、礼俗乃至于经济等多个角度。	听讲、思考、回应	由作为文学作品的《红楼梦》荡开去，指导学生自主展开跨学科的思考。

续表

教学阶段	教师活动	学生活动	设计意图
展开任务一	**任务一：看图识钗，评点人物画** 主问：快速欣赏十二幅线描图，识别其分别对应的人物是谁。(把名字标记在图画右上角，每组派组长展示交流。)	学生鉴赏《红楼梦》十二幅画作，看图识钗。从这些图画中找出自己心目中的十二金钗正册，相互交流理由。 (学生快速识别出薛宝钗、王熙凤、李纨等人)	关注《红楼梦》中的诗词书法和绘画语言，进一步理解“金陵十二钗”等典型人物的性格特点
技法点拨	**点拨**：鉴赏需要注意画的气容、神韵，秦可卿抱猫这幅图就要从这个角度鉴赏。再比如这幅为什么是迎春？	生（齐）：因为她在拿着书发呆。	引导学生由绘画思考书中典型人物性格。
思维进阶	**分问 1**：拿着书就一定是迎春吗？如果加上一个书名就能确定是迎春，应该加什么？	生：《太上感应篇》。	引导学生关注细节和典型。
关键引导	**分问 2**：同理，这幅探春图应该将服饰上的图案换成什么花会更容易辨别？	生：玫瑰花。	指导学生进行绘画欣赏和阅读鉴赏的技巧。

续表

教学阶段	教师活动	学生活动	设计意图
引导学生自主学习、分享学习成果。	**明确：**识别人物画时，除了关注人物的神韵，还要关注关键细节和故事情节的联系。 **拓展：**在课前的自主学习阶段有同学总结了许多专业的绘画鉴赏知识，请同学交流分享一下。	生：（以元春、宝钗、黛玉三幅人物图为例介绍绘画意象、清人传统的“开脸”等绘画手法。）黛玉的画法是清人传统的开脸，柳叶眉、尖下巴、樱桃小嘴、削肩膀。黛玉立于竹林之中，竹叶有淡墨和浓墨，这样就区别出远近景。竹叶掩映中有一条留白的小路，路的尽端站的是黛玉，这样就增强了画面的延伸感，也突出了这幅画的主角。黛玉身形是一个曲线，并不是正常的直立，这就与竹竿的挺直和柱子的笔直形成了一个对比，更加凸出了黛玉的弱柳拂风。	通过同学代表分享学习成果，全班形成进一步探究的学习基础。

续表

教学阶段	教师活动	学生活动	设计意图
展开任务二	**任务二：由艺入道，鉴赏场景画**	速读回忆《红楼梦》第三回（林黛玉进贾府）相关回目，鉴赏对应情节场景画。	指导学生体会绘画艺术与文学艺术的交织，关注全书结构脉络、叙事手法，重在体会其给内心带来的感受和意义。学生自主学习、提高检索、交流能力。
聚焦基础问题	**主问1：**欣赏人物曲目画构成的场景画，对应语文书第140页，鉴赏经典场景——林黛玉进贾府。由人物画到场景画，关注点应该落在哪些方面？	生：场景画的赏析往往有多个人物，至少要注意人物的目光以及整体构图。在一幅画中可以看到所有人，不管是在右边还是左边，她们的脸都朝向黛玉，眼神也都看着黛玉。 （师生交流场景画赏析角度）	
提出进阶问题	**主问2：**结合刚刚学习的场景画鉴赏知识，我们欣赏这幅彭连熙所绘的《红楼梦群芳图》，画中有16个场景，对应《红楼梦》16个经典情节，请大家依序找出来。	学生使用放大镜由右到左捕捉场景画细节，重现古人欣赏“卷轴画”的场景。	指导学生思考如何从绘画角度把握小说情节的勾连。
展开过程性评价	（教师仔细观察、交谈了解各小组研究情况，进行过程性评价。） 明确： 1. 黛玉抚琴（87） 2. 二玉听琴（87） 3. 咏絮放鸢（70） 4. 宝钗扑蝶（27） 5. 宝玉观棋（87） 6. 惜春作画（42） 7. 湘云醉卧（62）	同学分工协作、鉴赏细节、查阅文本、交流互动。 学生学习《红楼梦》绘画艺术的兴趣到达高峰，促成进一步的文本细读。	全班进入“绘画红楼”的深度理解和鉴赏环节。学习曹雪芹“草蛇灰线，伏脉千里”的独特笔法。

续表

教学阶段	教师活动	学生活动	设计意图
	8. 黛玉葬花（27） 9. 芒种送春（27） 10. 四美垂钓（81） 11. 晴雯撕扇（39） 12. 月夜联诗（76） 13. 二进荣府（39） 14. 笛感凄清（76） 15. 啖膻联诗（62） 16. 访梅踏雪（49）	同学标记图画细节、再次查找原文思考比对。	指导学生在体会书画美学意蕴基础上进一步训练逻辑思维能力。
展开任务三 提出思辨性问题	**任务三：回文细品惜春作画** **问题：**结合小说第四十二回（惜春作画）原文，思考如果刚刚这幅场景画是惜春所画，贾母是否会满意这幅画。 如果贾母不满意需要更换哪些画面？为什么？请从“惜春作画”文本中找到依据。	速读回忆“惜春作画”相关回目，鉴赏对应情节场景画。 学生勾画原文，找出场景画绘画特点和曹雪芹文字描写的同与异，做出独立思考和解释。	训练多学科逻辑思维与整合能力。 全班进入深度思考环节。
提示学生思考角度	**点拨：**这幅画通过画两个人举着风筝往亭子上面走体现“群芳放纸鸢”，这正是中国绘画特别重要的特点，“深山藏古寺”怎么画？不能直接画寺庙，中国画里是一条路下来，一个和尚打水。	学生思考	
回归“跨学科”学习的语文本位	**追问：**惜春的“大观园行乐图”在曹公的小说当中具有重要的作用，从第四十回出现一直延续到六十二回，他为什么要把惜春作画放到这么多情节里面呢？	学生思考、记笔记	以“大观园行乐图”为线索感受绘画艺术与经典文学之间具特殊美感的“镜像结构”。 指导学习《红楼梦》的盛衰之变与色空主题，学生获得更高层次的生命体验。

续表

教学阶段	教师活动	学生活动	设计意图
进行小结	**小结：** ①贾母想让惜春绘制“大观园行乐图”，暗示这是贾府“最后的辉煌”。贾府从五十五回开始由盛转衰。 ②对色空主题的表达。“惜春作画”情节始于刘姥姥说大观园美得“像画儿似的”，安排最终伴青灯古佛的惜春来作画，真假之间是曹公对色空主题的表达。 ③具备特殊美感的“镜像结构”。整个《红楼梦》的叙事结构和绘画结构一样宏大，有走廊、有山有水、奇峰迭出，文备众体。	听讲、思考、回应	坚持“教-学-评”一体化，发展学生自主搜集、筛选、使用多领域文献资源的能力。
课堂总结	**总结：**通过绘画走进《红楼梦》，是我们打开《红楼梦》的第一扇窗，后面还有好多扇窗，我们将逐渐打开。接下来我们每周一个主题开始我们《红楼梦》其他领域的开窗之旅。	听讲、记录、思考、回应	指导学生掌握运用多学科思维同中求异、异中求同的思考方式。
布置课后作业	**课后作业：选图再品红楼** 1. 每个人选一幅你最喜欢的图，说说你为什么喜欢它，它跟《红楼梦》的联系是什么。（必做） 2. 画一画你的红楼。（选做） 辅助资料： 1.《红楼梦图咏》（清·改琦） 2.《红楼梦群芳图》（彭连熙）		

二、感受两场演讲，悟读两封书信

——部编本高中语文必修下第五单元整体设计

（一）单元设计概述

统编教材高中语文必修下册第五单元聚焦“抱负与使命”人文主题，选编了演讲词两篇、书信两封。这些文章诞生于古今中外不同历史时期，表现出革命导师、志士仁人顺应历史潮流，勇于担当历史使命的精神。本单元的教学，要扩大阅读面，拓展相关阅读资料，以辅助、阐析、比对、联系等多种方式搭建支架，采用互文参读、群文阅读，跨媒体阅读等方式，立足于引导正处在“孕穗拔节期”青年学子正确客观地认识当今时代，思考其时代使命，树立远大抱负。

本单元作品都属于实用类文本，有特定写作对象，有特殊写作目的，属于“实用性阅读与交流”任务群中互动性较强的社会交往类文本。同属这一任务群的还有必修上册第二单元和必修下册第三单元，必修上册第二单元以新闻传媒类作品为主，必修下册第三单元以知识性读物为主。本单元是实用类文本中与写作联系最为紧密的单元，单元设计应以四篇文章为抓手，通过大任务设计，整合资源，设计多样化生活化的主题活动，引导学生走近革命导师与志士仁人，获得人生境界的提升，获得实用类文章写作能力的提升。

（二）任务群总要求

“实用性阅读与交流”任务群旨在引导学生学习当代社会生活中的实用性语文，包括实用性文本的独立阅读与理解、日常社会生活需要的口头与书面的表达交流等。学生通过本任务群的学习，丰富生活经历和情感体验，提高阅读与表达交流的水平，增强适应社会、服务社会的能力。

（三）单元学习重点

1. 联系特定历史背景，理解作品内涵，走近革命导师，感受志士仁人的智慧与情怀。

2. 把握演讲词和书信的特点，理解其切于实用、关注特定对象、富于针对性的特质。

3. 尝试演讲词与书信的写作。

（四）教学关键

整合恰切的教学资源，创设真实有效的主题实践活动。

（五）一课一例

第 10 课　演讲词两篇

【积累必备知识】

1. 了解有关“演讲稿”与“悼词”的基本知识；

2. 了解有关马克思的生平以及马克思与恩格斯的革命友谊。

【掌握关键能力】

1. 学会依据场合与对象，有理有据地发表意见，阐发主张；

2. 通过互文参读，深入理解历史时代，全面把握历史人物；

3. 进一步学习演讲稿的写作。

【教学过程】

第一课时

环节一：互文参读，梳理内容

活动 1：学生结合演讲文本，参考课下注释，完成下面的“基本内容梳理表”。

作品	针对谁作演讲？	要达到什么目的？	主题是什么？	讲了哪些主要内容？	有哪些疑问和质疑？

活动 2：结合两篇文章思考：两篇演讲词中的马克思形象有何共性？

【设计意图】

教师：引导学生通过互参阅读，在对比中全面了解两篇演讲词的基本内容。鉴于文本时代久远，涉及不少政治、历史知识，特设定“疑问和质疑”一栏，以了解学生解读文本的疑难点。

学生：完成“基本内容梳理表”，进入文本。填写“疑问和质疑”一栏，梳理难点，整理疑点。

环节二：互文参读，发现时代

活动 1：查找相关资料，分别对两篇演讲词的听众做出分析，做两份“听众期待分析报告”。

活动 2：结合两篇文章思考：为何两篇演讲词都用一定的篇幅写到工业和科学的内容？请与同学自由结组，分别画出两篇演讲词的“思维导图”，分析作者为什么这样安排演讲的结构。

【设计意图】

1. 引导学生从听众的角度理解演讲词的针对性，了解和针对听众的需求是演讲成功的重要因素。

2. 听众的需求与时代背景息息相关，既要注重从文外查找资料，也要注意从文本内找到与之相关的信息。活动 2 的设计来自于教材“单元学习任务二”的第 1 题，思考两篇演讲词的共性内容有助于学生理解马克思对时代问题的深入思考。画“思维导图”，意在引导学生进一步厘清文章的内部结构。

第二课时

环节三：互文参读，探究人物

活动 1：恩格斯为什么说“马克思是当代最伟大的思想家”？两篇演讲词中，都有哪些内容能证明这一结论？

活动 2：从 1999 年开始，英国曾组织过三次“千年思想家”的评选，马克思都位居第一。结合两篇演讲词，查找相关资料，联系现实，思考：马克思为何能成为“千年第一思想家”？

【设计意图】

马克思是“伟大革命导师”，他的“伟大”，首先表现为他是一个伟大的“思想家”，本环节旨在提醒学生注意从更大的时空跨度看到马克思作为“伟大思想家”的预见性和穿透力。从而理解恩格斯关于“马克思是当代最伟大的思想家”的说服力。

环节四：细读文本，感受伟人演讲之魅力

活动 1：两场演讲都关涉宏大命题且内容抽象，却都能有很好的现场演讲效果，都能成为演讲词中的名篇，为什么？请结合文本和前面的背景知识梳理，思考并与同学讨论。

活动 2：为了达到演说的目的，这两篇演讲词都运用了哪些特定的表达方式与演讲策略？请结合具体语句或语段分析。

活动 3：长句品读——这些长句有怎样的深刻含义？使用这样的长句，有怎样的表达效果？

（1）现代工业和科学为一方与现代贫困和衰颓为另一方的这种对抗，我们时代的生产力与社会关系之间的这种对抗，是显而易见的、不可避免的和毋庸争辩的事实。

（2）正像达尔文发现有机界的发展规律一样，马克思发现了人类历史的发展规律，即历来为繁芜丛杂的意识形态所掩盖着的一个简单事实：人们首先必须吃、喝、住、穿，然后才能从事政治、科学、艺术、宗教等等；所以，直接的物质的生活资料的生产，从而一个民族或一个时代的一定的经济发展阶段，便构成基础，人们的国家设施、法的观点、艺术以至宗教观念，就是从这个基础上发展起来的，因而，也必须由这个基础来解释，而不是像过去那样做得相反。

【设计意图】

1. 引导学生从听众的角度理解演讲词的针对性，了解和针对听众的需求是演讲成功的重要因素。

2. 听众的需求与时代背景息息相关，既要注重从文外查找资料，也要注意从文本内找到与之相关的信息。活动 2 的设计来自于教材“单元学习任务二”的第 1 题，思考两篇演讲词的共性内容有助于学生理解马克思对时代问题的深入思考。画“思维导图”，意在引导学生进一步厘清文章的内部结构。

第三课时

环节五：写作拓展，致敬伟大革命导师

活动 1：结合两篇演讲词，并查找相关资料，思考：马克思生活在一个怎样的时代？他有怎样的人生经历？编一份《马克思年谱·概要版》或写一则《马克思小传》，与同学进行交流。

活动 2：自读《在纪念马克思诞辰 200 周年大会上的讲话》一文，自主观看

“学习强国”平台视频节目《北京大学：〈在纪念马克思诞辰200周年大会上的讲话〉读书分享》；课上节选观看东方卫视《这就是中国》节目第24期《国际视野下的中国共产党》，进一步领会马克思思想的当代影响力。

【设计意图】

跳出文本，在更大的阅读视野下了解马克思，了解马克思主义的传承和传播，了解马克思主义与当代中国发展的关系，有助于学生进一步走近文本，消除时代隔阂，进一步理解马克思作为一个“思想家”和“革命家”的伟大。

第四课时

环节六：演讲拓展，思考当代青年之使命

活动1：自主观看东方卫视《这就是中国》节目两段视频：第55集《百年未有之大变局》(上）与第70集《百年未有之大变局》(下)，感受“准现场”演说的魅力，思考张维为教授是怎样分析我们这个时代的，体会这一演讲是怎样感染现场观众的。

活动2：自主观看北京卫视《我是演说家》节目两段视频：梁植《我的偶像》与陈行甲《网红书记辞官做慈善》，感受现场演说的魅力，分析演讲中主人公身上是怎样体现“时代、抱负与使命”的选择的，思考选手的演讲词是怎样打动现场观众的。

活动3：自读马克思的《青年的选择》一文，写一份阅读札记。

活动4：请以一名00后的身份，以“我们的时代，我们的使命”为主题写一篇演讲词，准备参与校团委组织的演讲。

【设计意图】

通过主题演讲活动，收束两篇演讲稿的学习，把所学运用于演讲实践，水到渠成；演讲主题定位于“时代与使命、抱负”的关系，也符合单元主题，“学习强国”《这就是中国》等多媒体资料的引入，既使学生喜闻乐见，又让学生直观形象地了解当前社会。

第11课　书信两封

【积累必备知识】

1. 了解李斯其人及秦朝的兴亡历史；

2. 了解林觉民其人及黄花岗起义相关的历史知识。

【掌握关键能力】

1. 学会根据对象有理有据地发表意见，有理有节地抒发情感；

2. 通过互文参读，深入理解历史时代，全面把握历史人物；

3. 增长看大势顺潮流做决断的人生智慧，感受革命志士牺牲一己，“为天下谋永福”的光辉思想和高尚情操；

4. 提升书信类实用文的写作能力。

第一课时

环节一：互文参读，走近文本

活动 1：阅读两封书信。结合课下注释，完成“文言知识积累与梳理表”；借助工具书，疏通文意，完成“文章内容疏通表”。

表格 1　文言知识积累与梳理表

	《谏逐客书》	《与妻书》
文言实词		
文言虚词		
文言现象		

表格 2　文章内容疏通表

	《谏逐客书》	《与妻书》
内容概括 1		
内容概括 2		
内容概括 3		
内容概括 4		
……		
问题与质疑		

【设计意图】

通过互文参读的方式，借助于填写表格的形式，引导学生走近文本，初步阅读文章，做好基础整理工作。

环节二：互文参读，辨同析异

活动 1：结合两篇文章内容，比较两封书信的异同。根据比较条目，完成下面的“两封书信比较表”。

表格 3 两封书信比较表

	《谏逐客书》	《 与妻书》
写信对象		
信件类型		
写信目的		
作者信息		
写信背景		
信件主旨		
主要手法		
写信效果		

【设计意图】

进一步走近文本，梳理和了解与两封书信相关的更多信息，为进一步理解书信内容做好铺垫。

第二课时

环节三：信件细读，赏析内容

活动 1：综合表格 2 和表格 3，分别画出两封书信的“思维导图”。

【设计意图】

以“思维导图”为支架，梳理书信的内部结构。

活动 2：细读两封信件，讨论：两封信件中透漏了怎样的时代信息？揭示了怎样的写信背景？这一背景与信件的主题分别有何关系？

【设计意图】

引导学生注意两封信产生的大时代背景，扣住本单元的主题“时代与抱负使命”，其中《谏逐客书》的时代背景比较模糊，《与妻书》的时代背景比较显豁，学生讨论过程中前者需要教师做提示。

环节四：信件细读，鉴赏手法

活动 1：《谏逐客书》既改变了李斯的命运，也影响了秦国的历史；《与妻书》更被称为“天下最美情书”，与同学讨论：你认为这两封书信分别有怎样的魅力？

活动 2：《谏逐客书》主要用了什么手法？是如何达到劝谏效果的？《与妻书》是如何做到情理交融的？有怎样的效果？

【设计意图】

活动 1 比较笼统，活动 2 比较具体，两个活动互相配合，共同引导学生进入对书信手法的鉴赏。特别要理解奏疏和家信的不同特点，理解书信的针对性和目的性。

第三课时

环节五：书信朗读拓展，我来读一封信

活动 1：全班集体观看节目《见字如面》第 2 季（2017 年 12 月 5 日）赵立新《与妻书》朗读视频，并观看同期节目“蒋方舟解读《与妻书》：林觉民给死亡赋予了意义”，感受赵立新的朗读的语气、情感、节奏和情感把握等。

活动 2：推荐课下观看书信朗读节目《见字如面》和《信中国》至少各一期，进一步感受书信朗读的魅力，并思考节目选择书信的原则标准。

活动 3：推荐课下自读 2020 抗疫表彰大会“人民英雄”国家荣誉称号获得者张定宇写给妻子的 120 封情书。

【设计意图】

通过口碑节目的名家朗诵，让学生进一步感受“天下最美情书”的魅力，并推荐更多的相关读信节目视频，为班级举办“书信朗读”活动做好铺垫。推荐“抗疫英雄”的书信，既蹭了社会热点，也是学生走近当代英雄的契机，契合本单元的人文主题。

活动 4：在班级举办“书信我读”活动，自选一封有意义的信件（或者原创一封书信），参加朗读大赛。

【设计意图】

书信朗读，是书信文本理解的延伸，也是后面环节书信写作的铺垫。在朗读中体会书信之美，这样的活动很有语文特色。如何读出情感，怎样把握节奏，都很有价值，有助于学生反过来理解书信这一实用文体写作的特征。

第四课时

环节六：书信写作拓展（一），书信类作文审题

活动 1：书信类作文审题训练——以下面两道高考作文真题为例，信写给谁？要求写什么？我能怎么写？请从以上三个角度思考书信类作文的审题立意。讨论并思考：本单元两封书信在写作技巧上可以有哪些借鉴？可以怎样借鉴？

真题一：2019 年全国Ⅱ卷

1919 年，民族危亡之际，中国青年学生掀起了一场彻底反帝反封建的伟大爱国革命运动。1949 年，中国人从此站立起来了！新中国青年投身于祖国建设的新征程。1979 年，“科学的春天”生机勃勃，莘莘学子胸怀报国之志，汇入改革开放的时代洪流。2019 年，青春中国凯歌前行，新时代青年奋勇接棒，宣誓“强国有我”。2049 年，中华民族实现伟大复兴，中国青年接续奋斗……

请从下列任务中任选一个，以青年学生当事人的身份完成写作。

①1919 年 5 月 4 日，在学生集会上的演讲稿。

②1949 年 10 月 1 日，参加开国大典庆祝游行后写给家人的信。

③1979 年 9 月 15 日，参加新生开学典礼后写给同学的信。

④2019 年 4 月 30 日，收看“纪念五四运动 100 周年大会”后的观后感。

⑤2049 年 9 月 30 日，写给某位“百年中国功勋人物”的国庆节慰问信。

要求：结合材料，自选角度，确定立意；切合身份，贴合背景；符合文体特征；不要套作，不得抄袭；不得泄露个人信息；不少于 800 字。

真题二：2015 年全国 I 卷

因父亲总是在高速路上开车时接电话，家人屡劝不改，女大学生小陈迫于无奈，更出于生命安全的考虑，通过微博私信向警方举报了自己的父亲；警方查实后，依法对老陈进行了教育和处罚，并将这起举报发在官方微博上。此事赢得众多网友点赞，也引发一些质疑，经媒体报道后，激起了更大范围、更多角度的讨论。

对于以上事情，你怎么看？请给小陈、老陈或其他相关方写一封信，表明你的态度，阐述你的看法。

要求综合材料内容及含意，选好角度，确定立意，完成写作任务。明确收信人，统一以“明华”为写信人，不得泄露个人信息。

第五课时

环节七：书信写作拓展（二），我来写一封信

活动 1：结合单元文章，查找相关资料，请从以下任务中任选一个，完成“我来写一封信”的主题写作，不少于 800 字。

①《给林觉民的一封信》：请根据辛亥革命及以后的历史进展，及当下中国的现实发展，写一封告慰革命先烈林觉民的信件。（阅读推荐：孙中山《黄花岗七十二烈士事略（序）》）

②《给李斯的一封信》：请查阅李斯在上《谏逐客书》之后的人生发展及其功过得失，以及法家学派在中国历史上的演变，以今人的名义写一封告诫李斯的

信。（阅读推荐：《史记·李斯列传》）

③《给马克思的一封信》：请查阅相关资料，了解国际共产主义运动的发展，以今人的名义写一封告慰马克思的信。（阅读推荐：《在马克思诞辰200周年大会上的讲话》）

④《给特朗普的一封信》：请查阅美国移民及留学生教育的相关资料后，以一名华裔留学生的身份，给时任美国总统写一封信，劝止其放弃限制入境外国留学生（尤其是华裔留学生）的行政命令。

【设计意图】

用给林觉民、李斯、马克思按要求写一封信的方式收束整个单元，有利于考察学生将单元所学内化为写作能力的水平，符合学以致用的规律；用给特朗普按要求写一封信的方式“借鉴”《谏逐客书》，贴近现实，贴近生活，符合写作要生活化经常化的规律。

（六）教学案例

《书信两封》

《书信两封》，一封《谏逐客书》，一封《与妻书》，都是文言书信，前者的文言难度还较大。传统的教学，往往以文言知识讲解为主，把这两篇文章变成讲解文言知识的“例子”。

新课标强调语言的建构与运用，注重在丰富的语言实践中，通过主动的积累、梳理和整合，掌握语言文字的特点及其运用规律，文言文的积累尤其如此，经过一学期的语文学习，高一下学段的学生对于文言文一词多义、古今异义等文言知识已经有一定的基础。

于是我大胆放手，让学生自己“先下水”积累和梳理《谏逐客书》和《与妻书》的文言知识，用填表格的方式，课下逐项梳理。学生在课前完成，于是第一节课，我进一步放手让学生“自己动起来”，下发设计好的表格，让学生进一步完成文意疏通和两封书信的对比阅读，不明白的地方允许学生课上查资料和互相讨论。这样，整整一节课，老师没有讲课，只是用任务驱动学习。学生“真的动起来”“真正学起来”，看起来比较难的《谏逐客书》，学生经过查资料和讨论，也基本疏通了文意。

然后进入第二课时，继续课上组织学生画“思维导图”，这是较有难度的环节，但是由于有前面一节课充分自主学习的铺垫，学生竟很容易地闯过了这一“难关”。我在随机巡视中指点学生，让几位同学分享了自己的优秀作业。然后开始带着学生“啃”这两篇文章的“硬骨头”——分析两份书信的“动人之处”与“动人之因”，带领学生“爬坡过坎”，在学生说不到位的地方，教师“主动有为”，或指点、或示范，最终带领学生走“进”了两封书信。

第三课时，我组织全班集体观看节目《见字如面》第 2 季（2017 年 12 月 5 日）赵立新《与妻书》朗读视频，并观看同期节目“蒋方舟解读《与妻书》：林觉民给死亡赋予了意义”，感受赵立新的朗读的语气、情感、节奏和情感把握等。借着“阅读类综艺节目”热播的东风，整整一节课的视频节目观看，特别是赵立新动情朗读的《与妻书》，让学生大为震撼。在一个基本不写书信的时代，让学生亲近一封书信其实是“很奢侈的事情”，让学生对一封书信的朗读产生共鸣，恐怕更难。但是有了前面两节课的铺垫，学生回报给了教师“惊喜”。

书信毕竟是一种实用类文体，如果创设写作情境，就能够实现“读写一体，以读促写”。于是接下来我设计了下面的写作活动。

结合单元文章，查找相关资料，请从以下任务中任选一项，完成“我来写一封信”的主题写作，不少于 800 字。

①《给林觉民的一封信》：请根据辛亥革命及以后的历史进展，及当下中国的现实发展，写一封告慰革命先烈林觉民的信件。（阅读推荐：孙中山《黄花岗七十二烈士事略（序）》）

②《给李斯的一封信》：请查阅李斯在上《谏逐客书》之后的人生发展及其功过得失，以及法家学派在中国历史上的演变，以今人的名义写一封告诫李斯的信。（阅读推荐：《史记·李斯列传》）

③《给马克思的一封信》：请查阅相关资料，了解国际共产主义运动的发展，以今人的名义写一封告慰马克思的信。（推荐阅读《在马克思诞辰 200 周年大会上的讲话》）

④《给特朗普的一封信》：请查阅美国移民及留学生教育的相关资料后，以一名华裔留学生的身份，给时任美国总统写一封信，劝止其放弃限制入境外国留学生（尤其是华裔留学生）的行政命令。

其中的第一到三项书信写作，都跟本单元文章有关，第四项跟时政有关。既指向对本单元文章的深入理解，又指向对当下时事的关注，学生很有兴趣，写出来的作品也千姿百态，各有千秋，形成本单元教学的“闭环”。

呈现学生的习作一篇，以显教学成果。

敬爱的林觉民先生：

您好！我是一名生活在二十一世纪的零零后中学生，生活在岁月静好的新中国的新时代。我很荣幸也很骄傲能以这种方式与您进行精神上的交流。特别想说：没有以您为代表的的那一代仁人志士以及后继的“中国的脊梁”的接力奋斗，中华民族就不会迎来“脱胎换骨”“改天换地”，恐怕我也没有一张可以安静地给您写一封信的“书桌”。

您的一封《与妻书》见证了您的“铁骨柔情”，我们在最近的语文课上，认真地读了这封被后人誉为“最美情书”的著名书信，还观赏了有人朗读这封信的视频，跟我的很多同学一样，我不禁潸然泪下。我想，在那个战火纷飞的年代，您可能也没能想到时至今日仍有无数人记得您的慷慨就义，记得您的柔情似水。那封《与妻书》虽不缠绵却表达了千言万语也难以形容的爱，虽是情书，但也是一封荡气回肠的国书，向世人彰显着您对妻子对国家的爱。

您知道吗？您的牺牲是值得的！您的牺牲，在当时就激起了更多有志青年对腐朽清政府的仇恨，燃起了推翻清廷的“怒火”，不久后“武昌首义”一声枪响，全国各地纷纷响应，清王朝“寿终正寝”。你的遗骸被安葬在广州黄花岗，与您的战友一起被新建立的“民国政府”追赠为“黄花岗起义七十二烈士”。

历史风雨激荡，民族的复兴大业也必然经历风雨道阻且长，但总要有人迈出那第一步，打响那第一枪。我以为，您身处“风雨如晦”的时代，能以决绝的勇气喊出“为天下人谋永福”的口号，为了理想慷慨赴死，这种选择，这种胸襟，已经升华为一种穿越时空的精神力量。用您未曾谋面的一位与您同时代的作家鲁迅先生“铁屋子”理论来打个比方，如果说您的壮举是在“铁屋子”里勇敢地要开一扇窗，这扇窗未曾凿开，您便捐躯，后来者看见了凿开一扇窗的希望，于是有更多的人起而反抗。

您的牺牲，换来了您所属的革命党人“开了一扇窗”，中国进入了民国时代，再后来，有毛泽东、邓小平等后继的革命者“开了一扇门”，于是“铁屋子”被打破了，您的孩子以及您家族的后代见证了中国“革命”“建设”“改革”的时期，见证了中华民族从“站起来”到“富起来”，今天正迈步在“强起来”的路途上！

雄关漫道真如铁，而今迈步从头越！你知道吗，这一切，都是您“为天下人谋永福”事业的续篇，中国已经不再是那个可以被东邻日本加以“甲午之耻”

的国家，这一切，是无数像您一样的“中华好男儿”前赴后继争取和奋斗来的！

他们是您精神的后裔！九泉之下，您可安息！

您这为国家奋不顾己的精神将会一直传下去，您以生命守护的中华将由我们继续守护！

壮哉！我中华民族之儿女如斯幸矣！美哉！现中华民族儿女必使其壮矣！

一个仰慕您的零零后

2019. 5. 4

新课标、新教材、新教法，探索“新课改”的大路上。

三、生命状态与诗意表达

——部编本高中语文必修上第三单元整体设计

【单元篇目】

魏晋诗一组：《短歌行》《归园田居·其一》

唐诗一组：《梦游天姥吟留别》《登高》《琵琶行》

宋词一组：《念奴娇·赤壁怀古》《永遇乐·京口北固亭怀古》《声声慢·寻寻觅觅》

【必备知识】

1. 古诗词的文体知识

2. 课文相关文化常识

【关键能力】

1. 鉴赏古诗词的基本方法

2. 领会古诗词的当代价值

古诗词教学的问题：

1. 理解浅表化与鉴赏碎片化

2. 诗人标签化与答题套路化

3. 单篇零散化与群文肤浅化

【单篇核心问题】

《短歌行》：三处所言“忧”字，有何区别与联系？/密集用典，作用有何不同？

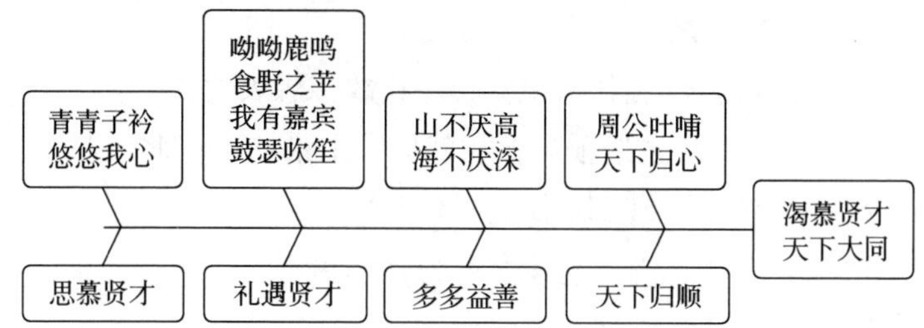

《统编高中语文必修上册第三单元整合教学》——《语文学习》

《归园田居·其一》：围绕文题“归”字，写了哪几个层次？

为何归？/归何处？/归去如何？

《梦游天姥吟留别》：“世间行乐亦如此”的“此”指什么？

梦因——梦境——梦悟（现实境遇）

（不事权贵）追求独立人格和精神自由

“荣华东流水，万事皆波澜。”

——李白《古风·其三十九》

多年干谒三年翰林终被“放还”如噩梦？

大唐帝国的繁华辉煌终将如梦幻一场？

古风·其四十六

李　白

一百四十年，国容何赫然。隐隐五凤楼，峨峨横三川。王侯象星月，宾客如云烟。斗鸡金宫里，蹴鞠瑶台边。举动摇白日，指挥回青天。当涂何翕忽，失路长弃捐。独有扬执戟，闭关草太玄。

《登高》：首联的“哀”与颈联的“悲”有何关联？

极哀之景（夔州秋江——宇宙时空）

极悲之情（久客/季节/多病/孤独/老迈/停酒/国难/民艰）

《琵琶行》：为何“凄凄不似向前声”？/琵琶女与白居易的生命状态有何共性？

（从炫技到共鸣/从辉煌到孤独）

《赤壁怀古》：“人生如梦”为哪般？

（面对人生失意而能以旷达解之）

周瑜：立功大、出名早、建功易

苏轼：未立功、早有名、近天命

常人：壮志难酬之悲，人生失意之苦

词人：人生如梦之悟，移情江月之美

《京口北固亭怀古》：围绕什么说？哪些典故？想表达什么？

“主战派”权相韩侂胄主张“开禧北伐”

孙　权——兴吴抗魏（北伐之心切）

刘　裕——两度北伐（北伐之可为）

刘义隆——元嘉北伐（开禧北伐）

拓跋焘——趁机南侵（草率之代价、北伐之紧迫）

霍去病——封狼居胥（北伐须将才）

廉　颇——暮年壮心（北伐志不改）

辛弃疾——忠而见疑（直言被弹劾、棋子之身份）

主题：坚决支持北伐，但反对草率北伐

暂得朝廷委任，暮年沉痛以婉谏

《声声慢 · 寻寻觅觅》：哪些“愁”？从何来？根源何在？

①人之孤苦（凄惨戚）②愁之难遣（淡酒）

③爱人仙逝（相识雁）④爱物残损（黄花）

⑤心之熬煎（怎得黑）⑥景之伤情（桐雨）

⑦离乱之痛（南渡难）⑧家国之悲（溯源）

【比较阅读/群文阅读创新设计】

《短歌行》《归园田居 · 其一》对比阅读：

同处易代乱世，为何人生状态不同？

（积极求贤建业——主动守拙自适）

慷慨英雄型——安然自立型

推荐阅读《重峦叠嶂间的田园》（余秋雨）。

《梦游天姥吟留别》《登高》对比阅读：唐代诗坛“双子座”辨

（怎见“诗仙”气息？哪显“诗圣”气象？）

李：多浪漫想象　杜：多现实关怀

李：显洒脱狂傲　杜：见忧愤深广

李：多个性张扬　杜：多忧国忧民

李：见仙风侠骨　杜：显奉儒守官

推荐阅读《青山魂》（王充闾），《杜甫的人格与风格》（袁行霈），《一个人如何成为诗圣——杜甫》（鲍鹏山）。

《梦游天姥吟留别》与《琵琶行》对比阅读：同为抒情长诗都用想象手法，“梦境想象”与“音乐想象”对诗人形象塑造都发挥了怎样的作用？

《赤壁怀古》《京口北固亭怀古》对比阅读：都系怀古题材，写法哪些相同？

群文阅读：《登高》《京口北固亭怀古》《声声慢》皆系诗人晚年作品，生命状态哪些异同？

推荐阅读《把栏杆拍遍》《乱世中的“美神”》（梁衡）。

群文阅读：《短歌行》《京口北固亭怀古》《赤壁怀古》都大量用典，所用有何不同？

推荐阅读《丛林边的那一家》(余秋雨),《苏东坡的数字人生》(刘雪荣)。

【大单元任务及情境设计】

大单元任务:

理解“生命状态”与“诗意表达”的关系

核心任务情境:

班级将举办“生命的诗意·古诗词篇”主题朗诵会。

请根据你对本单元8首古诗词的理解,完成以下任务:

1. 为朗诵会写一段开场白,对朗诵主题加以解释。

2. 根据朗诵会的主题,选定一份朗诵诗单,要求覆盖朗诵会主题关键词的所有类型,作品时代从先秦到唐宋。

3. 整合并优化诗单篇目,写一份串场词。

4. 从诗单中任选一组/一首自己最想/即将朗诵的作品,写一则文学短评。

古诗词篇目	诗人生命状态	诗作的情感倾向
1 曹　操《短歌行》		
2 陶渊明《归园田居·其一》		
3 李　白《梦游天姥吟留别》		
4 杜　甫《登高》		
5 白居易《琵琶行》		
6 苏　轼《念奴娇·赤壁怀古》		
7 辛弃疾《永遇乐·京口北古亭怀古》		
8 李清照《声声慢·寻寻觅觅》		

“生命的诗意”是指“生命状态与诗意表达”。

1. 从诗意的生活生发出生命的诗意

2. 将人生的失意宣泄为生命的诗意 4. 5. 7. 8

3. 把人生的失意转化成生命的诗意 1. 2. 3. 6

4. 从平淡的生活提纯出生命的诗意 2

【朗诵篇目及朗诵人】

1.《虞美人·春花秋月何时了》孙雨晴、冯雨禾

2.《定风波·莫听穿林打叶声》李绍宁、许晓俞

3.《宣州谢朓楼饯别校书叔云》张景霏、王艾琳

4.《一剪梅·红藕香残玉簟秋》王彦戈、尹一朵、袁音

5.《金陵酒肆留别》国子墨、欧阳彦敏

6.《水调歌头·黄州快哉亭赠张偓佺》陈镜如、林聿怀、吴睿然

7.《月下独酌（四首其一)》葛秋实、李思熠、吉家萱、王昱晴

8.《青玉案·元夕》马依然、芦宇丹、王雨婷

9.《临江仙·夜归临皋》阴姝彤、王小熙、张禅

10.《定风波·莫听穿林打叶声》张云鹭、李晨希

11.《行路难（其一)》尹乐水、芒莱夫、孟闻景

12.《满江红·写怀》柴蕊

13.《鸟鸣涧》廖德言、马彬睿

14.《水调歌头·黄州快哉亭张偓佺》董凌、王若萱、王靖涵、张怡然

15.《春望》王欣然、郑沐果

16.《月下独酌》鄢源、顾凯琳

17.《再游玄都观》安昱嘉

18.《浪淘沙令·窗外雨潺潺》张皓琪

19.《望江南·超然台作》高芗泽、沙雨彤

20.《水调歌头·黄州快哉亭赠张偓佺》董凌、张怡然、王若萱、王婧涵

21.《将进酒》贾靖国、任泓宇、宗益安、林鉴易、王思远

附：

“生命何以有诗意——必修上第三单元整体梳理课”教学设计

核心任务：

班级将举办“生命的诗意·古诗词篇”主题朗诵会。

请结合对以下10首古诗词的理解，为朗诵会写一段开场白，对朗诵主题加以解释。

参考古诗词：

1. 曹操《短歌行》
2. 陶渊明《归园田居·其一》
3. 陶渊明《饮酒·其五》
4. 李白《梦游天姥吟留别》
5. 杜甫《登高》
6. 杜甫《江村》
7. 李清照《声声慢·寻寻觅觅》
8. 李清照《如梦令·常记溪亭日暮》
9. 辛弃疾《清平乐·村居》

饮酒（其五）

陶渊明

结庐在人境，而无车马喧。
问君何能尔？心远地自偏。
采菊东篱下，悠然见南山。
山气日夕佳，飞鸟相与还。
此中有真意，欲辨已忘言。

江 村

杜甫

清江一曲抱村流，长夏江村事事幽。
自去自来梁上燕，相亲相近水中鸥。
老妻画纸为棋局，稚子敲针作钓钩。
但有故人供禄米，微躯此外更何求。

如梦令

李清照

常记溪亭日暮，沉醉不知归路。兴尽晚回舟，误入藕花深处。争渡，争渡，惊起一滩鸥鹭。

清平乐·村居

辛弃疾

茅檐低小，溪上青青草。醉里吴音相媚好，白发谁家翁媪？

大儿锄豆溪东，中儿正织鸡笼。最喜小儿亡赖，溪头卧剥莲蓬。

“生命状态”与“诗意表达”梳理提示：

1. 诗人的生命状态（失意/得意/闲适……）
2. 诗作的情感倾向（绝望/昂扬/乐观……）
3. 据此给作品分类（……）

拓展1：

曹公为何特别安排“香菱学诗”的情节？

咏月（其三）

香菱

精华欲掩料应难，影自娟娟魄自寒。
一片砧敲千里白，半轮鸡唱五更残。
绿蓑江上秋闻笛，红袖楼头夜倚栏。
博得嫦娥应借问，何缘不使永团圆。

曹公为何特别安排“黛玉教诗”的情节？

咏 菊

黛玉

无赖诗魔昏晓侵，绕篱欹石自沉音。

毫端蕴秀临霜写，口齿噙香对月吟。
满纸自怜题素怨，片言谁解诉秋心？
一从陶令评章后，千古高风说到今。

拓展 2：

数学能得满分的小康同学，为何看不懂“墙上的诗”？有人在“诗歌节”被问及从事何种职业，为何敢自称“我是一个诗人”？

今天我们为何要读古诗词？生命为何要有诗意？

作业：

1. 参考以上主题，任选一个，写一则文学短评。

2. 任选一个主题，选一首符合该主题的古诗词作品，并说明归类理由。

“生命的诗意”单元梳理课任务单

核心任务：

班级将举办“生命的诗意 · 古诗词篇”主题朗诵会。

请你结合对以下 10 首古诗词（见“步骤二”第一栏）的理解，为朗诵会写一段开场白，对朗诵主题加以解释。

步骤一：请回忆并完成第 4、9、10 三首诗的默写，阅读第 7 首诗。

4.《饮酒 · 其五》陶渊明

结庐在人境，____________。____________？__________。__________，悠然见南山。山气日夕佳，____________。此中有真意，欲辨已忘言。

7.《江村》杜甫

清江一曲抱村流，长夏江村事事幽。自去自来梁上燕，相亲相近水中鸥。

老妻画纸为棋局，稚子敲针作钓钩。但有故人供禄米，微躯此外更何求。

9.《如梦令》李清照

______________，______________。______________，______________。争渡，争渡，______________。

10.《清平乐 · 村居》辛弃疾

____________，____________。________________，白发谁家翁媪？大儿锄豆溪东，____________。最喜小儿亡赖，______________。

步骤二：逐篇梳理及归类总结

参考古诗词篇目	诗人生命状态	诗作的情感倾向
1. 毛泽东《沁园春·长沙》		
2. 曹 操《短歌行》		
3. 陶渊明《归园田居·其一》		
4. 陶渊明《饮酒·其五》		
5. 李 白《梦游天姥吟留别》		
6. 杜 甫《登高》		
7. 杜 甫《江村》		
8. 李清照《声声慢·寻寻觅觅》		
9. 李清照《如梦令·常记溪亭》		
10. 辛弃疾《清平乐·村居》		

以上 10 首古诗词作品，体现出“生命状态”与“诗意表达”之间怎样的关系？通过归类总结，我的发现是：________________________________

归类一（原因）：________________________________

归类二（原因）：________________________________

归类三（原因）：________________________________

……

……

步骤三：我的“生命的诗意·古诗词篇”主题朗诵会开场白

____

____

____

____

____

步骤四：其他

____

____

____

作业：

1. 参考课堂完成的主题分类，任选一类，写一则文学短评。
2. 任选 3 个主题，分别选一首符合该主题的古诗词作品，并说明归类理由。

四、遭遇困境与勇于超越

——部编本高中语文必修上第七单元整体设计

（一）“自然情怀”单元核心命题——困境与超越

孔门超越“陈蔡之困”——摆脱“信仰危机”（君子自励）
东坡超越“黄州之困”——解除“精神痛苦”（儒道互济）
史铁生超越“地坛之困”——接受“命运不公”（哲思以通达）
姚鼐超越“京城之困”——解除“仕途不顺”（观山以定志）
郁朱超越“现实之困”——超越“平常自己”（审美与提纯）

（二）苏东坡的困境与超越——“赤壁三篇”学习

探究任务 1：苏子为何要遗世登仙？

摆脱“黄州之困”——虽久负盛名，才志兼备，几命丧乌台，已年近天命，而戴罪黄州，抱才而困。

探究任务 2：为何由“乐甚而歌”突转为“愀然而悲”？

内：己遇（黄州之困）
外：客奏（怨慕泣诉）
桂棹兮兰桨，击空明兮溯流光。渺渺兮予怀，望美人兮天一方。
桂櫂兮兰枻，斲冰兮积雪。（《九歌・湘君》）
帝子降兮北渚，目眇眇兮愁予。（《九歌・湘夫人》）
望美人兮未来，临风怳兮浩歌。（九歌・少司命》）
状态三变：乐甚而歌——愀然而悲——喜而更酌

探究任务 3：为何由“愀然而悲”又转为“喜而更酌”？

道：齐物我、齐彭殇、齐死生——生如寄、死如归
儒：太上立德、其次立功、其次立言（修齐治平）
道：至人无己、神人无功、圣人无名（道法自然）

黄州之困——功名之念（曹操、周瑜）——物各有主

生命之叹（海粟、蜉蝣）——物我无尽

黄州脱困——登仙不可骤得，且适江风明月

脱困之力——移心庄子哲学，移情江月自然

探究任务 4：今夜，苏子彻底摆脱“黄州之困”了吗？

且看《黄州诗文识东坡》

探究任务 5：“黄州之困”比于“陈蔡之困”，你有怎样的思考？

孔门超越“陈蔡之困”——摆脱“信仰危机”（君子自励）

东坡超越“黄州之困”——解除“精神痛苦”（儒道互济）

（三）史铁生的“困境”与“超越”——《我与地坛》《清平湾》《命若琴弦》三篇学习

探究任务 1：史铁生遭遇了怎样的特殊“困境”？

“地坛之困”：活到最狂妄的年龄上忽地残废了双腿（命运不公）—— 极端残酷，极端残忍，极端无常的命运不公。

《我与地坛》全 7 章章节梳理：

第一章——地坛让我明白：死是一件不必急于求成的事（不必死）

第二章——在地坛，体味母亲的艰难与伟大（对艰难命运的承受）

第三章——地坛的四季所见所思（懂得了去感恩于自己的命运）

第四章——地坛“六组众生相 · 长跑家等”（个人命运参照系一）

第五章——地坛一位漂亮却弱智的小姑娘（个人命运参照系二）

第六章——地坛“园神”的启示（关于“生命三问”的哲思一）

第七章——我与地坛的“终极对话”（地坛里的生命哲思二）

探究任务 2：统观全文七章，史铁生如何超越“困境”？

芒莱夫：从地坛四季、地坛众生中汲取对命运的理解；借母亲的回忆、写作事业构造生命价值，支撑其生命。最终理解生命意义。

杨东琪：遇古园，怀母亲，地坛独坐看自然。问生死，谈欲望，自我对话品人间。

宗益安：作者通过观览地坛生机勃勃的景色，与地坛的对话和思考，寻求宽慰，通过见到形形色色的人和事，感知了命运无常，积蓄了生命之力，冲破了地

坛之困。

1. 有幸在地坛（自然、历史与人文融合）
2. 历时十五年（丰富、沉静的时空宇宙）
3. 受地坛抚慰（荒芜但不衰败·一、三章）
4. 得母亲激励（艰难中的坚韧·第二章）
5. 观众生镜像（平凡人的平静·四、五章）
6. 哲思以通达（写作是为活着·六、七章）

探究任务 3：地坛具体有怎样的特点？（第一章）地坛为何能“抚慰”我？

地坛：遭废弃、荒芜冷落——草木竞相生长
历经沧桑四百多年——苍幽、坦荡
散发沉静的光芒，是个宁静的去处
被肆意雕琢，却又任谁也不能改变

作用：不急于求死，转而去探索“怎样活”
默坐呆想，理思绪，窥看自己的心魄

地坛之于我：
自然、历史与人文融合的所在
一个丰富而且沉静的时空宇宙
荒芜但不衰败的“园神”
引领走出困境的“精神导师”

探究任务 4：母亲具体是怎样的形象？（第二章）母亲为何能“激励”我？

表现：
想问而终于不敢问……无言地帮我
对自己说：这苦难也只好我来承担
做最坏准备，但不会说“你为我想想”

形象：
活得最苦的母亲（最能承受的母亲）
艰难的命运，坚忍的意志不张扬的爱

母亲之于我：
承认上天关于母亲命运的考虑，也许是对的
体会自己对命运不公的安排，当坚忍如母亲
（面对残酷命运的“引路人”）

探究任务5：写作是怎样帮助史铁生完成“超越”的？

《我的遥远的清平湾》1982年　《命若琴弦》1985年　《我与地坛》1989年

史铁生作品中的“不公命运承受者”形象：“白老汉”“老瞎子”“长跑家”

作业：

1. 至少选择全文中的一章，有感情地朗读，把音频发送到网络平台，与同学分享。

2.《我的遥远的清平湾》《命若琴弦》任选一篇补读。

附：《我与地坛》全7章　预习任务单

任务：内容梳理与单元“困境与超越”主题思考

	小标题概括 各章节大意	各章节　相关思考题/关键句圈画摘抄/预习疑问
第一章		1. 本章中，地坛与史铁生有哪些相似？地坛对史铁生有怎样的意义？ ______ ______ ______ ______ ______
第二章		2. 本章中的母亲是怎样的形象？我对母亲行为的理解经历了怎样的变化？ ______ ______ ______ ______ ______

续表

	小标题概括 各章节大意	各章节　相关思考题/关键句圈画摘抄/预习疑问
第三章		3. 本章六组四季之喻有怎样的含义？
第四章		4. 本章写了地坛中的哪些人？分别有怎样的形象特点？选材有何讲究？
第五章		5. 本章为什么单写一个漂亮却又弱智的小姑娘的命运？
第六章		6. 本章结尾“有激情的演员”“懂得欣赏的观众”“乏味的演员”“倒霉的观众”分别都有怎样的含义？

续表

<table>
<tr><td></td><td>小标题概括
各章节大意</td><td>各章节　相关思考题/关键句圈画摘抄/预习疑问</td></tr>
<tr><td>第七章</td><td></td><td>7. 本章结尾“当然，那不是我。但是，那不是我吗？”这句话有什么含义？
____
____
________________</td></tr>
<tr><td colspan="3">单元“困境与超越”主题思考：
东坡超越“黄州之困”——解除“精神痛苦”（儒道互济）
孔门超越“陈蔡之困”——摆脱“信仰危机”（君子自励）
请参照上面的思路，图示史铁生超越困境的方法和途径：</td></tr>
</table>

（四）姚鼐的“困境”与“超越”——《登泰山记》《湖心亭看雪》《江雪》三篇联读

探究任务 1：姚鼐登泰山，有哪些特殊之处？

①雪中登　②逢大雾　③专程来　④逢除夕　⑤选险道　⑥极艰难

探究任务 2：姚鼐登泰山，看见了怎样的景致？

①“苍山负雪，明烛天南”的日落美景

②“须臾五采，红光动摇”的云海日出

③“冰雪，无鸟兽音迹”的澄澈世界

探究任务 3：《登》《湖》《江》三篇文章中的“雪”的作用有何共性？

①洁净澄澈的世界 ②纯净心灵的作用

张岱《湖心亭看雪》

崇祯五年十二月，余住西湖。大雪三日，湖中人鸟声俱绝。是日更定矣，余拏一小舟，拥毳衣炉火，独往湖心亭看雪。雾凇沆砀，天与云与山与水，上下一白。湖上影子，惟长堤一痕、湖心亭一点，与余舟一芥、舟中人两三粒而已。

到亭上，有两人铺毡对坐，一童子烧酒炉正沸。见余，大喜曰："湖中焉得更有此人！"拉余同饮。余强饮三大白而别。问其姓氏，是金陵人，客此。及下船，舟子喃喃曰："莫说相公痴，更有痴似相公者！"

柳宗元《江雪》

千山鸟飞绝，万径人踪灭。孤舟蓑笠翁，独钓寒江雪。

探究任务4：姚鼐此次登泰山，对他的人生有怎样的意义？

①告别官场的"宣言书"　②前半生与后半生的"分水岭"

资料1：

岁除日与子颍登日观观日出作歌

姚鼐

泰山到海五百里，日观东看直一指。万峰海上碧沈沈，象伏龙蹲呼不起。
夜半云海浮岩空，雪山灭没空云中。参旗正拂天门西，云汉却跨沧海东。
海隅云光一线动，山如舞袖招长风。使君长髯真虬龙，我亦鹤骨撑青穹。
天风飘飘拂东向，拄杖探出扶桑红。地底金轮几及丈，海右天鸡才一唱。
不知万顷冯夷宫，并作红光上天上。使君昔者大峨眉，坚冰磴滑乘如脂。
攀空极险才到顶，夜看日出尝如斯。其下濛濛万青岭，中道江水而东之。
孤臣羁迹自叹息，中原有路归无时。此生忽忽俄在此，故人偕君良共喜。
天以昌君画与诗，又使分符泰山址。男儿自负乔岳身，胸有大海光明暾。
即今同立岱宗顶，岂复犹如世上人。大地川原纷四下，中天日月环双循。
山海微茫一卷石，云烟变灭千朝昏。驭气终超万物表，东岱西峨何复论。

资料2：

姚鼐（nài）(1732—1815年)，清代散文家，与方苞、刘大櫆并称为"桐城派三祖"。

姚鼐于乾隆十五年（1750年）中江南乡试，乾隆二十八年（1763年）中进士，授庶吉士，三年后散馆改主事，曾任山东、湖南副主考，会试同考官。乾隆三十八年（1773年）入四库全书馆充纂修官，乾隆三十九年（1774年）秋，借病辞官。归里后，以授徒为生，先后主讲扬州梅花书院、安庆敬敷书院、歙县紫阳书院、南京钟山书院，培养了一大批学人弟子。嘉庆二十年（1815 年），逝世于钟山书院。

（五）郁达夫与朱自清的困境与超越——《故都的秋》与《荷塘月色》联读

探究任务 1：两篇散文的核心部分各写了怎样的场景/画面？

《故都的秋》主要内容梳理

场面概述	内　　容	人物情感/景物特点	主要手法
闲坐赏秋（3）	看天色、听鸽声、数日光、静对蓝朵、赏秋草	自然而然地感到十分的秋意	行为描写
秋槐落蕊（4）	脚踏落蕊、细看丝纹	极微细极柔软……既觉得细腻，又觉得清闲，还觉得落寞	行为、心理描写
秋蝉嘶鸣（5）	无论在什么地方，都听得见它们的啼唱	衰弱的残声（悲凉之声），北国的特产	拟人
秋雨话凉（6—10）	雨伴凉风，旋即天晴 都市闲人，闲话天凉	下得奇，下得有味儿，下得更像样	行为、语言描写
秋果佳日（11）	在小椭圆形的细叶中间，显出淡绿微黄的颜色的时候，正是秋的全盛时期……	也是一种奇景 北国的清秋的佳日	对比

《荷塘月色》主要内容梳理

场面概述	内　　容	景物特点/人物情感	主要手法
月下荷塘（4）	田田的叶子、零星的白花、微风过处，送来缕缕清香，叶子和花也随之颤动	摇曳多姿/令人沉醉	比喻、排比 拟人、通感

续表

场面概述	内　　容	景物特点/人物情感	主要手法
塘上月色（5）	月光泻在叶子和花上，青雾浮起在荷塘里。天上有淡云，所以月光不能朗照；月色不均匀，但光影很和谐	素淡朦胧/和谐愉悦	比喻、类比
荷塘四围（6）	远近高低都是树，围住荷塘 树色阴阴的，挡不住杨柳的丰姿；树缝里有路灯光；树上的蝉声伴着水里的蛙声	宁静静谧/热闹是它们（蝉和蛙）的，我什么也没有	拟人
江南采莲（7—8）	少年女子，驾船唱歌去采莲， 采莲的人多，也有看采莲的人	尽情嬉游，热闹有趣/早已无福消受	行为描写 引用
西洲采莲（9）	采莲南塘秋，莲花过人头	令我惦着江南了	引用

结论：

《故都的秋》以人的行为场景为主，景物画面为辅，《荷塘月色》则反之。

《故都的秋》《荷塘月色》都借景抒情，融情于景。都有细致的描写，细腻的观察。

《故都的秋》情感比较聚焦，《荷塘月色》的情感有起伏变化。

《荷塘月色》有更高密度的修辞使用。

探究任务2：两篇散文核心部分的场景/画面分别集中表达了怎样的核心情感？（“形散而神聚”）

《故都的秋》：清、静、悲凉的审美感受

《荷塘月色》：宁静、自由的愉悦心境

《故都的秋》：

秋色（清）

青天（蓝绿）蓝朵（蓝色）秋草（黄色）

落蕊（灰白）树影（暗灰）灰土（灰色）

灰沉沉的天（灰色）青布（蓝绿）枣树（淡绿微黄）

主要是冷色。蓝色，宁静、深远；白色，素雅、纯静。它们与高阔的蓝天形成了和谐的秋的基调，给人的感觉是清凉疏朗的。

这些色彩营造了一种充满北国情调的清凉的氛围，清静闲暇中透出了落寞。“一切景语皆情语”，选取这些色彩有力地体现了作者内心的冷清、孤独。

秋声（静）

故都的秋声，主要有哪些声音呢？这些声音与景物的描写，在文中起了什么作用？

鸽飞声、钟鸣声、扫地声、蝉鸣声、虫鸣声、风雨声、问答声……

以动（声）衬静，以声音反衬了故都的寂静。

秋味（悲凉）

1. 闲坐赏秋：……悠闲中的孤寂、落寞

2. 秋槐落蕊：……既觉得细腻，又觉得清闲，还觉得落寞的凄凉

3. 秋蝉嘶鸣：……生命衰弱，残声悲凉

4. 秋雨话凉：……凉风冷雨，“一层秋雨一层凉”

5. 秋果佳日：……佳日一过，西北风即起尘沙灰土要来的凉意

秋天，无论在什么地方的秋天，总是好的；可是啊，北国的秋，却特别地来得清，来得静，来得悲凉。我的不远千里，要从杭州赶上青岛，更要从青岛赶上北平来的理由，也不过想饱尝一尝这“秋”，这故都的秋味。

《荷塘月色》的情感变化：

1. 家中院里——“这几天心里颇不宁静”

2. 寻荷路上——“也像超出了平常的自己，到了另一世界里”

3. 受用荷月——“便觉是个自由的人”

4. 月下荷塘——令人沉醉

5. 塘上月色——和谐愉悦

6. 荷塘四围——“热闹它们（蝉和蛙）的，我什么也没有”

7. 江南采莲——“这真是有趣的事，可惜我们现在早已无福消受了”

8. 西洲采莲——“这令我到底惦着江南了”

9. 家中院里——回归平常的自己，回到现实世界里

意义：精神上的慰藉停留于精神便已足够，它并非真的一定诉诸现实的解决。它让我们生活中有了审美，让生存有了诗意的栖居，让精神的疲惫得到缓解，让我们的心灵获得短暂的自由。

探究任务3：“故都秋味”与“荷塘月色”是怎样的“另一世界”，有何共性？

非现实的存在，是审美提纯的结果；是艺术化的世界，更是超越现实的“理想世界”；用艺术的审美的文学世界超越各自的“现实困境”

朱自清的“现实世界”/困境

作为“斗士”他对政治的敏感远不及他对自然风光、人情掌故来（得）细致传神，他可以把梅雨潭的“绿”写出七八个以上的感受，却常常辨不明政局的好坏，政党的是非，甚至不知道该把自己的名字签到什么样的文件上。1927年，朱自清先生的家庭陷入了深刻的危机。

他的父子、（继）母子、婆媳等之间的矛盾和作者为了应付这些矛盾在事业和感情上付出的巨大损失才是他“心里颇不宁静”的主要原因。

——刘勇民

1927年《荷塘月色》创作前后，朱自清的文章

◆ 我的体力也不太成。况且妻子儿女一大家，都指望我活，也不忍丢下走自己的路。在旧时代正在崩坏，新局面尚未到来的时候，衰颓与骚动使得大家惶惶然……只有参加革命或反革命才能解决这惶惶然。不能或不愿参加革命或反革命，总得找一个依据，才可以姑作安心地过日子……我终于在国学里找着了一个题目。

——《哪里走》

◆ 这几天似乎有些异样，像一叶扁舟在无边的大海上，像一个猎人在无尽的森林里……心里是一团乱麻，也可以说是一团火。似乎在挣扎，要明白些什么，但似乎什么也没有明白。

——《一封信》

郁达夫的“现实世界”/困境

特别的人生经历——自幼多病，三岁丧父，长子早死。旅居日本10年饱受屈辱。回到国内，当局腐败，社会动荡，民不聊生，他为个人生计倍受颠沛流离之苦。

特别的个人气质——抑郁善感

时代环境的黑暗，导致他思想苦闷，逃避现实；郁达夫早年（三岁）丧父，在日本十年的异地生活使他饱受屈辱和歧视；郁达夫提倡“静”的文学，“一粒沙里见世界，半瓣花上说人情”。

日本物哀文化的影响——秋天的悲凉本身就是美的

物哀：内心为外物所感发，有所感叹。不过感发的诸种情感之中，唯以哀伤最为动人。

“日本国民性的特点……更爱残月、更爱初绽的蓓蕾和散落的花瓣儿，因为他们认为残月、花蕾、花落中潜藏着一种令人怜惜的哀愁情绪，会增加美感。这种无常的哀感和无常的美感，正是日本人的‘物哀美’的真髓。”

“（郁达夫）融进了太多只属于他个人的独特的审美感受。故都的秋，与其说是故都北平所独有的，不如说是专属于郁达夫，只是郁达夫的秋。”

——陈日亮

五、从孔子到孟子：儒家思想渐次拼图

——部编本高中语文选必上第4课群文阅读设计

（一）儒家君子之道的传承与发展：聚焦仁德，不断完善

“仁”是孔子思想中最核心的概念，《论语》中“仁”字的出现频率很高，多达109次。“君子”也是孔子思想中的重要概念，他所说的“君子”，侧重指“有德之人”。

儒家的理想人格是君子，具备仁德乃为君子，所以，儒家讲修身立德，重人格教育，培养和造就“仁德君子”是儒家的主要追求。

儒家之道，主要是君子之道，君子之道即修身立德之道。从《论语》里提出“仁德君子”到《大学》《孟子》，儒家的君子之道，有一个“聚焦仁德，不断完善”的发展过程。

在本单元的三篇选文《〈论语〉十二章》《大学之道》《人皆有不忍人之心》中，就能梳理出这样的发展脉络。

研习任务一：3篇选文体现了儒家“修身立德”主张各要素之间怎样的关联？

子曰：“朝闻道，夕死可矣。”（《〈论语〉十二章》）

大学之道，在明明德，在亲民，在止于至善。（《大学之道》）

“朝闻道”的“道”，与“大学之道”有何关系？

“朝闻道”的“道”，是“真理”；“大学之道”是指“穷理、正心、修身、治人的根本原则”；“大学之道”是儒家修身之学的“真理”，以“追求真理为大”的孔子，对这个领域的真理，自然更是孜孜以求。以“好学”著称的孔子，在求学的境界上，追求“闻道为大”，这里的“道”能让孔子觉得“夕死可矣”，显然不是一般意义上的知识学问，而是关乎宇宙人生以及社会的“真理”，这个“真理”是什么？

是“内圣外王”，是“修齐治平”，是“三纲八目”，《大学》完成了对《论语》里“修身之道”的进一步阐释。

曾子曰：“士不可以不弘毅，任重而道远。仁以为己任，不亦重乎？死而后已，不亦远乎？”（《〈论语〉十二章》）

欲明明德于天下者，先治其国。（《大学之道》）

大学之道，在明明德，在亲民，在止于至善。（《大学之道》）

这里的“仁以为己任”与“明明德于天下”和“亲民”有何联系？

从“仁德”到“明德”，概念有所扩大；从“以为己任”到“明于天下”，本质上是同一说法不同表达，后者更明确地表达出“仁以为己任”，不只是个人具备仁德，而是希望“君子”实现“推德及人”（这就是孟子讲的“扩而充之”）“推行仁德于天下”。

如果把“亲民”理解为“使天下人去旧立新，去恶向善”，就更能理解“任重而道远”的含义所指：实现仁德（明明德）于天下，让天下人向善向上，道德为之一新，风气为之一变，肩负这样的使命，自然是“任重而道远”。

在这里，我们能看到，《大学》对《论语》的发展，主要体现在“君子使命”的完善，君子怀德，是完成了“内修”，“内修”的目标是为了“外治”，当以“修齐治平”为使命，实现“内圣外王”。

子曰：“克己复礼为仁。”（《〈论语〉十二章》）

欲修其身者，先正其心；欲正其心者，先诚其意；欲诚其意者，先致其知；致知在格物。（《大学之道》）

人之有是四端也，犹其有四体也。有是四端而自谓不能者，自贼者也；谓其君不能者，贼其君者也。凡有四端于我者，知皆扩而充之矣，若火之始然，泉之始达。苟能充之，足以保四海；苟不充之，不足以事父母。（《人皆有不忍人之心》）

这里的“克己”与“正心诚意”有何关系？又与“四端”有何关系？

《论语》讲“克己复礼为仁”，“克己”依然是实现仁德的“纲”，怎样才能做到“克己”？那就需要“正心诚意”，《大学》接着《论语》往下讲明白了；按照《大学》的观点，“自天子以至于庶人，皆以修身为本”，那就意味着“人人皆可以修身得仁”，为什么“人人”可以“克己为仁”？每个人“向善为仁”的动力之源在哪里？这个问题，显然是《论语》和《大学》的遗留问题，也是儒家“修身得仁”理论的“逻辑短板”，这就轮到孟子登场，来完成儒家君子理论的“再次圆场”了。

孟子是个逻辑大师，他的回答就是“人性本善”，他从“孺子将入于井”的生活现象推理出“人皆有不忍人之心”的结论，证明人皆有恻隐之心，这正是“仁之端也”，由恻隐之心到“四心”，由“仁之端”到“四端”，是人区别于动物的标志，所以叫“人皆有不忍人之心”。

“凡有四端于我者，知皆扩而充之矣”，孟子进一步推出“人皆可为尧舜”为结论，这是儒家思想的一大进步，在《论语》中，孔子认为“尧舜都达不到仁的境界”（《论语·雍也》），孟子提出“尧舜可及”，进一步为“修齐治平”的可能性找到了理论依据。

通过以上的梳理，我们能发现：本课3篇选文，聚焦于仁德，呈现出如下关系。

《论语》十二章——仁德之有：克己复礼，天下归仁

《大学之道》——仁德之用：修齐治平，明明德也

《人皆有不忍人之心》——仁德之端：恻隐之心，仁之端也

进一步拓展，我们还能发现：宋儒所说的“四书”，作为体现儒家思想四本著作，以如下关系，共同构建了“儒学大厦”。

理论框架——《论语》——君子之道

儒学屋顶——《大学》——修齐治平

哲学梁柱——《中庸》——中庸之道

人性支点——《孟子》——人性本善

研习任务二：“亚圣”孟子对“圣人”孔子的思想还有怎样的发展？

在《人皆有不忍人之心》的开篇，有这样的句子：

人皆有不忍人之心。先王有不忍人之心，斯有不忍人之政矣。以不忍人之心，行不忍人之政，治天下可运之掌上。

《大学之道》的结尾，有这样的句子：

自天子以至于庶人，壹是皆以修身为本。

发展一：从“仁德”到“仁政”

子曰：“志士仁人，无求生以害仁，有杀身以成仁。”（《论语·卫灵公》）

生，亦我所欲也；义，亦我所欲也。二者不可得兼，舍生而取义者也。（《孟子·告子》）

自暴者，不可与有言也；自弃者，不可与有为也。言非礼义，谓之自暴也；

吾身不能居仁由义，谓之自弃也。仁，人之安宅也；义，人之正路也。旷安宅而弗居，舍正路而不由，哀哉！（《孟子·离娄》）

自己损害自己的人，是不可能和他谈出什么的；自己放弃自己的人，是不可能和他干出什么来的。言语诋毁礼仪的，叫做自己损害自己；自身不能遵循仁义行事的，叫做自己放弃自己。仁，是人安适的住宅；义，是人正当的道路。空着安适的住宅不住，舍弃正当的道路不走，真是可悲啊！

发展二：从“杀身成仁”到“舍生取义”

居天下之广居，立天下之正位，行天下之大道。得志，与民由之；不得志，独行其道。富贵不能淫，贫贱不能移，威武不能屈，此之谓大丈夫。（《孟子·滕文公》）

一个人应该居住在“仁”这所最广大的住宅里，站立在“礼”这一最正确的位置上，行走在“义”这条最广阔的大路上。如果能实现志向，则和百姓一块儿实现；不能实现，则独自走所选择的正路。富贵不能扰乱他的心意，贫贱不能改变他的志向，威武不能屈折他的节操，这就叫大丈夫。

发展三：从“真君子”到“大丈夫”

总结：儒家的人生之道——扩充善念，修身立德，居仁由义，修齐治平

（二）儒家人生之道的学习要诀——贵在切己，要在参省

儒家典籍作为承载华夏文明主流思想的载体，曾经塑造了我们民族的整体精神气质，在当今社会，学习儒家的人生之道，对于我们立身处世，做人治学，都大有裨益。

那么，该如何学习和内化这些儒家思想呢？

《论语》里有一章讲得好，可以给我们启发。

子夏曰：“博学而笃志，切问而近思，仁在其中矣。”（《论语·子张》）

子夏说：“广泛地学习，坚守自己志趣；恳切地发问，多考虑当前的问题，仁德就在这中间了。”

北宋二程曾经说，《论语》有两种读法：一种是读完之后和我不相干，原来怎样还怎样，这种读法读一百遍也没有用，还有一种读法叫“切己”，什么是“切己”呢？就是将《论语》等儒家经典和自己的生命、生活联系起来读，这样就会让你明白是非。

比如，孔子讲：好仁不好学，其蔽也愚；好知不好学，其蔽也荡；好信不好学，其蔽也贼；好直不好学，其蔽也绞；好勇不好学，其蔽也乱；好刚不好学，其蔽也狂。(《论语·阳货》)

爱仁德，却不爱学问，那种弊病就是容易被人愚弄；爱耍聪明，却不爱学问，那种弊病就是放荡而无基础；爱诚实，却不爱学问，那种弊病就是容易被人利用，反而害了自己；爱直率，却不爱学问，那种弊病就是说话尖刻，刺痛人心；爱勇敢，却不爱学问，那种弊病就是捣乱闯祸；爱刚强，却不爱学问，那种弊病就是胆大妄为。

读之后，我们可以“以之为鉴”，像曾子一样“参省吾身”。

与经典为伴，以圣贤为镜，成为孔子推崇的“不惑不忧不惧”的“君子”，远乎？道不远人也！

六、带你攀登东晋的两座“文化高峰”

——部编本高中语文选必下第 10 课深度学习任务群设计

（一）大任务情境：带你攀登东晋的两座“文化高峰”

痴迷汉学的外国高中生来校访学，内容之一为参观学校“澄观堂”艺术馆，恰逢馆展主题为“昭昭有晋，煌煌两文”，主展览内容如下：

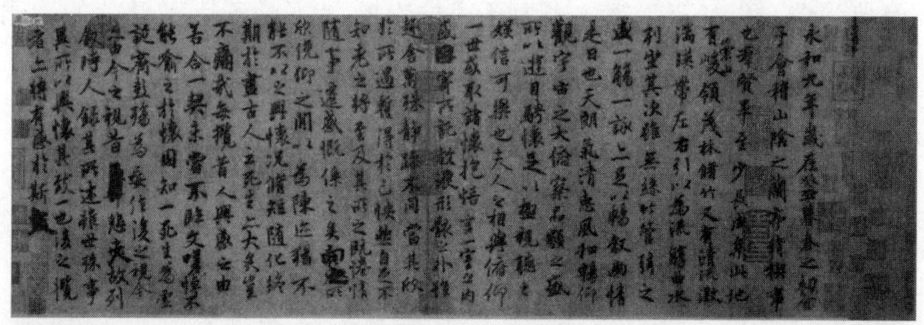

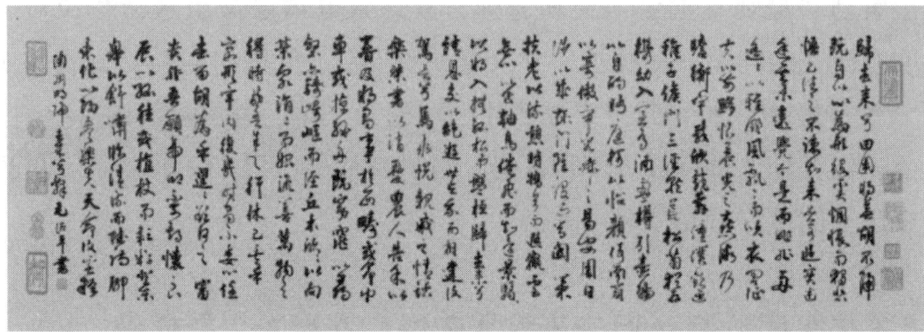

馆展策划“澄观堂堂主”吴荻老师，紧急致电请语文组选派一位对王羲之和陶渊明有研究的同学，前往担任“文学讲解员”，负责向同龄外国青年全面深入介绍《兰亭集序》和《归去来兮辞并序》两篇文章，并答疑解惑。

行前，你打算认真完成以下群任务，以有备而去，以期不辱使命，展现当代中国高中学子的良好“语文核心素养”。

（二）《兰亭集序》与《归去来兮辞并序》深度学习群任务

任务一：讲通文章明大意——《兰亭集序》篇

1. 根据注释，空白处填字。

兰亭集序

（晋）王羲之

永和九年，岁在癸丑，暮春之初，会于会稽山阴之兰亭，修禊事也。群贤____（全都）至，少长____（全都）集。此地有____（高）山峻岭，茂林____（长）竹，又有清流激湍，映带左右。引以为流觞曲水，列坐其____（旁边），虽无丝竹管弦之盛，一觞一咏，亦足以畅叙幽情。

是日也，天朗气清，惠风和畅。仰观宇宙之大，俯察品类之盛，______（用来……的，表凭借）游目骋怀，足以极视听之娱，____（确实，实在）可乐也。

夫人之相与，俯仰一世。____（有的人）取____（兼语词，之于）怀抱，悟言一室之内；或因寄所托，放浪形骸之外。虽____（同“取”）舍万殊，静躁不同，当其____（对……感到欣喜）于所遇，暂得于己，快然自足，不知老____（取独）将至；及其所______（向往，动词）既倦，情随事迁，感慨系之矣。____（以前）之所欣，俯仰之间，已为陈迹，犹不能不____（因为）之____（引发，引起）怀，况修短随化，终期于尽！古人云：“死生亦大矣。”岂不痛哉！

每览昔人兴感之由，若合一契，未尝不临文嗟悼，不能____（明白）之于怀。固知____（把……看作一样）死生为虚诞，____（把……看作相等）彭殇为妄作。后____（取独）视今，亦____（如同）今之视昔，悲夫！故列叙时人，录其所述。虽世____（不同）事异，______（……的原因，表原因）兴怀，其致一也。后之览者，亦将有感于斯文。

2. 通读全文，梳理出体现作者情感变化的脉络，探究其情感变化的原因。

3. 阅读下面这段《晋书》选文，阅读“《兰亭集》37首选2”并搜索“魏晋玄谈”关键词，思考：这段选文能印证课文第3段的哪些内容？第3段的内容与魏晋玄谈有何关系？

王羲之爱鹅

（王羲之）性爱鹅，会稽有孤居姥养一鹅，善鸣，求市未能得，遂携亲友命驾就观。姥闻羲之将至，烹以待之，羲之叹惜弥日。又山阴有一道士，养好鹅，羲之往观焉，意甚悦，固求市之。道士云：“为写《道德经》，当举群相赠耳。”羲之欣然写毕，笼鹅而归，甚以为乐。其任率如此。尝诣门生家，见棐几滑净，因书之，真草相半。后为其父误刮去之，门生惊懊者累日。又尝在蕺山见一老姥，持六角竹扇卖之。羲之书其扇，各为五字。姥初有愠色，因谓姥曰：“但言是王右军书，以求百钱邪。”姥如其言，人竞买之。他日，姥又持扇来，羲之笑而不答。其书为世所重，皆此类也。

【参考注释】

〔命驾就观〕动身前往去看。命驾，命人驾车，即动身前往的意思。

〔弥日〕整天。

〔固求市之〕坚决要求买了这些鹅去。

〔任率〕任性、率真。

〔门生〕指依附在世族门下供其役使的人。王羲之的家族是当时的大族。

〔棐几〕用榧木做的几案。棐，通“榧”，木名。

〔惊懊者累日〕连着懊恼了好几天。

〔蕺（jí）山〕山名，在今浙江绍兴。

〔重〕推崇，看重。

《兰亭集》37首选2

右将军会稽内史王羲之

代谢鳞次。忽然以周。欣此暮春。和气载柔。咏彼舞雩。异世同流。迺携齐契。散怀一丘。悠悠大象运。轮转无停际。陶化非吾因。去来非吾制。宗统竟安在。即顺理自泰。有心未能悟。适足缠利害。未若任所遇。逍遥良辰会。三春启群品。寄畅在所因。仰望碧天际。俯瞰绿水滨。寥朗无涯观，寓目理自陈。大矣造化功。万殊靡不均。群籁虽参差。适我无非亲。猗与二三子。莫匪齐所托。造真探玄根。涉世若过客。前识非所期。虚室是我宅。远想千载外。何必谢曩昔。

相与无相与。形骸自脱落。鉴明去尘垢。止则鄙吝生。体之固未易。三觞解天刑。方寸无停主。矜伐将自平。虽无丝与竹。玄泉有清声。虽无啸与歌。咏言有余馨。取乐在一朝。寄之齐千龄。合散固其常。脩短定无始。造新不暂停。一往不再起。于今为神奇。信宿同尘滓。谁能无此慨。散之在推理。言立同不朽。河清非所俟。

司徒谢安

伊昔先子。有怀春游。契此言执，寄傲林丘。森森连岭。茫茫原畴。迥霄垂雾，凝泉散流。相与欣佳节。率尔同褰裳。薄云罗物景，微风翼轻航。醇醪陶元府，兀若游羲唐。万殊混一象，安复觉彭殇。

4. 速读文章《永和九年的那场醉》，摘其要点，探究：《兰亭集序》的主题与王羲之当时的生平际遇有怎样的关系？

任务二：“宣言书”中的“真纠结”

《归去来兮辞并序》是陶渊明在 41 岁时第 3 次决心归隐的作品，被誉为其彻底与官场决裂的“宣言书”。这一份“宣言书”中，决绝的态度很鲜明，也流露出内心的纠结，陶渊明怎么纠结？纠结什么？又为何纠结？请细读文章，参考相关资料，以“‘宣言书’中的‘真纠结’”为主题，写一段简明文字，阐述你的理解。

任务三：情感起伏变化，两两细看有别

《兰亭集序》《归去来兮辞并序》两篇文章，作者情感都有明显的起伏变化，请参照《兰亭集序》，简明梳理《归去来兮辞并序》的情感发展脉络。

《兰亭集序》：信可乐（山水、诗酒、玄谈）
岂不痛（乐不可久、死生亦大）
悲夫（老庄谬、痛无解、古今同）

《兰亭集序》《前赤壁赋》两篇文章，都融写景、叙事、抒情于一炉，都有明显的情感起伏变化，请参照《兰亭集序》，简明梳理《前赤壁赋》中情感变化与写景叙事的关联。

《兰亭集序》：信可乐（山水佳日之美、修禊雅聚之盛、流觞玄谈之妙）
岂不痛（人生苦短之痛、乐不可久之痛、避祸全身之难）
悲夫（所信实谬之悲、所痛无解之悲、古今同悲之悲）

任务四：陶渊明超越了王羲之？

在《兰亭集序》中，王羲之感慨“况修短随化，终期于尽”，并指出“死生亦大矣”“一死生为虚诞，齐彭殇为妄作”，在《归去来兮辞并序》中，陶渊明则宣言“聊乘化以归尽，乐夫天命复奚疑”。两文中都提到作者对于“化（自然）”与“天命”的态度，有人认为：在对待这一问题的态度上，陶渊明化解了东晋的时代之“痛”，超越了王羲之，你怎么看？请细读原文，联系《重峦叠嶂间的田园》，简要阐明你的看法。

任务五：亲近山水与走向田园

同在东晋，《兰亭集序》里的王羲之、谢安以及随后的谢灵运等人乐于亲近自然山水，而陶渊明则走向田园乡村，为何会有这样的不同？你又怎样理解这样的不同？请结合相关时代背景资料，谈谈你的看法。

谢灵运被誉为“山水诗”的鼻祖，陶渊明则属“田园诗”的滥觞，盛唐的王维、孟浩然则是“山水田园诗派”的代表诗人，这其中有怎样的发展演变？请查找相关资料，谈谈你的看法。

任务六：个人的觉醒与文学的独立

有人说：三国魏晋南北朝，是中国历史上持续近400年的“荒唐而美好的时代”，言其“荒唐”，大略是说篡乱频仍新朝迭出，言其“美好”主要是指人的觉醒与文学的独立乃至艺术的繁荣。请联系曹操《短歌行》、陶渊明《归园田居》《归去来兮辞并序》与王羲之《兰亭集序》，并查阅相关资料，以“中国文学生逢其时”为题，写一段文字，谈谈你的看法。

任务七：关于两篇雄文的介绍清单

作为“昭昭有晋，煌煌两文”展览的“文学讲解员”，你打算向爱好中国文化的外国同龄青年介绍点什么，以期实现外国朋友对这两篇作品的深度理解？请分别梳理出拟介绍的要点。

七、搭建阅读支架，实现名著互参

——部编本教材整本书互参阅读教学设计

（一）学情分析

学生处在高二上学段，已经学完部编本高中语文教材选择性必修上册《〈论语〉十二章》，进行了一遍《论语》的整本书阅读。高一学段，则整本阅读过《平凡的世界》和《红楼梦》两书。对三部经典有一定的了解，但是都不够深入。对名著之间互相参读以加深理解的学习方式，比较陌生。对三部名著的理解，也各自“割裂”。

对于《论语》的整本书阅读，大多数同学普遍感觉，其只是些与当下生活没有太大关系的“空洞的道德箴言”；对于整本书《红楼梦》的深度理解，也远远不够。

（二）教学目标、教学重点和难点

教学目标：

1. 借助经典间的互参阅读，打通经典，理解经典，活用经典。
2. 引导处于“孕穗拔节期”的学子端正对待名利的态度。
3. 理解优秀传统文化的经典价值及对现实人生的指导意义。

教学重点：借助对经典的互参阅读，打通对名著的理解。

教学难点：搭建好《论语》与《平凡的世界》《红楼梦》的参读支架。

（三）课前梳理任务群

【课前梳理任务 **1**】

课前热身作业（1）：

请根据注释查阅相关资料，疏通下面的《〈论语〉十二章》。

1. 子曰："德之不修，学之不讲，闻义不能徙，不善不能改，是吾忧也。"（《述而》）

2. 子曰："富与贵，是人之所欲也；不以其道得之，不处也。贫与贱，是人之所恶也；不以其道得[1]之，不去也。君子去仁，恶乎[2]成名？君子无终食之间违[3]仁，造次[4]必于是[5]，颠沛必于是。"（《里仁》）

【注释】 1. 得：这个地方的"得"按章句的意思应该改成"去"字更为合理。此处可能是古人的不经意失误处。2. 恶［wū］乎：即"于何处"，可译为"怎样？"3. 违：离开。4. 造次：仓促忙乱之时。5. 是：最后两句的"是"字指仁。

3. 子曰："饭疏食[1]，饮水[2]，曲肱[3]而枕之，乐亦在其中矣！不义而富且贵，于我如浮云。"（《述而》）

【注释】 1. 疏食：粗粮。2. 水：古代常以"汤"和"水"对言，"汤"的意义是热水，"水"就是冷水。3. 肱［gōng］，胳膊。

4. 孔子曰："君子有九思：视思明，听思聪，色思温，貌思恭，言思忠，事思敬，疑思问，忿思难，见得思义。"（《季氏》）

5. 子曰："不仁者不可以久处约，不可以长处乐。仁者安仁，知者利仁。"（《里仁》）

6. 子曰："君子怀德，小人怀土[1]；君子怀刑[2]，小人怀惠。"（《里仁》）

【注释】 1. 土：乡土。如果解为田土，亦通。2. 刑：古代法律制度的"刑"作"刑"，刑罚的"刑"作"刑"，从刀井，后来都写作"刑"了。这"刑"字应该解释为法度。

7. 子路问君子。子曰："修己以敬。"曰："如斯而已乎？"曰："修己以安人[1]。"曰："如斯而已乎？"曰："修己以安百姓[2]。修己以安百姓，尧舜其犹病诸[3]？"（《宪问》）

【注释】 1. 人：古代的"人"有广义狭义之分。广义的"人"指一切人群，狭义的"人"只指士大夫以上各阶层的人，和"民"相对，这里是狭义。2. 百姓：这里的百姓等于广义上的"人"，这里"修己以安百姓"如同孔子所说的"博施于民"。3. 尧舜其犹病诸：尧舜大概还没有完全做到吧？

8. 子曰："君子有三戒：少之时，血气[1]未定，戒之在色[2]；及其壮也，血气

方刚，戒之在斗；及其老也，血气既衰，戒之在得[3]。”（《季氏》）

【注释】1. 血气：中医用来解释人体能量精力的名词。古人认为，人的好色、贪财、好斗全都和血气相关。2. 戒之在色：警戒莫要迷恋美色。3. 戒之在得：警戒莫要贪得无厌。

9. 子贡曰：“贫而无谄，富而无骄，何如？”子曰：“可也；未若贫而乐，富而好礼者也。”（《学而》）

10. 子曰：“其身正，不令而行；其身不正，虽令不从。”（《子路》）

11. 子曰：“德不孤，必有邻。”（《里仁》）

12. 子曰：“放[1]于利而行，多怨。”（《里仁》）

【注释】1. 放：旧读上声，音仿，fǎng，依据。

课前热身作业（2）：

“道德良善”与“苦难体验”是《平凡的世界》的两大主题，《平凡的世界》中，有哪些在苦难经历中保持道德良善的人？他们是怎么做的？你如何理解在经受苦难考验中保持“道德良善”的意义？

课前热身作业（3）：

贾府走衰，是《红楼梦》的一条主线。贾府是如何一步步走向衰落的？与哪些因素、哪些事件、哪些人物有关？有怎样的关系？

【课前梳理任务 **2**】

《平凡的世界》主要人物及大事件梳理

1.《平凡的世界》人物关系图

孙玉厚一家：孙玉厚（________的农民）

长子________（贺秀莲）次子________（田晓霞）

次女孙兰香（吴仲平）长女孙兰花（王满银）

孙玉亭一家：孙玉亭（“革命家”村干部）　贺凤英（妻）

田福堂一家：田福堂（“守旧派”村主任）　田润叶（李向前）田润生（郝红梅）

田福军一家：田福军（“改革派”高级干部）田晓霞（女）、徐爱云（妻）

金俊武兄弟：金俊文（老大、儿子金富、金强）

金俊武（老二、二队队长、少安好友）

金俊斌（老三、“抢水事件”中被淹死）

金俊山一家：金俊山（村干部田福堂的对头）金成（子）

金俊海一家：金俊海（运输司机）　金波（少平同学，后接班）金秀（兰香同学）

金光亮一家：金光亮（地主成分，后成为________专业户）

王世才一家：王世才(煤矿工人、少平的________）　惠英(妻)、明明(子)

2.《平凡的世界》写了哪几个世界的什么事儿？

（1）“文革”中的双水村：________风波/麻糊事件/批斗风波/炸山拦坝

（2）“文革”前后原西县：田福军对阵冯世宽

（3）开放后的双水村：孙少安的________

（4）黄原和铜城煤矿：孙少平的________

3.《平凡的世界》主要情节

（1）________的高中生涯

（2）少安拒绝了__________

（3）田福堂在双水村

（4）________的无爱婚姻

（5）________的官场沉浮

（6）________在黄原揽工

（7）________追求郝红梅

（8）________在双水村

（9）______在铜城煤矿

4. 双水村 · 大世界

三位“出走异乡”者：________、王满银、金富

三位“乡土创业”者：________、田海民、金光亮

三位“典型女性”：________、田润叶、贺秀莲

三代“风云人物”：解放前——金光亮之父(大地主)金俊武之父(大学问家)

解放后——________（村主任）

改革后——________（企业家）

5. 小黄原 · 大世界

中高层官场：田福军、张有智、乔伯年、石钟、

冯世宽、李登云、苗凯、周文龙

基层官场：田福堂、孙玉亭、田海民、徐治功、

金俊山、金俊武、刘根民、白明川

【课前梳理任务 3】

《红楼梦》情节暨大事件梳理

1. 省亲事件

________省亲（第十七回　大观园试才题对额　荣国府归省庆元宵）

探春省亲（第一百十九回　中乡魁宝玉却尘缘　沐皇恩贾家延世泽）

2. 理家事件

________理家（第十三回　秦可卿死封龙禁尉　王熙凤协理宁国府）

________理家（第五十六回　敏探春兴利除宿弊　时宝钗小惠全大体）

3. 婚丧事件

________之死（第十二回　王熙凤毒设相思局　贾天祥正照风月鉴）

秦氏之丧（第十三回　秦可卿死封龙禁尉　王熙凤协理宁国府）

________之死（第十六回　贾元春才选凤藻宫　秦鲸卿夭逝黄泉路）

金钏之死（第三十二回　诉肺腑心迷活宝玉　含耻辱情烈死金钏）

________之丧（第六十三回　寿怡红群芳开夜宴　死金丹独艳理亲丧）

三姐之死（第六十六回　情小妹耻情归地府　冷二郎一冷入空门）

二姐之死（第六十九回　弄小巧用借剑杀人　觉大限吞生金自逝）

晴雯之死（第七十七回　俏丫鬟抱屈夭风流　美优伶斩情归水月）

________之丧（第九十五回　因讹成实元妃薨逝　以假混真宝玉疯颠）

宝玉娶亲（第九十七回　林黛玉焚稿断痴情　薛宝钗出闺成大礼）

黛玉之死（第九十八回　苦绛珠魂归离恨天　病神瑛泪洒相思地）

迎春之死（第一百零九回　候芳魂五儿承错爱　还孽债迎女返真元）

________之丧（第一百零十回　史太君寿终归地府　王凤姐力诎失人心）

鸳鸯之死（一百一十一回　鸳鸯女殉主登太虚　狗彘奴欺天招伙盗）

凤姐之丧（第一百十四回　王熙凤历幻返金陵　甄应嘉蒙恩还玉阙）

4. 庆生事件

________生日（第十一回　庆寿辰宁府排家宴　见熙凤贾瑞起淫心）

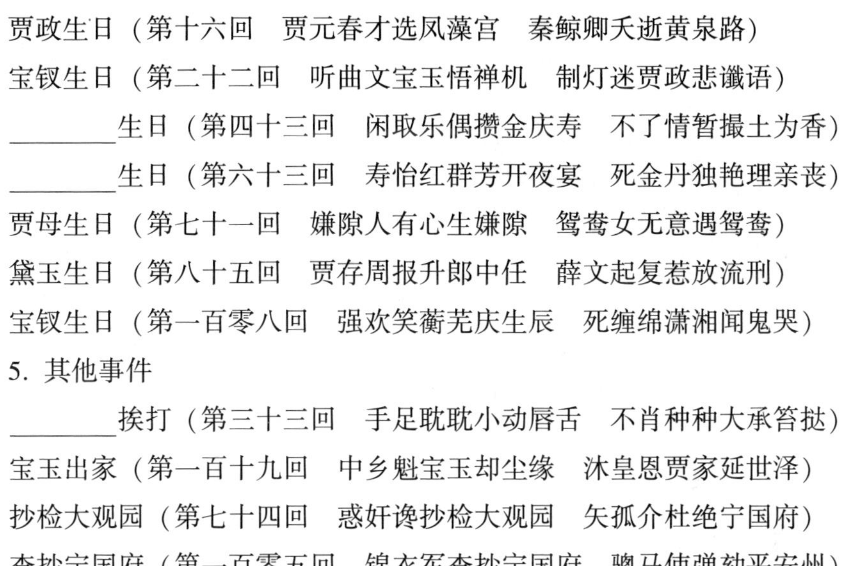

贾政生日（第十六回　贾元春才选凤藻宫　秦鲸卿夭逝黄泉路）

宝钗生日（第二十二回　听曲文宝玉悟禅机　制灯迷贾政悲谶语）

________生日（第四十三回　闲取乐偶攒金庆寿　不了情暂撮土为香）

________生日（第六十三回　寿怡红群芳开夜宴　死金丹独艳理亲丧）

贾母生日（第七十一回　嫌隙人有心生嫌隙　鸳鸯女无意遇鸳鸯）

黛玉生日（第八十五回　贾存周报升郎中任　薛文起复惹放流刑）

宝钗生日（第一百零八回　强欢笑蘅芜庆生辰　死缠绵潇湘闻鬼哭）

5. 其他事件

________挨打（第三十三回　手足耽耽小动唇舌　不肖种种大承笞挞）

宝玉出家（第一百十九回　中乡魁宝玉却尘缘　沐皇恩贾家延世泽）

抄检大观园（第七十四回　惑奸谗抄检大观园　矢孤介杜绝宁国府）

查抄宁国府（第一百零五回　锦衣军查抄宁国府　骢马使弹劾平安州）

（四）课上研讨任务群

教学阶段	教师活动	学生活动	设计意图
入门段：《论语》选文解读	《论语》引导讨论1： 以上12章《论语》，有哪几个关键词？ 这几个关键词之间有怎样的逻辑关系？	根据教师所发的12章参考译文，进一步熟悉各章，根据提示思考12章之间的关系，根据提问与同学商讨、发言。	《论语》选读12章集中在“人如何面对富贵（达）贫贱（穷）的处境”上，把12章打乱呈现，锻炼学生归类整合的能力。
	《论语》引导讨论2： 以上12章《论语》，整体体现了儒家怎样的“道德观”？	与同伴讨论，据问发言。	把选读内容从“道德观”的角度做提升总结，为下面的互参阅读环节做铺垫。

续表

教学阶段	教师活动	学生活动	设计意图
登堂段： 《论语》选文与《平凡的世界》互文参读	参读研讨任务一： “道德良善”与“苦难体验”是《平凡的世界》的两大主题，《平凡的世界》中，有哪些在苦难经历中保持道德良善的人？他们是怎么做的？你如何理解在经受苦难考验中保持“道德良善”的意义？ 请结合以上关于《论语》的章则相关内容的研讨，说一说“立德”对于个人的意义。	在教师的提示下唤醒对《平凡的世界》的阅读印象，与同伴讨论，回应教师提问，回应同学答案。	鉴于《平凡的世界》阅读门槛低，主题切近上面环节《论语》选读的内容，故先从此书切入。选择道德对于个人成长的意义角度切入，是适切的。
《论语》选文与《红楼梦》互文参读	参读研讨任务二： 贾府走衰，是《红楼梦》的一条主线。贾府是如何一步步走向衰落的？ 与哪些因素、哪些事件、哪些人物有关？有怎样的关系？ 请结合以上关于《论语》的章则相关内容的研讨，说一说“立德”对于家族的意义。	在教师的提示下唤醒对《红楼梦》的阅读印象，与同伴讨论，回应教师提问，回应同学答案。	鉴于《红楼梦》阅读门槛高，但贾府走衰的大事件比较明显，最适合从道德对于家族盛衰的意义角度切入研讨。

续表

教学阶段	教师活动	学生活动	设计意图
入室段： 用《论语》参悟当下	参读研讨任务三： 查阅“蚂蚁金服”的相关时事资料，从义与利的关系的角度思考：“蚂蚁金服”为何被要求延期上市？ 请结合以上关于《论语》的章则相关内容的研讨，说一说“立德”对于企业的意义。	根据教师提示及要求，完成课后练习，进一步巩固课堂成果。	把儒家的“道德观”引入学生的生活中来讨论，认识道德与现代商业的关系。
	参读研讨任务四： 查阅“美国大选”的相关时事资料，针对败选而不服输的特朗普，合理化用以上《〈论语〉十二章》的若干则（也可以拓展到《论语》整本书的相关章则），以《给特朗普的一封信》为题，写一篇不少于800字的文章，从儒家做人为政思想的角度，帮助特朗普厘清其败选的原因。 参读研讨任务五： 在你的身边，有哪些守正有德的人事？又存在哪些败德或失德的现象？你怎么看待它们？	根据教师提示及要求，完成课后练习，进一步巩固课堂成果。	在更宽的视野下理解“立德”之于国家的意义，贴近社会热点引导学生思考。

（五）板书设计

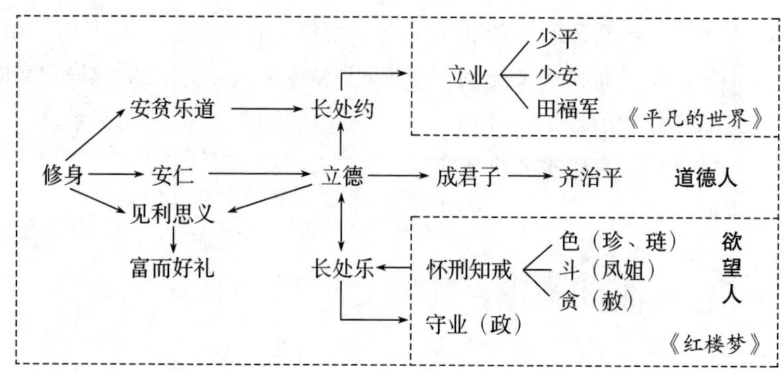
少平
立业
少安
田福军
安贫乐道
长处约
《平凡的世界》
修身
安仁
立德
成君子
齐治平
道德人
见利思义
富而好礼
长处乐
怀刑知戒
色（珍、琏）
斗（凤姐）
贪（赦）
欲望人
守业（政）
《红楼梦》

第二节　单元教学与单篇教学

一、安邦救世之思想，自成风格之文章

——北京版高中语文“诸子单元”教学设计

（一）设计思路

1. 承第二专题，进一步落实文言知识

2. 执思想一端，深读文本并相机拓展

诸子的文章是其思想的载体，了解诸子的思想，才可能真正理解诸子的文章。本单元的选文自然不能代表诸子思想的全部，但是能够统一在关于“争”和“战”这两个命题上，所以，建议四篇文章统一在这两个命题下进行。

在篇章教学中，首先要注重从文本的字里行间生成相关的理解，其次也要给学生补充相关的适度的知识来拓展和加深对文章的理解，最好能够由浅入深，循序渐进。按照《非攻》《五蠹》《庄子寓言四则》《察传》的顺序来教学。

3. 执文章一端，学习说理做写作借鉴

高二下学期，在写作方面，如何写好说理议论文，是一项重要的教学任务。本单元的《非攻》《察传》《五蠹》，其实也是非常好的写作示范文本。在怎样举证（举怎样的证）、如何构思等方面，三篇文章都可学。建议有所侧重。

（二）总体安排

注意补充勾连，以《泛读导引》导入单元教学，形成单元文化认知基础。

（1）诸子（儒墨道法）思想概括比较

派别	核心	思想基础	提倡	主　张
儒家	仁爱	“礼乐”“仁义”	“忠恕”“中庸”	“德治”“仁政”
墨家	兼爱	“兼相爱”	“交相利”	尚贤尚同、非攻非命
法家	集权	“法”“术”“势”	“不别亲疏贵贱，一断于法”	以法治国、耕战立国
道家	无为	“道”	清静无为	道法自然、顺其自然

（2）诸子的思想、文章流传后世，影响至今，其价值何在？

普遍具有拯世济民的责任感和平治天下的使命感，这使他们获得了思想个性，而且也促使他们将思想变成文字。(思想价值)

独立个性之存在，是文章“自家”风格生成之根基，而独特的风格正是文学的重要特质。(文章价值)

（3）诸子以拯世济民、平治天下为使命，那么，在春秋战国时代，救世平天下的最大障碍是什么？/要解决的根本问题是什么？

“三多”：多国、多争、多战（电影《孔子》《墨攻》《麦田》《大兵小将》）

①国多而失范

从礼渐崩乐渐坏到全社会的无序与暴乱（黄仁宇《孔孟》）导致社会的大震荡、大分化、大变动局面。也就是从邦国制度到帝国制度过渡的所谓“帝国的前夜”的漫长的“黑暗时期”。(易中天《帝国的终结》)

②多无序之争

图存图霸之争、土地属民之争、储君之争、君臣之争、人才之争、学说主张之争、人才互争、功利之争；父子相争、兄弟相争、同学相争，争的特点是“无序”，即恶性竞争，围绕“功利获取”“不择手段”的争，不讲规则的争，带来巨大的社会恶果。

③多不义之战

当时争的手段有很多，比如阴谋诡计，结党谋私等等。而“战”是“争”的极端手段，当其他的“争”都不管用的时候，最后的手段归结于“战”。因此，孟子讲“春秋无义战。”（《孟子·尽心下》）《春秋》记载“242 年间（300 多次战争)，弑君 36，亡国 52”。“十年十一战，民不堪命。”（《左传·桓公二年》）并且产生了所谓的“战争智慧”，比如《左传》《孙子兵法》“三十六计”等。

（4）“多国、多争、多战”社会影响与诸子的学说主张（解决方案）有何联系？

诸子百家从“平治天下”的最终目的出发，以“王天下”或“霸天下”为诱饵，向诸侯推销自己的政治主张。他们从不同角度看到了“三多”的社会危害，因而也对应地提出了相应的“治疗方案”。

儒家看到道德沦丧，伦理失范，仁义尽失的问题，因而着眼于用道德的力量和伦理的规范来救世。人人为君子，天下尽尧舜，即使有争，也应该是君子之争，有序之争。

墨家注意到因为争，人相仇，专其利的可怕，因而提出“兼相爱，交相利”的主张。由爱己而爱人，由利己而利他，互惠共赢，变“无序”之争为“有序有德”之争。

道家很明白因为多争纵欲，所以伤身多疾，所以提倡“清静无为”以节欲，大谈养生长寿以为利，放言“三无”以息功名之心，干脆“人人不争”，自然“止争”。

法家成说较晚，大概看到了以上学说行世多年而无一成功，于是明白“以战止战，最终止争”的道理，所以提出“耕战立国”，排斥儒墨，统一思想，除五蠹之民，严刑峻法养耕战之士把武力发展到极致。因为韩非认为：“当今争于气力”，所谓“气力”，无非“国力”和“武力”，而已。

从最直接的结果而言，法家取得了成功，秦的成功是法家思想结出的果子。

当然，我们也应该看到各家学派从不同的角度出发，对社会问题的诊断各有其长，也各有其短，儒墨都乐观地估计了道德的力量，忽视了彼时代“功利”思想难以回避的社会原因；道家境界高远，然而想在一个混乱的时代让更多的人保持“精神的清洁”，这只能是老庄的一厢情愿；法家看到的外在约束制止作恶的意义，以严法辅以苛刑来维护社会的秩序，在一定程度符合当时的社会情况，然而法家排除儒墨所讲的道德，看不到内在约束力量的作用，这又是法家可悲的一面。后继的封建统治者则看到了这一点，所以从各家各取所需，形成“儒为表，法为里”的“止争”策略，维系其统治，行世两千多年，影响到了中国社会的各个方面。

为什么进行这样的梳理？因为本专题四篇文章，主要围绕“争”“战”来展开，有了这样的认知，为本专题的学习做好了充分必要的铺垫。

为什么可以进行这样的梳理？因为学生此前已经学过《勾践灭吴》《邹忌讽

齐王纳谏》《冯谖客孟尝君》《烛之武退秦师》《崤之战》《齐桓晋文之事》等与那个时代相关的文章，在此基础上，有必要在思想认识上引导学生深入地认识那个时代。

“孔孟是粮食，庄子是医院，佛教是百货公司。”——南怀瑾

推荐阅读：

萧功秦《为什么我们缺少特立独行的人生态度》

鲍鹏山《庄子：当我们无路可走的时候》

【延伸写作话题】

说“争”

（三）对四篇文章主旨的基本理解

课　文	主　张	反　对
《侍坐》《齐桓晋文之事》	修身施仁	暴政虐民
《非攻》	非攻兼爱	不义战争
《五蠹》	武力争夺	仁义兼爱
《庄子寓言四则》	顺其自然	逆道抗命
《察传》	治事严谨	道听途说

（四）四篇文章的顺序及定位

1. 首先讲《非攻》，联系《齐桓晋文之事》看儒墨之同。
2. 其次讲《五蠹》，联系《非攻》《齐桓》辨法与儒墨之异。
3. 再次讲《庄子》，联系《五蠹》《非攻》《齐桓》看道家的独特主张。
4. 最后讲《察传》，联系《五蠹》《非攻》落实说理文写作借鉴。

（五）课文要点解读

1. 关于《非攻》

（1）三段文字，各举了哪些事例？有何共性？

第一段：（1）窃其桃李（2）攘人鸡豚（3）取人马牛（4）杀不辜人（5）

不义攻国

第二段：（1）杀一人（2）杀十人（3）杀百人（4）不义攻国

类比设喻，层层递进，“亏人愈多，不仁兹甚，罪益厚”。对人伤害程度逐渐加深，罪过越来越大，形象地指责侵略行径为大不义。

第三段：（1）不知白黑之辩（2）不知甘苦之辩（3）不知义与不义之辩

类比设喻，深刻地表明“辩义与不义之乱”的可怕状态。

共同特点是从生活现象、身边事例言及家国大事。

（2）文章题为“非攻”，三段各写了什么内容？

第一段：攻之不义

第二段：攻之大罪

第三段：非之必要

（3）“从而誉之，谓之义”一句，在文中重复三次，“誉”字做何解？题为“非攻”，为何不是“非战”？反映出墨子怎样的战争观？

“誉”有称赞、美化之意。墨子深刻地解释了战争的欺骗性。（古往今来，战争宣传和战争文学当中的美化战争的行为一直不断，可联系现实稍加拓展，体会墨子的先进思想）

“杀不辜人”“不义攻国”

墨子主张“非攻”，而不是“非战”，他反对的是侵略主义，而认为自卫是必要的。墨子反对不义战争，更反对美化战争的可耻行径。

墨家子弟，人人身践力行，个个都有好身手，以自强助弱，急人之难，解人之困，爱众亲仁，推衣解食，视人如己。他的“兼爱”，是要“言必信，行必果”，为“除天下之大害”，必要时“不惮以身为牺牲”。（《墨攻》）

墨家的“非攻”，是止戈为“武”，墨子特别指出，武王伐纣即“非所谓攻也，所谓诛也”，在必要时不惜舍己为人，“代天行诛”。

墨家：非攻慎守　　　拥兵以自卫，“代天行诛”

（4）作为一个无法回避的话题，诸子如何对待战争？有何根据？

子贡问政。子曰：“足食，足兵，民信之矣。”子贡曰：“必不得已而去，于斯三者何先？”曰：“去兵。”子贡曰：“必不得已而去，于斯二者何先？”曰：“去食。自古皆有死，民无信不立。”（《论语·颜渊》）

子路率尔而对曰：“千乘之国，摄乎大国之间，加之以师旅，因之以饥馑；由也为之，比及三年，可使有勇，且知方也。”（《侍坐》）

儒家：足兵以保民

道家：无争以止战　“小国寡民”，“无为而治”

法家：以战止战　　“养耕战之士”，武力争夺

（5）联系第二专题的学习内容，拓展探讨：儒墨在救世主张方面有何共同之处？又有何区别？

重视内在道德力量的作用；都身体力行，矢志不渝地践行自己的理想。

墨家主张不分等级阶层的爱，儒家强调社会等级存在的必要，因此儒家为后世统治者肢解利用。墨家则只停留于文章中，为统治者所弃。

2. 关于《五蠹》

（1）第 1、2、3 段的关键词句分别是什么？

第一段：不期修古，不法常可

第二段：（财——利）争（古不争，今人争）古：“人民少而财有余”“不事力而养足”

第三段：（官——名）让（古轻让，今难让）今：“人民众而货财寡”“事力劳而供养薄”

（2）第 4 段举“山居谷居”的例子有何作用？本段在结构上有何作用？

“山居谷居”之例浅显且深刻，紧承 2、3 段的内容，证明古人不争轻让，今人重争难让都是因为利益（厚薄）的原因，完全与道德无关。（这样就在根本上否定了儒墨两家“仁爱”“兼爱”的道德救世的主张，为提出法家的主张铺垫，就是所谓的“先破后立”）

（补充：根源是什么？根源在于韩非认为“人性本恶”，所以人天生是逐利的动物，人对名利的追求古今相同。）

因为人们争夺的原因在本质上是相同的，然而古今的形势却发生了变化，所以古代的制度就不再适应今天的情况，就必须有新的制度，这就是“事因于世而备适于事”的道理。本段承上启下。

5、6 两段分别论证“世异则事异”“事异则备变”。

（3）第 5、6、8 三段有何作用？

5、6 段通过古今对比用事实证明道德竞争的手段在当今时代是不可能成功的、智谋手段也同样是过时的竞争手段，因此，推出“上古竞于道德，中世逐于智谋，当今争于气力”的结论。

（4）在第 3 至 4 段中韩非子为何选取尧、禹为例而不是其他人？对于韩非在

第 4 段的观点，你认为站得住脚吗？

尧是儒家推崇的圣君，禹是墨家尊崇的“偶像”，韩非以之为例来证明尧禹的仁德并非因为儒墨宣扬的真仁义，而是实实在在的利益考虑，从而达到攻击儒家确立法家学说的目的。（阅读延伸题训练点）

学生可以见仁见智。但是，从根本上说，可以结合《察传》的观点，韩非子的说法很明显犯了“闻言而不察”的错误，但也可以理解为韩非子故意曲解事实，服务于自圆其说攻击儒家的目的。（包括子贡辨仁的观点，可以联系《烛之武退秦师》让学生延伸讨论）

（5）文章第 7 段得三个关键词是什么？核心是什么？从这句话可以看到法家怎样的战争观？与儒墨在这一问题上的主张有何不同？

竟、逐、争；核心是“争”。

主张武力争夺，以战止战。

（联系题目）法家的战争观受到儒墨的影响，并且有根本分歧，所以韩非视儒墨思想妨碍其耕战立国武力扩张的主张的实现，因而视其为“五蠹”之一，必欲处之而后快。（秦王朝的“焚书坑儒”在此埋下伏笔）

3. 关于《庄子寓言四则》

（1）《庖丁解牛》

庄子借庖丁之口讲的仅仅是关于养生的道理么？文惠君只悟到了养生，说明了什么？

（联系《寡人之于国也》，联系相关资料）

庄子的境界，寓节欲止争、做人治国之大道。从延长生命长度的角度而言，名缰利锁困扰人的身心，必致体病多疾，何以长寿。所以，安时处顺吧，回避开生活中的矛盾吧。小小的梁国，还要做霸主之梦，最终的结局不是很明显的么？文惠君何尝不是个族庖呢？他又怎么可能懂得庄子所说的大道呢？

他的结局就是他执迷不悟的报应吧。

（2）《望洋兴叹》

人的认知与作为都是有局限的，那么功利世俗追求又有什么意义呢？

（3）《安知鱼乐》

逻辑学上讲，是偷换概念。

在无限的时空中，每个人是有限的，所以每个人对世界的解释都戴着有色眼镜，所以每个人在追求的过程中，都是在从各自的角度去追求所谓的真理，真正的真理存在于超越二元对立的时空之中。

所以，世俗的追求也是没有意义的。

（4）《庄周梦蝶》联系《归去来兮辞》《前赤壁赋》

在无限的空间时间之中，有限马上就消失了，人在做梦和梦中的梦，两者之间只不过是层次的不同，因此不要执着于眼前有形的这一切，要勇于摆脱名缰利锁。

所以，陶渊明讲“胡为乎遑遑欲何之?”“聊乘化以归尽，乐夫天命复奚疑?”。苏东坡讲“报明月而长终”“共适风月”。

总结起来，这四则故事当中共性的东西是：庄子在从根本上说明世俗的功利争斗的荒诞和没有意义，从一个大境界上去除人们的欲望从而达到“止争”的目的，可谓“釜底抽薪”，比之于儒墨法三家，庄子的止争救世之法真是独辟蹊径。

反过来说，“以其不争，故莫能与之争”“无为而无不为”（《老子》），这是老庄的大智慧。

4. 关于《察传》

（1）围绕“察传”的话题文章是怎样展开论证的?

第一段：必须察（亮出观点）

第二段：为何察（察与不察的结果）

第三、四段：怎样察（察的方法）

吕不韦是一个成功的商人政治家，这篇文章有商人的精明，也有治学处世的谨慎在里面，救世主张明显。

如果也要讲“争”，我们不妨把这篇文章理解为：要审慎地去争。

严密的论证结构，举论据说理的方法，可以做写作指导。

建议一：让学生完成天津卷2007年高考真题再讲。

建议二：今天，有类似于《察传》的事吗?

单元思考：

我们民族，集中在春秋战国时期，出现了一批伟大的思想家，他们的思想具有长久的生命力和永恒的魅力，成为我们这个民族丰厚的文化遗产。我们的态度，应该是在批判中继承之，在继承中发展之。

那么，我们到底应该继承和发展什么？或者说，先秦诸子的救世实践给我们这个民族在今天留下了什么?

易中天先生在《先秦诸子百家争鸣》中这样说：（在厘清诸子思想的糟粕和局限之后）墨家关注社会，留下了社会理想，这就是平等、互利、博爱；道家关注人生，留下了人生追求，这就是真实、自由、宽容；法家关注国家，留下了治国理念，这就是公开、公平、公正；儒家关注文化，留下了核心价值，这就是仁爱、正义、自强。

或者说，墨家留下了建设家园的美好理想，道家留下了指导人生的智慧结晶，法家留下了应对变革的思想资源，儒家留下了凝聚民心的价值体系。

这些，都是我们民族的精神财富。

二、起于中学教材，止于认知负荷，落于单元文本

——北京版高中语文“鲁迅专题”教学设计

（一）

“中学生学语文三怕”——“一怕写作文，二怕文言文，三怕周树人”。

师生为何都“怕周树人”？

1. 言生旨远

2. 寓意遥深

3. 教学难于“度”（中学讲鲁迅与大学讲鲁迅有何区别？）

本单元教学设计“三个基本点”：

（1）起点——中学教材里的鲁迅文章

《从百草园到三味书屋》《故乡》《社戏》《藤野先生》《孔乙己》《一件小事》

《范爱农》《祝福》《铸剑》

《忆韦素园君》《杂文两篇》《〈呐喊〉自序》《诗四首》

（2）止点——学生的认知接受现状

（3）落点——本单元的四篇文四首诗

本单元教学设计的“一项基本原则”：把铺垫拓展之素材、单元文本与学生认知能力紧密结合起来，走进鲁迅的文章，走近鲁迅的思想，从此“不怕周树人”。

（二）

讲授顺序：

先《〈呐喊〉自序》，联系《从百草园到三味书屋》《故乡》《社戏》《范爱农》，梳理其人生经历和思想发展过程，了解鲁迅是如何成长为一个坚定的启蒙者的。

次《诗四首》，进一步感受鲁迅生活的时代，理解鲁迅的思想发展变化过程，感受鲁迅在民族情绪面前的冷静以及其对中国社会问题的深刻认知，体会鲁迅驾驭多种文体的能力。

再《忆韦素园君》，联系《藤野先生》《范爱农》，适当推及《记念刘和珍君》和《为了忘却的纪念》，了解其怀人的文章的特点，理解其对痛失启蒙事业同道中人的悲恸和思考。

末《杂文两篇》，适当推及《拿来主义》，感受鲁迅作为一个启蒙者的洞察力，感受其启蒙救世的最有力的武器——“匕首投枪”般的杂文之风采。

内在逻辑：通过走进生活的时代，进而走近其人，转而走进其文。

前期铺垫：通过范爱农这位知识分子在辛亥革命前后的悲剧人生，我们可以有这样的认识：辛亥革命没有从根本上带来社会的改变，清醒的热心的知识分子并没有成为革新社会的主流，他们依然被排斥、受压迫，于是他们有各种不同的选择：

（1）范爱农式：自绝以尽节《范爱农》

（2）吕纬甫式：沉沦以苟活《在酒楼上》

（3）魏连殳式：变节以自肥《孤独者》

（4）周树人式：启蒙以树人《范爱农》《〈呐喊〉自序》

我们可以归纳出对鲁迅这样的认识：

鲁迅是一个清醒的孤独者，绝望的启蒙者。

因为深刻，所以清醒；因为清醒，所以孤独；因为清醒的孤独，所以绝望；因为绝望，所以向死求生，献身于启蒙事业。

（三）

《〈呐喊〉自序》一文，一言以蔽之：一个文化启蒙者是如何炼成的。

“启蒙”的含义是阐明、澄清、照亮。它给人启发和启示。演变成专有名词“启蒙运动”时，它的意思是思想解放运动、社会解放运动。在西方，从公元14世纪开始的文艺复兴运动，至16—18世纪的作为资产阶级革命前导的反封建反宗教的思想解放运动，皆属于启蒙运动阶段。所以，启蒙有引导人们从黑暗走向光明，从遮蔽走向揭示，从愚昧走向智慧的含义。

鲁迅先生的一生，是呐喊光明、追求光明的一生，是痛斥黑暗、抗争黑暗的一生。在《我们现在怎样做父亲》一文中有这样一句倔强话语：“自己背着因袭的重担，肩住了黑暗的闸门，放他们（孩子们）到宽阔光明的地方去。……幸福的度日，合理的做人。”

鲁迅，是一个坚定的文化启蒙者。成为一个文化启蒙者的过程，鲜明地体现在《〈呐喊〉自序》中。

“本文时空跨度久远，思想内容丰富，主题命意深邃，多维一体，言近旨远，这种表达效果是怎么产生的呢？我个人以为有两条，一是沉静简括的感性述说，二是苍凉深邃的理性思考，两者交互呈现，浑然通融。”

——王芳耀

① 13 岁后，家道中落，为救治久病的父亲出入当铺药店，饱尝世态炎凉；

【“看见世人的真面目”“想走异路，逃异地，去寻求别样的人们”】

——为己（启蒙者的人生准备）

② 18 岁后，南京求学，渐渐增长见识、生发感悟、开阔眼界；

【庸医“骗人”，同情病人和他的家族的遭遇、战时当军医，还能促进国人对维新的信仰】

——为人、为民、为国（启蒙者的境界准备）

③ 24 岁后，仙台习医，亲历电影事件，深感国人精神上的麻木和愚昧；

【“凡是愚弱的国民，即使体格如何健全，如何茁壮，也只能做毫无意义的示众的材料和看客”，“我们的第一要著，是在改变他们的精神，而善于改变精神的是，我那时以为当然要推文艺，于是想提倡文艺运动了”】

——洞悉根源、想改变国民精神（启蒙者的思想准备）

④ 26 岁后，东京治文，经受《新生》流产的打击，陷入悲哀与寂寞；

【“感到未尝经验的无聊”，“这经验使我反省，看见自己了：就是我决不是一个振臂一呼应者云集的英雄”】无端的寂寞、无聊与彷徨，先驱者的孤独（启蒙者的行动挫折）

⑤ 29 岁后，回国，辗转进京，寓居绍兴会馆，公务之余抄古碑，既反省又酝酿；

【“沉入于国民中”“回到古代去”“生命居然暗暗的消去了”】深刻而冷峻的反省，承受“精神的苦刑”之考验（启蒙者的精神炼狱）

⑥ 36 岁后，应《新青年》约稿，开始小说创作；

【“铁屋子”内既然有人起来，有人呐喊，就“不能说决没有毁坏这铁屋的希望”，希望“是不能抹杀的，因为希望是在于将来”，“终于答应他也做文章了”】走出寂寥、决心要从根本上疗救国民精神痼疾的最后觉悟（启蒙者破茧成蝶）

⑦ 41 岁时，《呐喊》结集出版，全面回顾，自序而成本文。（启蒙者牛刀小试）

全文归纳：

地点——生活小传——思想发展小传——启蒙者的成长步骤

（1）绍兴——侍亲疾——看透世态，想走异路 ——人生准备

（2）南京——求新知——选择学医，报国救民 ——境界准备

（3）仙台——习医学——领悟要著，弃医从文 ——思想准备

（4）东京——办杂志——悲哀寂寞，深刻反省 ——行动挫折

（5）北京——抄古碑——苦闷沉默，酝酿追寻 ——精神炼狱

（6）北京——应稿约——看到希望，呐喊战斗 ——破茧成蝶

从启蒙者的角度看两处体味：

1. 关于“并未产生的《新生》的结局”的体味

“冷淡的空气中”，“幸而寻到”，“邀集”；“隐去了若干担当文字的人”，“逃走了资本”，“只剩下不名一钱的三个人”；“既已背时”，“当然无可告语”，“连这三个人也都为各自的运命所驱策，不能在一处纵谈将来的好梦”。

2. 关于“‘文学启蒙梦’破灭之后的寂寞与悲哀”的体味

对“蒙（氓）”的绝望——叫喊于生人中

对“启者”的绝望——决不是一个振臂一呼应者云集的英雄

对“启”的绝望——再没有青年时候的慷慨激昂的意思了

摘录钱理群的相关评论：

也许，《新生》的夭折，特别是社会对启蒙者的呐喊“既非赞同，也无反对”的“无反应”，对于鲁迅心灵的打击才是真正致命的。

由此而产生的“绝望感”是极其深刻的：既是对启蒙对象——“国民”的绝望，更是对启蒙者自身的“反省”：“我决不是一个振臂一呼应者云集的英雄”。

这双重绝望必然导致对“启蒙”本身的彻底绝望——这，正是鲁迅的“噩梦”的“隐意”所在，连同鲁迅由此而感受到的“无端的悲哀”，与毒蛇般纠缠灵魂的“寂寞”，成为一种潜在的痛苦记忆深藏在鲁迅心灵深处。

鲁迅说他“用种种法，来麻醉自己的灵魂”，以至“再没有青年时候的慷慨激昂的意思”，都是鲁迅“彻底绝望”的内心世界的外在反映。

正是这对于“启蒙梦”的深刻怀疑与绝望，构成了鲁迅《呐喊》的深层意

识与潜在心理。

再看本文开头的结论：

鲁迅是一个清醒的孤独者，绝望的启蒙者。

因为深刻，所以清醒；因为清醒，所以孤独；因为清醒的孤独，所以绝望；因为绝望，所以向死求生，献身于启蒙事业。

体会一段话：

“把个人的生命选择同国家民族的命运前途紧紧地结合在一起，在常人是难能的，在鲁迅是可贵的。正因为达到了这样的理性高度，他在生命历程叙述中的穿插议论，他在《呐喊》命名上的蕴藉定义，才显得如此高瞻远瞩，冷峻深邃。”

（四）

《诗四首》，建议紧随《〈呐喊〉自序》之后，泛读略讲，进一步体会启蒙者的生存环境的残酷，补充介绍《为了忘却的记念》感受鲁迅对启蒙同道悲惨命运的哀恸（为讲《忆韦素园君》张本），进一步感受启蒙事业的艰难，感受鲁迅的清醒，感受鲁迅的深刻，感受鲁迅全面的文学才华（为讲《杂文两篇》张本）。

“此诗哀民生之憔悴，状心事之浩茫，感慨百端，俯视一切，栖身无地，苦斗益坚，于悲凉孤寂中，寓熹微之希望焉。”

启蒙者的生存环境的残酷——《赠邬其山》讽刺军阀政客、《无题》为了忘却的记念。

对启蒙同道悲惨命运的哀恸——《无题》为了忘却的记念中的“柔石”。

感受鲁迅的清醒——《题三义塔》日本人也有好的。

感受鲁迅的深刻——《聪明人和傻子和奴才》对国民性的分析与批判。

关于《聪明人和傻子和奴才》：

精彩的课本剧底本，无须分析和讲解，一读一演，哈哈大笑，其中先生讽刺和痛心处自不言而喻。

还可继续追问，你现在是哪一种人呢——奴才，聪明人，还是傻子？你愿意做和勇于做傻子吗？你知道的，现在，有什么人是傻子？

细节上：比如，要求非演员者划出描写精彩的部分，“演出”之后，分析交流，效果良好。

（五）

《忆韦素园君》，远承《范爱农》，补充介绍《记念刘和珍君》，深入体会鲁迅怀人文章的特点；近承《无题》，深入领悟鲁迅对启蒙同道悲惨命运的哀恸。

鲁迅怀人散文有这样的特点：

怀人散文因为所写对象是作者的亲友，所以文章多局限于叙家常琐事，谈私人友情，或者就人写人，就事写事。思想相对单纯，境界相对狭小。而鲁迅的怀人散文往往从高大处立意。林语堂的《悼刘和珍杨德群女士》，从师生关系的角度去写。而鲁迅的《纪念刘和珍君》，是对英雄的歌哭，也是战斗的檄文。周作人的《半农纪念》只从私人朋友的角度去写，鲁迅却先把半农看作历史人物评论得失，再叙朋友之情。

这种以死论生的做法，体现了鲁迅高度的社会责任感。

鲁迅笔下的人们，大都是些平凡的人。写英雄容易，写凡人难。鲁迅写他们，绝不就人写人，而是把这个人放在社会的大背景上，去揭示其价值和意义。

回望《忆韦素园君》，作者站在社会的角度，肯定了素园作为泥土、石材的意义。这对于中国的发展，是非常中肯的话语。鲁迅与素园私交不错，平时书信往来很多，但文中并没有提及，而是更多地站在社会历史评论人的角度，给素园一个更高立意和更大格局上的交代。在此之后，作者又顺手讽刺了写怀人散文沽名获利的行为，表达了自己不含私心、毫无功利的真情，为了不给无聊之徒留下话柄。这是对素园的保护，也是给生者的警示之语。

在教学过程中有几个问题需要关注：

1. 作者如何追忆自己与韦素园从相识到永别的过程？

相识：李霁野的介绍；

慢慢地了解：①易名漱园的激烈；②剖白详情的认真；

逐渐的相知：①西山病院的通信；②赠精装本《外套》以留纪念；

最后的会面：西山病院探病；1932 年 8 月 1 日晨 5 时半：病殁在北平同仁医院。

2. 你读出鲁迅先生对韦素园君有怎样的情感？从哪儿看出来的？

（1）赞：赞其认真，病苦痛中的坚持；

（2）惜：惜其早逝，连绍介外国文学给中国的一点志愿，也怕也难于达到；

（3）悲：悲其不幸；悲其个人的渺小无力；

（4）叹：叹其不见容于这个社会。

3. 以死论生——不仅是师友间的点点滴滴，而是更高更远更深的立意。

还有三个问题：

（1）作者写韦素园，为何要与未名社紧密相连来写？作者的匠心何在（达到什么怎样的效果）？

文章中有关韦素园的文字，基本上都与未名社的活动相联系，作者在肯定未名社的立场上肯定韦素园对于未名社所起的作用，自始至终将韦素园放在未名社的工作中加以考查，也就是在整个新文学运动背景中来评价韦素园这一文学青年，而决非以个人的好恶论功过，也决不就人论人、孤立地褒扬一个人，这就使这一人物回忆篇章有了更深广的内涵。而把韦素园放在更广阔的背景下，就更能看出他的悲剧性格中的崇高，平凡生命中的伟大。

（2）作者写韦素园的工作环境，用了这样的字眼：“小房子”“破小屋子”“破寨”。有何用意？

条件越是简陋、恶劣，越能体现韦素园的认真与实干、意志与热情，尤其是他在病中的坚持，更见其脊梁之精神。

（3）为什么作者不厌其烦地罗列韦素园的译作业绩？

一介文人，又生着病，在条件极为简陋的小破屋里，在拼命地对付着内忧外患的同时，却能做出如此业绩，实为可叹！作者细细列数了未名社“没有枯死”的译作，证明了素园默默工作的价值，并且认为，在中国，就应该有这样甘做石材泥土的默默奉献的人，这样的人不入于华而不实的观赏者的眼中，却实在是建设中国和栽植民族精神大树的优秀的材料，“在中国第一要他多”。

关于“启蒙以树人”：

“是的，但素园并非天才，也非豪杰，当然更不是高楼的尖顶，或名园的美花，然而他是楼下的一块石材，园中的一撮泥土，在中国第一要他多。他不入于观赏者的眼中，只有建筑者和栽植者，决不会将他置之度外。”

几处重要的赏析和体味：

（1）“我自己觉得我的记忆好像被刀刮过了的鱼鳞，有些还留在身体上，有些是掉在水里了，将水一搅，有几片还会翻腾，闪烁，然而中间混着血丝，连我自己也怕得因此污了赏鉴家的眼目。”

作者把自己的记忆比作“刀刮过了的鱼鳞”，有些还留在身体上，有的掉在水里了，还带着血丝。这个比喻似乎在向我们传递着这样一种情绪：那些记忆，有的清晰，有的模糊，还夹杂着“被刀刮过”和“混着血丝”的痛苦——这痛苦是来自作者所不满的那个满目疮痍的社会的。然而在这个社会中，却偏偏有着一帮粉饰太平的鉴赏家，因此作者不无讽刺地说，连我自己也怕得因此污了他们的眼目。

（2）“一认真，便容易趋于激烈，发扬则送掉自己的命，沉静着，又啮碎了自己的心。”

一个为自己国家和民族的命运鞠躬尽瘁、死而后已的人，一个认真地遵从着自己作为知识分子的社会良心，一丝不苟地履行着对于祖国的义务的青年，一旦看见社会的黑暗、官场的反动，不能不激烈起来。认真之后的激烈，便是素园这个年轻人的血性、希望和爱国热忱与黑暗的社会现实撞击出来的不可收拾的愤怒之火。这把火如果“发扬”出来，则会受到反动政府的迫害；如果忍耐，则怒火憋在心中，必然啮碎自己的心。

（3）“这里有一点小例子——我们是只有小例子的。”“自然，这仅仅是小忧患，但在认真而激烈的个人，却也相当的大的。”“自然，这不过是小不幸，但在素园个人，是相当的大的。”

这些“小例子”“小忧患”“小不幸”，是站在那些不会注意甘当泥土的素园的观赏者和鉴赏家的角度来叙述的。在他们的眼中，韦素园的忧愤、焦急和失落，不过是无关痛痒的小不幸而已，他们对韦素园为之忧愤的一切熟视无睹，置若罔闻。然而，素园的不幸，才应当是大格局上的不幸，是整个社会的不幸，是当时的中国的不幸。作者的这几笔是含蓄而有力的，既讽刺了社会的风气，又突出了素园的社会责任感，明贬实褒。

（六）

《杂文两篇》，启蒙者的“匕首和投枪”。

何为杂文？

简单讲，散文的一种。它是直接而迅速地反映社会事变或社会倾向的一种文艺性论文。以短小、活泼、锋利为特点。内容广泛，形式多样。有关社会生活、文化动态以及政治事变的杂感、杂谈、杂论、随笔，都可归入这一类。

杂文有哪些特点？

第一，战斗性与愉悦性的和谐统一。

第二，论辩性与形象性的有机结合。

第三，幽默、讽刺与文采的巧妙运用。

晚年的鲁迅为何钟爱杂文？

他说："在风沙扑面，狼虎成群的时候"，杂文是"匕首和投枪，要锋利而切实"，是"和读者一同杀出一条生存的血路的东西"；也"是在对有害的事物，立刻给以反响或抗争，是感应的神经，是攻守的手足"。这就将现代杂文的作用作了准确的说明。

五四运动以后，许多革命家、思想家、文学家都写过优秀的杂文。其中最杰出的当首推鲁迅，他是开创一代杂文新风的大家。

晚年的鲁迅，思想博大精深，发之于外，主在杂文。因此，欲懂鲁迅，必知其杂文。

建议，先讲《忽然想到（六)》，再讲《北京通信》，因为两篇文章，都落在"旧文明批判"，前者写在前，为驳论，后者写在后，为立论。

关于《忽然想到（六)》。

从属于"旧文明批判"这一大的范畴，当然火力更集中在对所谓"保古家""力保旧物地""保古行径"的揭露和批判上。提出目下当务之急：生存温饱和发展。必须革新，因为不革新，连生存都难，何况保古。

帮助学生厘清文章思路，弄懂文意：

开头——

"外国的考古学者们联翩而至了"。我们老喊着"保古！保古!"，喊了好久"保古！保古!"，但因为不能革新，所以也不能保古，所以，"外国的考古学者们便联翩而至了"。

接着——

"老大的国民尽钻在僵硬的传统里，不肯变革，而且还要自相残杀"，结果便是"没有我们那么古"的"外面的生力军很容易地进来"，就无法保古，古物宝物任人掠夺，因为土地已被占领，覆巢之下，安有完卵。"但保古家还在痛骂革新"，还在所谓"力保旧物地干"，其实也不过是自己渔利而已，赚得"学者或高人”的清誉令名，还无耻地出卖文物，一句“每从高人的高尚的袖底里共清风一同流出”，讽刺艺术高妙。所以，“外国的考古学者们便联翩而至了”。

小细节：“便”在表达上所起的作用——前因后果。

再接下来——

“外国的考古学者们”“帮同保古”的险恶用心，希望中国永远守旧保古地衰朽下去，好任由他们宰割。

鲁迅先生进一步指出，“这不奇，因为他们究竟是外人”，怎么中国竟也有领着少年、赤子共成一个大古董以供外人赏鉴，那么，这是糊涂，还是别的什么？所以，鲁迅先生怒斥“真不知是生着怎样的心肝！”

然后举例说明外国和本国勾结在一起，共同不遗余力地“保着古”，为虎作伥，浑然不觉，昏昧且可怕。

最后——

严正指出，“不革新，连生存都难，何况保古”，所以，先想想怎么生存的事吧，目下的当务之急是“生存温饱发展”。

最能体现鲁迅思想主张和战斗精神的一段话：“苟有阻碍…无论是…全都踏倒他。”够狠够坚决！

最后的最后——讽刺技术的高超！

“林回弃千金之璧，负赤子而趋”不是禽兽行为，那么“弃赤子而抱千金之璧的”是什么？

——毫无疑问，禽兽行为呗！

——痛斥所谓“保古家”舍本逐末，不顾大众死活，糊涂昏昧，“力保旧物地”保古是无耻的卖国行径。

关于《北京通信》。

为青年设计的路：生存温饱发展。（主要观点）

本课有两个要注意的问题：

1. 生存，还是苟活。古训告诉我们的“苟活法”，监狱更是苟活的理想乡，这都是引人到死路上去。

2. 当局对学生争取“不苟活”的行动如临大敌，“强力迫压”，“遂闹出开会以上的事来”。但从这样的路径出发，反而会有类似俄国革命的事情发生。

当然，本课还有一点需要关注：

鲁迅的真实思想的流露——“我自己的路，深渊、荆棘、狭谷，火坑”（还可参看赵稀方:《反抗绝望:鲁迅及其文学世界》)。

补充,“旧文明批判”的典型篇目:

《灯下漫笔》《春末闲谈》《论睁了眼看》。

总之,《杂文两篇》对人的生命的尊崇与珍惜是他评判一切问题的根本尺度,并因此获得穿透一切纷繁复杂的社会现象看到根底的眼力。

(七)

再讲对鲁迅这样的认识:

鲁迅是一个清醒的孤独者,绝望的启蒙者。

因为深刻,所以清醒;因为清醒,所以孤独;因为清醒的孤独,所以绝望;因为绝望,所以向死求生,献身于启蒙事业。

再说本单元教学设计的“一项基本原则”:

把铺垫拓展之素材、单元文本与学生认知能力紧密结合起来,走进鲁迅的文章,走近鲁迅的思想,从此“不怕周树人”。

介绍北京青年报 2011 年 9 月 27 日文章《记住鲁迅,还原鲁迅,传承鲁迅》。

三、把酒论天下，先生小酒人

——《范爱农》单篇教学设计

（一）教学背景分析

对于高一学生来讲，学习《范爱农》毫无疑问是有难度的。

他们中的绝大部分所读过的鲁迅作品仅限于初中教材的选文，他们对鲁迅的认识自然也是有限的，而且大多数同学对鲁迅作品有畏难情绪——鲁迅的作品留给他们的是晦涩难懂的印象。

《范爱农》本身也确实是一篇让人颇费斟酌的文章，要写的人物是范爱农，但鲁迅先生却意在通过范爱农去表现辛亥革命前后的中国社会，通过范爱农去揭示那个时代找不到出路却又不愿屈服于时代的知识分子的悲剧命运，再加上范爱农性格“古怪”，行为“消极”，学生甚至可能会误读范爱农。

本课教学须借助于与该教材相配套的语文课程信息化教学网站的班级化教学平台。要求学生具备在家或学校上网之条件。平台资源库中与该课文相关的资源有：（1）绍兴风光图片（2）鲁迅相关图片（3）徐锡麟等烈士图片（4）诗文《哀范君三章》《中国文化革命的主将——现代作家鲁迅》（5）与课文相关的诵读及内容分析课件。

本课教学将采用讨论式、讲授式、合作探究式、主题活动驱动式等方法。

（二）本课教学内容框架设计

知识与技能：厘清文章的脉络，初步理解文章的四大事件之间的联系，理解《范爱农》是在一个大背景下写一个人物的特点，体会散文“写人写其神”的特点；熟习通过阅读提出质疑、通过网络资源库自我释疑以及通过网络与同学合作探讨的技能。

过程与方法：利用网络平台，利用资源库中的资料，让学生充分预习课文，充分质疑，教师组织课前讨论，搜集整理学生的共性问题，生成课堂教学的基本内容。第一课时教学完成以后，再抓一个能巧妙衔接第一课时与第二课时的问题，组织学生利用网络平台进行研讨，作为第一课时的延伸，并为随后开展第二课时的教学作准备。以后的课时衔接与第一课时相同。

情感态度与价值观：体会鲁迅对范爱农之死的态度，理解20世纪初那一代热心救世的知识分子的心路历程。

线上线下融合教学《范爱农》流程

流程顺序	回帖数量	教学内容
线上虚拟课堂（一）	70	（1）课前预习，旁批上传，自由质疑
	44	（2）关于文章写法、人物形象等分区讨论
线下传统课堂（一）		【1】分析“同乡会”与“酒楼会”
线上虚拟课堂（二）	28	（3）辛亥革命前后范之变化细节
	8	（4）文章围绕四件事所写之人物
线下传统课堂（二）		【2】分析“报馆案”
线上虚拟课堂（三）	45	（5）拓展阅读《在酒楼上》和《孤独者》
	16	（6）关于革命的服务对象之问题
线下传统课堂（三）		【3】分析“爱农之死”
线上虚拟课堂（四）	38	（7）书房氛围百字描述
	16	（8）《范爱农》学后杂感

（三）教学过程设计

教学流程（学习地点）	学生活动	教师活动	教师主要角色
虚拟教室（一）	作业 1： 下载文章《范爱农》，并在原文右侧的空白处以旁批的形式提出你的质疑（关于人物、写法等方面任何你不懂的问题），再上传到论坛“精读《范爱农》”栏目“《范爱农》自由质疑”下。 作业 2：（在完成作业 1 之后方可进行） 参阅课文的详细旁批，参考资源库相关图片文字资料，听诵读录音，再读《范爱农》，进入以下 6 个讨论区：（1）疑难句讨论区（2）范爱农人物形象讨论区（3）鲁迅等其他人物形象讨论区（4）结构与写法讨论区（5）文章主题讨论区（6）其他未尽问题讨论区。	1. 处理《范爱农》的电子文本，留下简单注释，删掉所有旁批，放到网络班级平台上。 2. 整理学生在“《范爱农》自由质疑”上上交的作业，把学生的问题分类集中。 3. 在学生上交完作业 1 后，设置讨论区。进入讨论区关注学生的讨论，个别问题可作简单提示，组织学生课前网上讨论，继续搜集问题，准备第一课时教学内容。	组织者
实体课堂（一）	（总结：同乡会争执、酒楼叙旧、报馆案风波和范爱农之死四件事） （总结：前两件发生在辛亥革命之前，后两件发生在辛亥革命之后） （总结：文章是在辛亥革命的大社会背景下刻画一位革命者。因此特意以辛亥革命为分水岭写革命前后的范爱农）	引导讨论一： a. 提问：本文围绕范爱农一共写了几件事（概括回答）？ b. 四件事之间在时间上有何特点？ c. 为什么要做这样的安排？ 提示：注意范爱农的身份——革命先烈徐锡麟的学生，一位热心救世的革命者。	指导者

续表

教学流程（学习地点）	学生活动	教师活动	教师主要角色
实体课堂（一）	[总结：“容光焕发地互相告语”“很愤怒”“秘密开会”“集资”“（雇）日本浪人接家属”“照例（开）同乡会，吊烈士、骂满洲”和“主张发电报”] ——“热” ——声势浩大，实际意义不大。 ——口头革命 ——爱国“愤青”（联系现实） [总结：“家族将被连累”“秋瑾被杀”“徐锡麟被挖心，（心）被炒食尽净”] ——革命者被残酷镇压 “钝滞的声音”“死的死掉了，杀的杀掉了，还发什么屁电报呢。” ——积久突发的情感 ——外“冷” ——内“热” [结论：写“徐锡麟事件”是为了突出范爱农的清醒，表现一个革命者的“世故”和看不到前途的绝望，反衬留学生的无意义的口头革命（包括当时的鲁迅在内）。揭示当时革命队伍的真实现状]	教师补充： 1912 年至 1919 年是鲁迅“人生沉默的八年”，在这八年里，他静心思考了关于辛亥革命的问题，关于这一问题的思考，在他以后的创作中多有体现，本文写于 1926 年，当中自然有关于辛亥革命的思考。 引导讨论二： a. 在写“同乡会争执”这件事中，为什么要花近一半的篇幅来写“徐锡麟事件”在留学生中的反响？ 提示：注意文中对留学生反应的一些描写。 提示：清政府如何对待徐锡麟等革命者？ 提示：与满清政府的残酷和革命者鲜血对比，留学生们的反应更显无意义，徒有声势和表面的革命热情而已。 提示：范爱农的反应是什么？	指导者

续表

教学流程（学习地点）	学生活动	教师活动	教师主要角色
实体课堂（一）	——生活压抑 ——救世者尚不能自救 （结论：嘲笑双方的可怜处境，为理想无由实现而悲哀）	引导讨论三： 在“酒楼叙旧”这一部分中“是互相的嘲笑和悲哀”，嘲笑什么？悲哀什么？ 提示：范爱农在回国之后的境况如何？——“受着轻蔑、排斥、迫害”“几乎无地可容”“觉得很气闷”	指导者
虚拟教室（二）	作业1： 请再读一遍课文，在文中划出表现范爱农在辛亥革命前后境况变化的语句细节，谈一谈：鲁迅先生意在通过这些细微变化说明什么？ 作业2： 围绕“同乡会”“酒楼叙旧”“报馆案”“爱农之死”四件事，文中一共写到了辛亥革命前后的哪些人物？你能试着把这些人物归类并谈谈写这些人物对表现范爱农的意义吗？	布置网络平台学习作业1、2，参与并引导学生讨论，搜集学生问题，为第二课时做准备。	组织者
实体课堂（二）	（总结：徐锡麟，秋瑾，鲁迅，在东京的清国留学生，马宗汉，陈伯平，王金发，傅力臣，德清爱农的亲人、“熟人”及族人等）	a. 文章围绕范爱农写到了哪些人物？ 提示：按事件顺序来说	指导者

续表

教学流程（学习地点）	学生活动	教师活动	教师主要角色
实体课堂（二）	（总结：“报馆案”中的少年们、许多闲汉和新进的革命党、爱农的家乡人及死前结交的“较为年轻的朋友”） （总结：革命同志——徐锡麟、秋瑾、马宗汉、陈伯平、鲁迅；反动派——王金发、傅力臣；爱农的亲人等） “内骨子是依旧的”“大做王都督”“被许多闲汉和新进的革命党所包围” （总结：王金发原来是革命队伍的一员，革命成功后却变节，转而镇压革命同道，是窃取革命胜利果实的人） （总结：“换了皮袍子”，“天气还并不冷”） （总结：投机革命者） 原文：“开首便骂”“此后是骂”质问鲁迅等。 （总结：少年们是革命后辈，其革命表现热情有余理智不足——与当年的“留学生”何其相似！而且，利用革命前辈、指责革命前辈——这样的革命后辈焉有前途？） （总结：范爱农何其“世故”何其“清醒”啊！这一事件表现范爱农们的“事业”在辛亥革命后依然是没有希望的，暗示了范爱农的必然结局）	提示：还有没有无名的群体人物？ b. 你能把这些人分一分类吗？ c. 王金发跟革命同志之间是什么关系？ 提示：注意注释、注意原文 提示：原文有表明王金发“窃取胜利果实”的根据吗？ 提示：那“闲汉”和“新进的革命党”又是什么人？ d. “报馆案”中的“少年们”是什么角色？鲁迅详写他们的用意何在？ 提示：写这些同范爱农有何关系？	指导者

续表

教学流程（学习地点）	学生活动	教师活动	教师主要角色
虚拟教室（三）	作业 1： “五四”时期，以知识分子生活为题材的创作甚多，鲁迅的知识分子题材创作，主要却是着眼于他们和封建制度的关系来展示社会生活的，并包蕴着对知识分子的历史作用的深邃思考。读《在酒楼上》《孤独者》《伤逝》和《范爱农》等作品，我们都能强烈地感受到鲁迅是多么热情地肯定了知识分子在反封建斗争中的勇敢精神，而对于他们的妥协、消沉、落荒则深为惋惜、感叹，并做出了严肃的针砭。请从《在酒楼上》和《孤独者》两篇小说中任选一篇进行阅读，读文后，如对范爱农有新认识，欢迎跟帖。 作业 2： 思考：结合文章内容思考，辛亥革命的服务对象是谁？服务对象对范爱农又是什么态度？这说明什么问题？	布置网络平台学习作业 1、2，参与并引导学生讨论，搜集学生问题，为第二课时做准备。	组织者
实体课堂（三）（四）	辛亥革命的服务对象：人民——爱农的家乡人、爱农的亲人、族人们 服务对象对革命者的态度：范爱农——轻蔑、排斥、迫害、“几乎无地可容”；寄食、困穷、凄苦、飘浮；大家讨厌他；（族人）争基金的保管权	引导讨论一： 关于革命的服务对象 a. 精华帖展示	组织者

续表

教学流程（学习地点）	学生活动	教师活动	教师主要角色
实体课堂（三）（四）	（结论：革命者爱农“一无所有”，献身于革命却得不到理解和认同，更谈不上尊重和支持） 介绍小说《在酒楼上》与《孤独者》之情节并简单分析主要人物 （结论：都是鲁迅笔下热心于救世的知识分子，先前都有革命热情，都在生活中不被周围的人所理解，都在生活实践中屡遭挫折，在残酷的现实面前看不到出路，陷入巨大的矛盾与痛苦当中；不同的是，范爱农至死不屈，宁愿一死而不改其志，吕纬甫与魏连殳却都在现实面前背弃了自己的理想） “十分悲凉”“疑心这消息并不确”极度悲痛 当年的“革命战友”，在范爱农的身上甚至有鲁迅的影子，范爱农与柔石是鲁迅一生中的两位挚友，皆先他而去。鲁迅有“物伤其类”之悲。 （总结：范爱农选择决不妥协，魏连殳吕纬甫则背弃理想，鲁迅则选择保存实力，等待时机）	结论：未能完成对民众的启蒙，辛亥革命的失败是必然的。这是鲁迅思索的结果。 引导讨论二： 关于范爱农、吕纬甫与魏连殳 a. 吕纬甫、魏连殳与范爱农都是鲁迅笔下的知识分子形象，他们有哪些相似之处？其结局又有何区别？ 引导讨论三： 关于范爱农与鲁迅 a. 鲁迅对范爱农之死抱什么态度？ b. 为什么有这样的态度？ c. 面对前途无望的革命，鲁迅所选择的道路与范爱农等有何不同？	组织者

续表

教学流程（学习地点）	学生活动	教师活动	教师主要角色
实体课堂（三）（四）	人都有精神生活与物质生活，鲁迅在物质生活上有保障，而范爱农却没有，鲁迅在物质上也未能帮助他，所以范爱农有那样的结局。	提示：鲁迅在1912年至1919年选择了“八年的沉默”，“五四”到来，鲁迅“重出江湖”，以笔为武器，揭露社会，批判国民性弱点，终于成为一代“文坛巨子”，实现了其“文艺救国”的理想。 相对于范爱农的不屈，魏连殳吕纬甫的背弃，鲁迅的选择是理智的，值得大家学习。	
	公共知识分子都要直面“精神苦役”考验，这是他们选择做公共知识分子的宿命，能承受者，会理智而务实地生存下去实现理想，不能承受者，或选择以死明志，或选择背弃理想。	引导讨论四： 关于胡河清与公共知识分子的使命 a. 知识分子分专业知识分子与公共知识分子，热心于救世，关怀天下苍生的知识分子可谓之“公共知识分子”，中国传统文人给自己的使命定位是“为天地立心、为生民立命、为往圣继绝学，为万世开太平”，联系泛读文章《暮春时节的雷雨》中的胡河清，我们知道，当代仍有公共知识分子的存在。王晓明说胡河清的存在需承受“精神的苦役”，你能联系鲁迅与范爱农理解所谓“精神的苦役”的说法吗？ 提示：这样也许我们就能理解屈原、王国维、老舍、海子为何而死了。 学习鲁迅！	

续表

教学流程（学习地点）	学生活动	教师活动	教师主要角色
虚拟教室（四）	作业1： 这篇回忆文章写于十一月十八日，文竟搁笔，正是初冬时节，想象一下书房氛围，作者心境，用百字左右描述一下。 作业2： 漫长的解读《范爱农》的历程终于画上了句号，你还有未尽的问题吗？你还有什么想说的话吗？	参与，引导，总结。	组织者

四、身在草野，心在庙堂

——《登高》单篇教学设计

（一）指导思想与理论依据

诗歌单元头绪多、文化含量厚重、大诗人众多，往年教学的教训是：或者是学生在分组泛读自学中“热热闹闹走过场”；或者是教师在逐篇的精读讲解中“自己陶醉了，学生快睡了”。

以上两种做法，前者放任了学生，后者漠视了学生。语文课程班级化平台的功能为解决这一问题提供了契机。所以设计了这样一个利用平台“以全面了解诗人为前提，以泛读作品为补充，以精读作品为落脚点”的充分调动学生的教学形式。

通过这种方法，出现在学生阅读视野里的是一位“有血有肉”的诗人，形成了一种生动活泼的相互探讨的局面，这种效果绝非在讲读诗歌时简单介绍一点诗人的生平可以达到的。

同时，就设计思路来说，也符合学生对诗歌的认知学习规律。

首先，给学生提供一个定量定向的“资源库（诗人年谱简编及经典作品）”，通过“知人—论诗（泛读）—知人—论诗（精读）”的流程，通过学生间的互相质疑激发、教师的引导点拨等手段，让学生自主地和饶有兴致地渐步走进杜甫的精神世界，领悟他的人生，并领会他的诗作。从而实现学生对诗歌认识的螺旋上升、步步深入的过程。

（二）教学背景分析

1. 教学内容

《登高》是杜甫于767年创作的一首七律，景物描写很有层次，情点多元，情感丰沛，情景结合复杂，解读难度较大。必修二第一单元的古诗教学是学生上高中以后第一次接触古诗，必修的五个模块中只选择了杜甫的这首诗和《春夜喜雨》，学生在理解这首作品时，有相当难度。

2. 学生情况

根据我们的学情调查：就唐宋诗坛三位大师级的诗人——李白、杜甫、苏轼比较而言，学生最喜欢李白，其次是苏东坡，再其次才是杜甫。他们更欣赏李白的“光芒四射”，更欣赏苏东坡的“旷达超脱”，却觉得杜甫有“一种隔阂感”。

因此可以说，如何让学生走进杜甫的心灵世界，理解杜甫，相对于其他两位大诗人，是一个更紧要的教学任务，《登高》这首诗也是一个很好的凭借。

学生在高中以前学过杜甫的《春望》《望岳》等诗歌，大概了解杜甫作为“诗圣”的文学地位，模糊知道杜甫的诗被称为“诗史”。具体到更多的杜甫作品，具体到为何杜甫能有那样的爱国情怀，他为什么能在中国文学史上有这样的地位等问题，刚刚进入高一、第一次接触诗歌单元的学生就言之不详了。

在预习作业中超过一半的同学表示：看不懂《登高》，有的甚至不知诗所云。

因此可以说，如何让学生通过《登高》这样的诗作，走近一个立体的杜甫，了解一个多面的杜甫，是一个有意义的教学探讨。

3. 教学策略

第一课时运用“语文真好”网站所提供的“虚拟教室”引导学生充分泛读讨论《杜甫诗作八首》，形成对杜甫及其作品的基本认知。然后，把这一认知成果用适当的方式在合适的时机引入第二课时的“实体课堂”。在第二课时，给学生印发《杜甫年谱简编》《杜甫诗作八首》，推动对《登高》及杜甫的理解和解析。在“实体课堂”中由教师引导精读分析《登高》，体现第一课时对本课时的铺垫，实现本课时对第一课时的反哺作用。

4. 教学流程示意

初读作品、概括内容——→分析画面、感受哀景——→析情点、引旁证、解读悲情——→结合作品、解读诗人

5. 教学过程概述

教师简介第一课时情况并范读作品，引入。整体把握内容之后，开始具体分析前两联的写景与后两联的抒情，相机引入第一课时的内容理解诗歌要抒发的情感。然后，在历史坐标系中体会杜甫的地位与意义。最后，布置四项个性化的作业作为全部课程的结束。整个教学过程中，随内容推进让学生五次诵读作品，不断深化对作品的理解。

6. 教学过程详述

教学环节	教师行为	学生行为	教学方法和设计意图
导入 初读作品	一、内容概括 1. 教师朗读作品，初步感知：这首七律，题为“登高”，前两联与后两联内容一样吗？	思考、分析、总结： 不同。	带学生入诗境 大概感知内容，为下文具体分析铺垫。
整体感知	2. 请学生齐读作品，思考：前后两联有何不同？	首颔联写登高所见所闻（绘景）； 颈尾联写登高所思所感（抒情）。	第一次齐读，整体感受。
课程展开 分析画面	二、哀景分析 1. 前两联绘景，都写了哪些景物？ 2. 前两联中，点明景物情感特点的是哪个字？ 3. 概括一下：景物中的“哀”都有哪些内容？ 4. 请学生琢磨景物描述画面。在学生的描述中设问： “渚清”的“清”应当如何理解？ （学生很容易误解为“清澈”等）	思考、作答： 风、天、猿　渚、沙、鸟 落木　长江 哀（哀景） 山猿哀啸、飞鸟盘旋 万木凋零、山河萧索 清冷、凄清	 在琢磨画面中让学生体会意象特点，符合诗歌的认知规律。

续表

教学环节	教师行为	学生行为	教学方法和设计意图
感受哀景	最后展示教师的描绘以作结：这是唐代宗大历二年的重阳节，诗人独自登上三峡一处荒寂的高台。秋风呼啸而过，送来山猿声声长啸，哀转久绝，回荡于峡江天际。举目远眺，便见冷冷清清的江中小洲，还有泛着白光的岸边沙石，孤零零的几只鸟儿，在其间低飞盘旋。漫山遍野，满眼是被疾风吹落的片片枯叶；涛声在耳，奔腾不息的长江正滚滚而来……		
	5. 请学生齐读前两联。		第二次齐读，就画面感受哀景。
	6. 首联与颔联的景物有什么变化？ （“无边”“不尽”两个字有何提示意义？） 相机补充杜甫的两句诗。 （飘飘何所似，天地一沙鸥。） （江汉思归客，乾坤一腐儒。） 结论：宇宙时空⇔一登高人	由有限转为无限； 由眼前所见转向广袤的宇宙时空，渺小的单体个人面对浩瀚的历史长河。	为转入下文厚重的悲情的解读张本。

续表

教学环节	教师行为	学生行为	教学方法和设计意图
析情点引旁证	三、悲情解读 1. 请同学朗读后两联，大家体会：这两联抒情，点明情感的是哪一个字？	悲	
	2. 结合诗句理解：第三第四联能体现情感的字眼有哪些？一共写了哪些悲？ （提醒学生：先抓住情点字眼）	异乡漂泊之悲——常作客 残生多病之悲——百年多病	整体把握情感，不割裂。
解读悲情	（提醒学生：在关注“作客”时，联系“万里”“常”，在《年谱》中都有怎样的体现？“作客”的后面有什么更深厚的情感？/诗人为何会有异乡漂泊的命运？让学生先互相讨论启发。）	潦倒停酒之悲——潦倒新停 壮志难酬之悲——霜鬓、百年	给学生理解关于“民生”“国运”“时局”的情感内容以支撑，让第一课时的泛读内容在精读中发挥作用。
	（提醒学生关注：“艰难苦恨”都包含哪些内容？/诗人在767年前后的命运如何？）	民生多艰之悲——艰难苦恨 国家多难之悲——艰难苦恨	
	3. 请学生齐读后两联。		第三次齐读，感受悲情。
	4. 统观全诗，哀景与悲情有何关联？ 做结论： 整首诗作，前两联写极哀之景，后两联抒极悲之情。哀景为悲情铺垫，悲情就哀情而生，浑然一体。 （古今七律之冠）	思考、感受、作答	落实景与情的关系。
	5. 请学生齐读全诗。		第四次读诗，更进一步体会景与情。

续表

教学环节	教师行为	学生行为	教学方法和设计意图
结合作品解读诗人	四、“诗圣”探微 1、公元1962年，是中国古代著名诗人杜甫诞辰1250周年。就在这一年，世界和平理事会号召全世界人民纪念四位世界文化名人，杜甫名列其中。我们平常提及杜甫，映入脑海的第一个印象就是“诗圣”的美誉。多年前的那场全球纪念活动早已远去，但是，我们今天应该静下心来想一想：杜甫缘何能获得“诗圣”这一称号？ 请学生结合《登高》谈，给学生讨论时间。 （相机提示学生：我们早已习惯了作为文学家的杜甫，习惯了从文学角度评价他的一生。能有其他角度吗？） （提醒学生关注本诗与第一课时资料。） 作结论： 纵观杜甫一生，不管自己如何穷愁潦倒却永远坚持民大于己、国重于己，可谓：奉儒守官不改志，恤民爱国赤子心。 概括：杜甫诗作的特点——个人的痛苦与人民国家的命运休戚相关；苍凉而不失雄浑态，悲壮而不失英雄气。	己、民、国 《兵车行》《羌村三首》《茅屋为秋风所破歌》《闻官军收河南河北》等 《杜甫年谱简编》756年、757年等	把第一课时的内容引入对诗人和作品的解读中来。

续表

教学环节	教师行为	学生行为	教学方法和设计意图
	2. 同样面对国家的危难，杜甫的选择同同时代的王维、李白的选择有何不同？	王：隐逸 李：超脱 杜：为民为国歌哭	
	3. 与前代的屈原、后代的陆游、鲁迅有何联系？	“长太息以掩涕兮，哀民生之多艰。”（屈原） “穷年忧黎元（黎民），叹息肠内热。”（杜甫） “位卑未敢忘忧国，事定犹须待阖棺。”（陆游） “（愿以一己之力）肩住黑暗的闸门，放他们到光明里去，自由的生活，幸福的做人。”（鲁迅）	
	做结论： 杜甫的一生，仕途不得志，生活很困窘，疾病总缠身，然而“处穷不敢忘忧国”“万里漂泊苦，只为大国忧”。他的恤民爱国之情感、行动，横，可令李白、王维汗颜；纵，可上使屈原有后来者，下让陆游、鲁迅又多了一个精神同道者的支撑。在中华民族的“脊梁”里，他，杜甫，是不可或缺的一处关节。这，恐怕才应该是他被尊奉为“诗圣”的真正原因吧。		
	4. 师生齐读本诗。		第五次读诗，更进一步体会诗人境界。

续表

教学环节	教师行为	学生行为	教学方法和设计意图
课程总结 布置作业	杜诗主题阅读作业： 浏览了《杜甫年谱简编》，泛读了《杜甫诗作八首》，精读了《登高》，(1)请从景与情的关系角度赏析《旅夜书怀》。(2)你有什么想对杜甫说的话么？请以“我与杜甫的一次偶遇”为题，虚拟场景与杜甫来一次跨时空的对话。(3)你对杜甫又有什么新的认识吗？请以“我看杜甫”为题写一段理性的认识性文字。(4)以“致杜甫”为题写一则现代诗，表达对诗圣的敬意。 任选最少一项，发至“虚拟教室”“走进杜甫”栏目下。		个性化、多样化的作业以利于学生选择。

板书设计
山猿哀啸　异乡漂泊　残生多病 飞鸟盘旋　潦倒停酒　壮志难酬 万木凋零　　国家多难 山河萧索　　民生多艰 极哀之景　⇔　极悲之情

7. 学习效果评价设计

<table>
<tr><td>评价方式
1. 纸笔评价（知识目标达成）

2. 活动表现评价
（1）自我评价
我的思维状态　□兴奋　□活跃　□积极　□一般
我参与讨论的态度　□积极　□一般　□不够积极
我在课上的收获　□很大　□较大　□不太大　□很小
（2）小组评价
虚拟课堂上的参与程度　□很高　□较高　□一般　□不高
实体课堂上的总体表现　□优　□良　□及格　□不及格
（3）作业评价
虚拟课堂作业质量　□四星　□三星　□两星　□一星
（4）教师评价</td></tr>
<tr><td>本教学设计与以往或其他教学设计相比的特点（300—500 字数）</td></tr>
<tr><td>准确地说，本课教学是以诗人杜甫及其部分诗作为对象的主题阅读活动的最后一个环节。
这一主题阅读活动叫作“走近杜甫”，最大特点是“以诗人年谱简编和网络平台为依托，泛读与精读相结合”。分以下两个课时四个教学步骤：
（1）读谱识其人——泛读《杜甫年谱简编》，初识杜甫。
（2）知人读其诗——泛读《杜甫诗作八首》，再识杜甫。
（3）论诗知其人——整合《杜甫年谱简编》、《杜甫诗作八首》，走近杜甫。（以上三个步骤为第一课时）
（4）知人析其诗——精读《登高》，解析作品，走近杜甫。（第二课时）
以上四个教学步骤，是一个环环相扣、不可分割的整体。
其中前三个步骤主要为泛读环节，让学生对诗人有一个初步的感性的认知，为第二课时精读《登高》打下基础，精读《登高》，是前三个教学环节的升华，是学生理解《登高》、走进杜甫内心世界的关键环节，也是整个主题阅读活动最关键的收官环节。
本课的作业，给学生提供多样化、个性化的选择，同时在网络上还能实现师生互相评价作业，亦不失为一大创新。
这种“以诗人年谱简编和网络平台为依托，泛读与精读相结合”的诗歌教学模式适于李白、苏东坡、辛弃疾、李清照等诗人的作品的学习，每位诗人两课时，精读一两首泛读数首，应该是诗歌教学的一种有益尝试。</td></tr>
</table>

8. 补充说明

这节课所使用的教学资源主要有两部分：一、《杜甫年谱简编》，二、《杜甫诗作八首》。

《杜甫年谱简编》由笔者根据网上收集的资料编辑选定，主要是给学生提供一个简明的了解杜甫生平的凭借。这份资料为编年体，记载杜甫生平之大事，把杜甫一生分为“读书与壮游”“困居长安”“陷贼和为官”“漂泊西南”四部分，突出《杜甫诗作八首》和《登高》的创作背景，并做明确标注，方便学生结合诗人生平解读作品，资料共计2143字。

这份《杜甫年谱简编》篇幅适中，要点突出。是学生泛读8首诗的不可或缺的资料，也是精读《登高》教学中必需的旁证资料。

《杜甫诗作八首》既是第一课时的泛读材料，也是第二课时的旁证材料。按杜甫生平的四个时期按照1∶1∶1∶5选定，涉及杜甫的志向抱负、生平际遇、人生感悟等各个方面，力图能全面反映诗人的各个方面，为学生对照《年谱》全面理解杜甫做好注脚，同时8首中5首诗都与《登高》创作于同一时期，为学生迁移理解《登高》做好了铺垫。

《杜甫诗作八首》的泛读资料选材精心，是学生解读《登高》走进杜甫内心世界的有力的辅助。

特别补充：第一课时的学习必须借助“语文真好”平台，方能发挥最大的效能。不妨也视之为一种特殊的教学资源。

第三节　新高考与老备考

一、考查“国之大者”，彰显“首都气象”

——近六年北京卷高考作文真题探微

（一）命题辨析：“作文真题”与“写作母题”

全国卷的高考语文命题改革，肇始于2012年，且首先从作文开始，八年以来，围绕情境任务的各种尝试，落实为27道高考作文真题。笔者以为，从2012年“任务驱动类材料作文”面世以来，全国卷作文命题的研讨围绕着“实用类文体”“情境化导语”“任务类主题”等概念，一时众说纷纭。《普通高中语文课程标准（2017版2020修订）》在“学业水平考试与高考命题建议”这一部分，有这样一些提法，让全国卷的作文命题理念以及变化趋势渐趋明朗，笔者特别关注了以下一些内容：

1. 测评与考试目的

测评与考试……对高中语文教学改革发挥积极的引领和导向作用。

2. 命题思路和框架

……考试、测评题目应以具体的情境为载体，以典型任务为主要内容。

（1）以具体情境为载体。……语文实践活动情境主要包括个人体验情境、社会生活情境和学科认知情境。个人体验情境指向学生个体独自开展的语文实践活动……社会生活情境指向校内外具体的社会生活，强调学生在具体生活场域中开展的语文实践活动……学科认知情境指向学生探究语文学科本体相关的问题，并在此过程中发展语文学科认知能力。

（2）设计典型任务。……典型任务要多样、综合、开放。考试材料的选择与组合要角度多样，视野开阔，为学生的思考与拓展留有足够的机会和空间。……应体现语文素养的综合性、整体性。……让学生在复杂情境、多种角度和开放空间中充分展示其富有创造性的个性化的学习成果。

（3）命题指向。……“梳理与探究”侧重考查积累整合、筛选提炼、归整分类、解决问题、发现创新等内容。

3. 命题和阅卷原则

（1）以综合考查作为命题导向……倡导综合性的测试形式，可围绕情境选择相关材料，设置一组有内在联系的、指向核心素养的问题或任务。

（2）选用的语言材料要具有时代性、典型性和多样性，贴近学生生活，充分体现语文学科特点，避免出现偏题、怪题。要重视中华优秀传统文化材料的选用，引导学生从中获得对当代文化问题的思考。

总体来说，全国卷作文命题呈现出三种指向：一考课标，二考教材，三考时政。

八年以来的考题与时政热点的关系，纵向看，表现为下面的对应图表：

编号	年 份	时年作文题概括	时年热点时政对应
1. 221	2022 年新课标Ⅰ卷	本手、妙手、俗手	百年变局与世纪疫情
2. 222	2022 年新课标Ⅱ卷	选择・创新・未来	时代使命与人生选择
3. 223	2022 年全国甲卷	移用、化用、独创	双创方针与创新发展
4. 224	2022 年全国乙卷	双奥体现“跨越、再跨越”	北京冬奥看发展
5. 211	2021 年新课标Ⅰ卷	体育之效与强弱之辩	建党百年与百年变局
6. 212	2021 年新课标Ⅱ卷	漫画：书法描红写“人”字	跟先贤学做人
7. 213	2021 年全国甲卷	主题“可为与有为”	青年与时代
8. 214	2021 年全国乙卷	射箭中的修身矫思立义之喻	当代青年如何实现理想
9. 201	2020 年全国Ⅰ卷	历史人物纵横谈之桓管鲍	胸襟与命运共同体视野
10. 202	2020 年全国Ⅱ卷	“全球抗疫青年携手”	抗疫的命运共同体意识
11. 203	2020 年全国Ⅲ卷	“如何为自己画好像”	青年成长与核心素养
12. 204	2021 年新课标Ⅰ卷	“疫情中的距离与联系”	从制度优势谈抗疫
13. 205	2021 年新课标Ⅱ卷	《带你走进____》	地名溯源与文化参与
14. 191	2019 年全国Ⅰ卷	年轻人不爱劳动	青年成长与劳动精神
15. 192	2019 年全国Ⅱ卷	青年学子感受“新时代”	历史使命与青年担当

续表

编号	年　份	时年作文题概括	时年热点时政对应
16. 193	2019 年全国Ⅲ卷	最后一课的深情	教师与教育
17. 181	2018 年全国Ⅰ卷	“00 后”与新世纪之中国	国家发展与青年成长
18. 182	2018 年全国Ⅱ卷	“幸存者偏差”	自媒体时代的信息素养
19. 183	2018 年全国Ⅲ卷	改革开放四十年	发展理念升级
20. 171	2017 年全国Ⅰ卷	整合关键词介绍中国	讲好中国故事
21. 172	2017 年全国Ⅱ卷	整合名句谈国家自信	文化自信及四个自信
22. 173	2017 年全国Ⅲ卷	恢复高考四十年	高考与个人发展
23. 161	2016 年全国Ⅰ卷	唯以分数定赏罚	评价方式与个人成长
24. 162	2016 年全国Ⅱ卷	确认语文素养最优途径	语文素养提升途径
25. 163	2016 年全国Ⅲ卷	小羽的“花茶创业”	中国经济的三大转变
26. 151	2015 年全国Ⅰ卷	女儿私信举报父亲被公开	法制意识
27. 152	2015 年全国Ⅱ卷	谁更具“当代风采”	价值观

当然，高考作文命题是有“母题”的，这些母题不会随着时代的变化而有太大的改变，在笔者看来，“情境”与“任务”可能千变万化，但是高考作为针对青年的“为国选材”的大考，其母题是相对稳定的，笔者把 27 道真题分类归纳，能看到这些真题大致分为以下六类母题。

母题 1：青年成长

2. 222	2022 年新课标Ⅱ卷	选择·创新·未来	时代使命与人生选择
6. 212	2021 年新课标Ⅱ卷	漫画：书法描红写“人”字	跟先贤学做人
7. 213	2021 年全国甲卷	主题“可为与有为”	青年与时代
8. 214	2021 年全国乙卷	射箭中的修身矫思立义之喻	当代青年实现理想
11. 203	2020 年全国Ⅲ卷	“如何为自己画好像”	青年成长与核心素养
17. 181	2018 年全国Ⅰ卷	“00 后”与新世纪之中国	国家发展与青年成长
27. 152	2015 年全国Ⅱ卷	谁更具“当代风采”	价值观

母题 2：五育并举

5. 211	2021 年新课标Ⅰ卷	体育之效与强弱之辩	建党百年与百年变局
14. 191	2019 年全国Ⅰ卷	年轻人不爱劳动	青年成长与劳动精神

16. 193	2019 年全国Ⅲ卷	最后一课的深情	教师与教育
18. 182	2018 年全国Ⅱ卷	“幸存者偏差”	自媒体时代的信息素养
23. 161	2016 年全国Ⅰ卷	唯以分数定赏罚	评价方式与个人成长
24. 162	2016 年全国Ⅱ卷	确认语文素养最优途径	语文素养提升途径

母题 3：创新发展

1. 221	2022 年新课标Ⅰ卷	本手、妙手、俗手	百年变局与世纪疫情
2. 222	2022 年新课标Ⅱ卷	选择·创新·未来	时代使命与人生选择
3. 223	2022 年全国甲卷	移用、化用、独创	双创方针与创新发展

母题 4：四个自信

13. 205	2021 年新课标Ⅱ卷	《带你走进　　》	地名溯源与文化参与
20. 171	2017 年全国Ⅰ卷	整合关键词介绍中国	讲好中国故事
21. 172	2017 年全国Ⅱ卷	整合名句谈国家自信	文化自信及四个自信

母题 5：时年热点

4. 224	2022 年全国乙卷	双奥体现“跨越、再跨越”	北京冬奥看发展
10. 202	2020 年全国Ⅱ卷	“全球抗疫青年携手”	抗疫的命运共同体意识
12. 204	2021 年新课标Ⅰ卷	“疫情中的距离与联系”	从制度优势谈抗疫
15. 192	2019 年全国Ⅱ卷	青年学子感受“新时代”	历史使命与青年担当
17. 181	2018 年全国Ⅰ卷	“00 后”与新世纪之中国	国家发展与青年成长
19. 183	2018 年全国Ⅲ卷	改革开放四十年	发展理念升级
22. 173	2017 年全国Ⅲ卷	恢复高考四十年	高考与个人发展

母题 6：其他热点

5. 211	2021 年新课标Ⅰ卷	体育之效与强弱之辩	建党百年与百年变局
9. 201	2020 年全国Ⅰ卷	历史人物纵横谈之桓管鲍	胸襟与命运共同体视野
25. 163	2016 年全国Ⅲ卷	小羽的“花茶创业”	中国经济的三大转变
26. 151	2015 年全国Ⅰ卷	女儿私信举报父亲被公开	法制意识

总体来说，全国卷的作文命题往往在“智慧与道德”两个领域取材，要么在“人生板块”考价值观、素养、能力、知识；要么在“社会板块”考对教育、科技、文化、经济、政治等问题的思考。命题聚焦在“接班人设、时政命题、青

年视角”上，聚焦在中国学生发展核心素养与社会主义核心价值观的考察上。

（二）思维强基："时政地图"与"金句仓库"

1. 时政地图

1.1 四个全面：

全面建成小康社会(精准扶贫 2021 年)

（三大攻坚战：防范化解重大风险、精准脱贫、污染防治）

全面深化改革（深水区、攻坚期、爬坡过坎）

全面依法治国（农业文明向商业文明转型）

全面从严治党（党的自我净化、反腐“三步”）反腐三步：不敢腐、不能腐、不想腐

1.2 四个自信：《中国“强起来”的文化自信》

道路自信（对发展方向和未来命运的自信）

理论自信（对中国特色社会主义理论体系的科学性、真理性、正确性的自信）

制度自信（对中国特色社会主义制度具有制度优势的自信）

文化自信（对自身文化价值的充分肯定，对自身文化生命力的坚定信念）

1.3 五位一体：（统筹推进）

（根本）经济建设：创新发展·工匠精神

（保障）政治建设：解放思想·简政放权

（灵魂）文化建设：优秀传统文化·革命文化·社会主义先进文化

（条件）社会建设：民生福利·社会团体

（基础）生态文明建设：绿水青山就是金山银山（河长制）

共抓大保护，不搞大开发 功成不必在我，功成必定有我

1.4 五大发展（高质量发展）理念：《辉煌中国》解说词

创新（解决发展动力问题）创新型国家

协调（解决发展不平衡问题）精准扶贫·区域互补

绿色（解决人与自然和谐问题）保护·开发

开放（解决发展内外联动问题）一带一路

共享（解决社会公平正义问题）患不均患不安

1.5 两个一百年：

建党 100 年（2021 年）全面建成小康社会；

中华人民共和国成立 100 年（2049 年）建成富强、民主、文明、和谐、美丽的社会主义现代化国家。

1.6 新时代主要矛盾：

日益增长的美好生活需求与不平衡不充分发展之间的矛盾。

站起来、富起来、强起来　从盼温饱到盼环保；从求生存到求生态

1.7 服务型政府：（简政放权）国家治理体系和治理能力现代化

1.8 经济转型的“三大转变”：

中国制造向中国创造转变，中国速度向中国质量转变，中国产品向中国品牌转变。

1.9 核心价值观：

富强、民主、文明、和谐、自由、平等、公正、法治、爱国、敬业、诚信、友善

1.10 一点四面：（把对“新时代”的思考与理解考出来）

立德树人、核心价值观、传统文化、法制意识、创新意识

1.11 当代青年的价值观《青年文化：价值观功利化、庸俗化和虚无化的危机》

1.12 中国学生发展核心素养：

（文化基础）人文底蕴、科学精神

（自主发展）学会学习、健康生活

（社会参与）责任担当、实践创新

2. 金句仓库

2.1 谈教育

（1）学生没有分数就过不了今天的高考，但只有分数恐怕赢不了未来的大考。分数是重要的，但分数不是教育的全部内容，更不是教育的根本目标。

（2）一个学校没有升学率，就没有高考竞争力；教育只关注升学率，国家就没有核心竞争力。好的教育就是培养终身运动者，责任担当者，问题解决者和优雅生活者。

（3）今天孩子的全面素质，就是未来国家的整体实力，也就是我们社会的幸福尺度。教育要培根铸魂，启智润心。我们不能只是优秀的学生，更要做优秀的人。

（4）无论学校教育还是家庭教育，都不能过于注重分数。分数是一时之得，

要从一生的成长目标来看。如果最后没有形成健康成熟的人格，那是不合格的。

（5）要深化教育体制改革，健全立德树人落实机制，扭转不科学的教育评价导向，坚决克服唯分数、唯升学、唯文凭、唯论文、唯帽子的顽瘴痼疾，从根本上解决教育评价指挥棒问题。办好教育事业，家庭、学校、政府、社会都有责任。家庭是人生的第一所学校，家长是孩子的第一任老师，要给孩子讲好“人生第一课”，帮助扣好人生第一粒扣子。

2.2 论青年

（1）现在，青春是用来奋斗的；将来，青春是用来回忆的。

（2）青年一代有理想、有本领、有担当，国家就有前途，民族就有希望。

（3）青年最富有朝气、最富有梦想，青年兴则国家兴，青年强则国家强。

（4）青年有着大好机遇，关键是要迈稳步子、夯实根基、久久为功。

（5）祖国的未来属于青年，重视青年就是重视未来。

2.3 论理想与人生

（1）没有理想信念，理想信念不坚定，精神上就会“缺钙”，就会得“软骨病”。

（2）只有把人生理想融入国家和民族的事业中，才能最终成就一番事业。

（3）我们不能因现实复杂而放弃梦想，不能因理想遥远而放弃追求。

（4）如果第一粒扣子扣错了，剩余的扣子都会扣错。人生的扣子从一开始就要扣好。

（5）没有比人更高的山，没有比脚更长的路。再高的山、再长的路，只要我们锲而不舍前进，就有达到目的的那一天。

2.4 谈文化与核心价值观

（1）坚定道路自信、理论自信、制度自信，说到底是要坚定文化自信，文化自信是更基本、更深沉、更持久的力量。

（2）文化是一个国家、一个民族的灵魂。文化兴国运兴，文化强民族强。没有高度的文化自信，没有文化的繁荣兴盛，就没有中华民族伟大复兴。

（3）不忘历史才能开辟未来，善于继承才能善于创新。优秀传统文化是一个国家、一个民族传承和发展的根本，如果丢掉了，就割断了精神命脉。

（4）一个民族的文明进步，一个国家的发展壮大，需要一代又一代人接力努力，需要很多力量来推动，核心价值观是其中最持久最深沉的力量。

（5）人类社会发展的历史表明，对一个民族、一个国家来说，最持久、最深层的力量是全社会共同认可的核心价值观。

2.5 论创新

（1）创新是引领发展的第一动力，抓创新就是抓发展，谋创新就是谋未来。

（2）在新一轮全球增长面前，唯改革者进，唯创新者强，唯改革创新者胜。谁拥有一流的创新人才，谁就拥有科技创新的优势和主导权。

（3）创新是一个民族进步的灵魂，是一个国家兴旺发达的不竭动力，也是中华民族最深沉的民族禀赋。

（4）生活从不眷顾因循守旧、满足现状者，而将更多机遇留给勇于和善于改革创新的人们。

（5）中国人自古就具有强烈的创新意识。“周虽旧邦，其命维新。”

2.6 论科技

（1）一个没有发达的自然科学的国家不可能走在世界前列，一个没有繁荣的哲学社会科学的国家也不可能走在世界前列。

（2）不要以出成果的名义干涉科学家的研究，不要用死板的制度约束科学家的研究活动。

（3）科技是国家强盛之基，创新是民族进步之魂。自古以来，科学技术就以一种不可逆转、不可抗拒的力量推动着人类社会向前发展。

（4）工程造福人类，科技创造未来。工程科技是改变世界的重要力量，它源于生活需要，又归于生活之中。

（5）未来几十年，新一轮科技革命和产业变革将同人类社会发展形成历史性交汇，工程科技进步和创新将成为推动人类社会发展的重要引擎。

2.7 论人才

（1）谁拥有一流的创新人才，谁就拥有科技创新的优势和主导权。

（2）“千军易得，一将难求”，要培养造就世界水平的科学家、网络科技领军人才、卓越工程师、高水平创新团队。

（3）努力形成人人渴望成才、人人努力成才、人人皆可成才、人人尽展其才的良好局面，让各类人才的创造活力竞相迸发、聪明才智充分涌流。

（4）“盖有非常之功，必待非常之人。”人是科技创新最关键的因素。创新的事业呼唤创新的人才。

（5）要按照人才成长规律改进人才培养机制，“顺木之天，以致其性”，避免急功近利、拔苗助长。

2.8 谈生态

（1）良好生态环境是最公平的公共产品，是最普惠的民生福祉。

（2）在生态环境保护问题上，就是要不能越雷池一步，否则就应该受到惩罚。

（3）我们既要绿水青山，也要金山银山。宁要绿水青山，不要金山银山，而且绿水青山就是金山银山。

（4）像保护眼睛一样保护生态环境，像对待生命一样对待生态环境，推动形成绿色发展方式和生活方式。

（5）人类可以利用自然、改造自然，但归根结底是自然的一部分，必须呵护自然，不能凌驾于自然之上。

2.9 谈健康

（1）没有全民健康，就没有全民小康。

（2）健康是促进人的全面发展的必然要求，是经济社会发展的必然条件，是民族昌盛和国家富强的重要标志，也是广大人民群众的共同追求。

（3）良好的生态环境是人类生存与健康的基础。要按照绿色发展理念，实行最严格的生态环境保护制度，建立健全环境与健康监测、调查、风险评估制度，重点抓好空气、土壤、水污染的防治，加快推进国土绿化，切实解决影响人民群众健康的突出环境问题。

（4）把以治病为中心转变为以人民健康为中心。

（5）人民健康是民族昌盛和国家富强的重要标志。要完善国民健康政策，为人民群众提供全方位全周期健康服务。

2.10 谈“一带一路”与“人类命运共同体”

（1）让和平的薪火代代相传，让发展的动力源源不断，让文明的光芒熠熠生辉，是各国人民的期待，也是我们这一代政治家应有的担当。中国方案是：构建人类命运共同体，实现共赢共享。

（2）在“一带一路”建设国际合作框架内，各方秉持共商、共建、共享原则，携手应对世界经济面临的挑战，开创发展新机遇，谋求发展新动力，拓展发展新空间，实现优势互补、互利共赢，不断朝着人类命运共同体方向迈进。

（3）世界多极化、经济全球化、文化多样化、社会信息化深入发展，弱肉强食的丛林法则、你输我赢的零和游戏不再符合时代逻辑，和平、发展、合作、共赢成为各国人民共同呼声。

（4）希望各国青年用欣赏、互鉴、共享的观点看待世界，推动不同文明交流互鉴、和谐共生，积极为构建人类命运共同体添砖献瓦。

（5）在全球化、信息革命时代，人类共同拥有的家园变得越来越小，牵一发而动全身。民族、国家不分大小、贫富，在全球紧密相连的世界里，已是你中有我、我中有你，利益高度融合，彼此依存。一荣俱荣、一衰俱衰，合则两利，抗争则两败，和则兴，斗则亡，谁也不能独善其身，全球命运休戚相关，兴衰与共。

二、一考课标，二考教材，三考时政

——近八年全国卷高考作文真题探微

（一）6 年 12 真题辨

年份	文体	题目	对应热点时政
2022 年	议论文	《学习今说》	学习任务群/项目制学习/综合实践
2022 年	记叙文	《在线》	网络时代、疫情期间的学习及生活
2021 年	议论文	《论生逢其时》	建党百年/双百交汇（人与时代）
2021 年	记叙文	《这，才是成熟的模样》	成长成才（扶贫攻坚）
2020 年	议论文	“颗颗都有用”	北斗组网/举国抗疫（制度自信）
2020 年	记叙文	《一条信息》	跨媒介阅读与交流（媒介素养）
2019 年	议论文	《文明的韧性》	亚洲文明对话大会（文化自信）
2019 年	记叙文	《2019 的色彩》	新中国 70/五四 100 华诞（时代礼赞）
2018 年	议论文	《新时代新青年》	第一代“00 后”18（青年与时代）
2018 年	记叙文	《绿水青山图》	生态文明建设（“塞罕坝精神”）
2017 年	议论文	《说纽带》	“一带一路”北京峰会（全球化时代）
2017 年	记叙文	《共和国，我为你拍照》	两个百年（当下发展）

（二）部分真题解读

※2021 北京卷议论文

每个人都生活在特定的时代，每个人在特定时代中的人生道路各不相同。在同一个时代，有人慨叹生不逢时，有人只愿安分随时，有人深感生逢其时、时不我待……

请以“论生逢其时”为题目，写一篇议论文。

要求：论点明确，论据充实；论证合理；语言流畅，书写清晰。

【导语提炼】

每个人都生活在特定的时代（“时”是特定的，也是变化的），每个人在特定时代中的人生道路各不相同（个人发展离不开客观环境、事业成就依赖于现实机遇）。

在同一个时代（“时”是客观的），有人慨叹生不逢时（主观期许与“时”冲突，无法调和），有人只愿安分随时（主观意愿与“时”无冲突，被动应对），有人深感生逢其时（积极主动，应时有为，敢于迎接挑战）、时不我待（“时”是变化的）（“人”是主观的）……

（关系型作文题，人与时代的关系，得谈两个概念之间的关系）

【标题咀嚼】

论（论说、辩证讨论）

生（出生、生活、成长发展）

逢（遇到、恰逢——客观；应对、迎接、匡济——主观）

其时（好时代、有利于目标实现的时代）

谁？（个人、群体、事业主体、国家、民族）

论生逢其时

1. 可作为观点，证明生于当今时代的确是“生逢其时”，生逢其时也要“在大有可为的时代积极有为”，警醒“安分随时”者，批评“生不逢时”论。

2. 可作为论题，辨析何谓生逢其时，如何生逢其时，侧重对“逢”的辩证解读（非人遇时，乃人匡时）。

【角度、观点与素材】

观点一：生逢其时，当应时有为，方不负其时，无愧人生。

1. 得其时，遇其时，是成事立业客观前提条件。

1.1 黄大发36年才修成“救命渠”：黄大发，贵州省的一位村支书，他本可像多位前任一样，只做好分内之事，但是他心里装了责任感，故决定带领全村修“救命渠”，解决困扰村里多年的用水荒难题。36年，修渠9400米。前34年，条件欠缺，用黄泥修渠道，没有精确测量，修修补补，逢雨而溃，以失败告终。后两年，当地政府对凿渠工程立项，辅以技术人力支持，得以“水到渠成”。

1.2 直到新中国才修成“红旗渠”：因缺水干旱而世代挣扎于饥寒交迫之中的林县人民，直到新中国进入“建设时代”，集全县之民力而修成“人工天河”。

1.3 2021年，借扶贫攻坚之“时”，全国14个集中连片特困区“脱贫”，

832 个国家级贫困县“摘帽”，从而消除了“绝对贫困”，中华民族实现“千年梦想”。

2. 应其时，尽其力，是主观能动因素，所谓生逢其时，非人遇时，乃人济时。

2. 1 2021 年“脱贫攻坚战”完美收官，毛相林领修“绝壁天路”，张桂梅致力“教育扶贫”，“黄文秀们”驻村助力脱贫，“消除绝对贫困”的千年梦想之实现，靠的是政策机遇，更是 260 万扶贫干部苦干实干的“硕果”。

2. 2 百年前的“觉醒年代”，“南陈北李”相约建党，从红墙到红船，党的诞生恰逢其时，更是陈、李二“导师”宵衣旰食、用心耕耘才“瓜熟蒂落”，从此，一叶红舟为暗夜神州擎起一盏烛火。

2. 3 70 多年前的“建设时代”，钱学森毅然归国，组成中国人自己的“原子弹”团队，打算盘算数据，迎朔风喝咸水，造出原子弹，炼成“镇国重器”，让中国人“挺直腰杆子”，彻底“站起来”；焦裕禄式的“奋斗者”，以人民公仆的姿态，战内涝、斗风沙、治盐碱，为兰考大地除掉“百年三害”。

2. 4 40 多年前的“改革时代”，“时代列车上少数精明的旅客”们生逢其时，也造就时代：鲁冠球办农机厂，苦心经营成为“乡镇企业”的滥觞；柳传志下海创办“联想”，几经波折成为民营企业的标杆；小岗村 18 村民“宁愿杀头坐牢，也要分田单干”的壮举拉开了农村改革的大幕；袁庚创办“蛇口工业区”，成为“深圳特区”的先声；曾经“被批斗”的孙少安，在“双水村”开办了砖窑厂；往昔“靠边站”的田福军，在“黄原市”开始了大改制……改革开放的辉煌成就，当然得遇时代的“良机”，更是数亿万同胞“白天当老板，晚上睡地板”地“拼出来”的。

2. 5 身处当今“强国时代”，要努力成为各领域“创新人才”，助力建设“创新型国家”。

在科技人才看来，这是中国“大科学工程”的黄金时代，他们以“时不我待”的紧迫感“披荆斩棘”。君不见，已经入籍英国的世界顶尖地球物理学家黄大年，效法偶像钱学森，毅然归国，宵衣旰食以身许国，以努力和实绩成为“新时代海归科技报国的楷模”，他的名言是：我没有朋友，没有敌人，只有国家利益；“中国天眼之父”南仁东，自称“战术性老工人”，直接参与工程一线建设，长期下工地、爬高塔、睡工棚，“一口气”领中国迈进星辰大海；24 岁成为文昌航天首位女指挥的周承钰，在一些男同志都不敢轻易尝试的工作环境里，一干就是60天，从不抱怨，从没迟到；27岁成为史上最年轻的航天调度员的高健，在“神舟十二”调度现场一句句响亮得“让人上头”的“北京明白”，被网友戏称为“实力和颜值并存的国家栋梁”；……“90后”数学天才陈杲，学成归国，26岁特任教授，一举攻克世界难题……

在“互联网创业达人”看来，这是中国加速进入移动智能终端的“大数据”时代，这是华为任正非、腾讯马化腾、阿里马云、京东刘强东、滴滴柳青、美团王兴、抖音张一鸣、大疆汪涛这批人应时有为的时代，这是一个“在大有可为的时代看谁更能积极有为”的时代……

业有所立，事有所成，都是解决问题和迎接挑战的“馈赠”！君不见，“励志博士”黄国平凭实力跃出“农”门，“考古女孩”钟芳蓉原来是“留守女孩”考出高分，“人气博主”李子柒火出圈源于《兰州牛肉面》的短视频……

时代的列车，驶入“爬坡过坎”的“强国时代”，这是“船到中流水更急”的“深水区”，更是“人到半山路更陡”的“攻坚期”，身为强国一代新青年，唯有以时不我待的心态去积极有为，方能不负时代，才能让更多人“生逢其时”。

正所谓：不负时代，强国有我！生逢其时，时不我待！

观点二：发挥“人”的能动作用，“生不逢时”也可能变为“生逢其时”

1. 即使生不逢时，亦应持守正道，致力匡时救世，必能后世流芳。

1.1 身逢春秋乱世，孔子“知其不可而为之”，不做“避人之人”，“累累若丧家之犬”，笃信“君子固穷”，成为“春秋暗夜里的一只残烛”。

1.2 身处战国乱世，孟子自养其浩然正气，“虽千万人吾往矣”，不媚俗不逢迎，虽然“仁政”的教诲没人实践，反而活成了坦荡自信的“帝王师”和“大丈夫”。

1.3 长在东晋衰世，法显法师远涉西域，步行求法，以65岁高龄，历时14年，途径30余国，历尽艰险陆上去，孑然一身海上回，终成“西行求法第一人”。

2. “时”穷则韬光养晦，或怀逆天改命之想，自然“时”达则兼济天下。

2.1 “文革”中“被批斗”的孙少安隐忍，改革开放后在“双水村”办砖窑厂成为“冒尖户”和“带头人”；往昔“靠边站”的田福军在农技站养鸡，改革开放后主政“黄原”开始大改制。“时”总会变，人却“不变”。

2.2 “文革”中后期，小平同志到南昌郊区成为一名普通工人，每天走在“小平小道”上，1978年，邓公被美国媒体称为“新中国的梦想家”，后来，被国人尊为“改革开放的总设计师”。

2.3 中国历史中的“怀才不遇”之叹，可谓多矣，中国人的“穷达文化”，可谓丰富。只要持守正道，积极有为，无论所处何“时”，均能“仰不愧天，俯不愧地”。

※2020 北京卷议论文

2020 年 6 月 23 日，北斗三号的最后一颗卫星成功发射，标志着我国自主建设、独立运行的北斗卫星导航系统完成全球组网部署。整个系统由 55 颗卫星构成，每一颗都有自己的功用，它们共同织成一张“天网”，可服务全球。

材料中“每一颗都有自己的功用”，引发了你怎样的联想和思考？

请联系现实生活，自选角度，自拟题目，写一篇议论文。

要求：论点明确，论据充实，论证合理；语言流畅，书写清晰。

【材料核心】

北斗卫星导航系统完成组网，它由 55 颗卫星组成，每一颗都有自己的功用。

每颗星尽其用——北斗组网

每个人尽其才——团队成功

【观点】

要完成远大目标，实现伟大梦想，团队中的个人，集体中的个体，必须人尽其力。

【例证】

（科技领域）打造大国重器

北斗团队、嫦娥团队、神舟团队……

（其他领域）完成艰巨任务

应对疫情、扶贫攻坚、构建共同体……

为了国之安全、民之安心，北斗从无到有、从有到强，一路走来历经坎坷。人们看到了每一次卫星升空时的激动、喜悦，殊不知，这背后有太多的辛酸与挑战。在北斗二号研制初期，本打算从国外引进核心器部件“原子钟”，由于国外技术封锁，这成了制约发展的最大瓶颈。怎么办？要想成功，唯有自力更生。经过努力，中国科研人员不仅攻克了“原子钟”这一难题，而且进一步提升了精度，走在前列。数十年、几代人，为了实现“北斗梦”，攻克了无数艰难险阻，实现了一个又一个技术超越。应该说，苍茫宇宙就在头顶，只要有梦想、敢翱翔、善创造，就能在星空中织就一张不会迷失的“路网”。

看北斗，是看大国重器，更是看中国不平凡的科技之路。很长一段时间，在不少科技领域，中国处于跟跑甚至落后位置，处处被卡脖子、时时要看脸色。一个拥有自主创新能力的国家，才能傲立全球。“两弹一星”，“蛟龙”入海，“神舟”飞天，“嫦娥”奔月，“天眼”探空，“墨子”传信……中国科技在全方位突破，中国创新在奋力赶超。就像前不久珠峰测高，北斗高精度定位设备登上地球之巅，我们要攀登的何止是自然的高峰，更是科技的高峰！

应对疫情：医疗专家、医生护士、医护服务志愿者、社区工作人员、身处疫期每个人

【推理】——设问推理

1. 如何在55颗卫星中摆正自己的位置，以实现“天网”整体功能的发挥？怎样在团队中不居功自傲，甘于做铺垫性工作？

个人服从集体，小我服从大我。安其位，尽其力，不懈怠，不居功。这需要“功成不必在我，功成必定有我”的格局和胸怀，需要大格局大胸怀。

2. 如何从“有”自己的功用到“发挥”自己的功用？怎样做到在集体中在团队里“人尽其才”而不是“怀才”“内卷”？“天网”如何科学安排每一颗星的位置、功用及顺序？团队负责人，集体掌舵人如何合理安排协调个体的位置及作用？

纵览全局，协调各方。这需要境界引领，需要制度安排，更需要文化浸润。

【延伸】

青年人要克服极端个人主义，才能做好55颗卫星中最亮的那一颗。

※2019北京卷议论文

“韧性”是指物体柔软坚实、不易折断的性质。中华文明历经风雨，绵延至今，体现出“韧”的精神。回顾漫长的中国历史，每逢关键时刻，这种文明的韧性体现得尤其明显。中华民族的伟大复兴，更需要激发出这种文明的韧性。

请以“文明的韧性”为题，写一篇议论文。可以从中国的历史变迁、思想文化、语言文字、文学艺术、社会生活及中国人的品格等角度，谈谈你的思考。

要求：观点明确，论据充分，论证合理。

【审题思路】

“韧性”是指物体柔软坚实、不易折断的性质。中华文明历经风雨，绵延至今，体现出“韧”的精神。（中华文明有韧性）

回顾漫长的中国历史，每逢关键时刻，这种文明的韧性体现得尤其明显。中华民族的伟大复兴，更需要激发出这种文明的韧性。（文明的韧性在关键时刻有价值）

请以“文明的韧性”为题，写一篇议论文。

可以从中国的历史变迁、思想文化、语言文字、文学艺术、社会生活及中国人的品格等角度，谈谈你的思考。

要求：观点明确，论据充分，论证合理。

观点——中华文明有韧性（柔软坚实、不易折断）

推理——文明的韧性为何？如何有韧性？为何能有韧性？有韧性怎么啦？

文明：

农耕文明——自足性（刚柔并济则久存）以史为鉴、以天为则

游牧文明——扩张性（过刚则不久）

海洋文明——掠夺性（过刚则迷信武力侵略、掠夺）

【角度、观点及例证】

1. 历史变迁：在历史的变迁中，以农耕文明为底色的中华文明，在与北方游牧文明、西方海洋文明等文明形态的此起彼伏的交锋碰撞中，显示出中华文明的韧性。

从五胡乱华到鲜卑归汉/蒙古灭宋却接受儒家文明/满人入关而能主动接受和发展汉文明/多元一体的“文明型国家”形态是我们的底气和实力……

2. 思想文化：以儒道互补为主体的中华优秀传统文化，特别是道家文明以柔克刚的后发制人，造就了中华文明的韧性。

《论语》的历劫与新生/云南建水孔庙/元朝及清代对儒家文明的最终态度……

3. 语言文字：从甲骨文到隶楷行草，象形表意的汉字成为中华文明的纽带，展示了中华文明的韧性。

近代汉字的存废之争/最后一课/《中国话》/修史传统/拼音文字……

4. 文学艺术：从国风离骚到唐诗宋词，从诸子史传到戏曲小说，未曾断代的中华文学艺术的传统，显示了中华文明的韧性。

叶嘉莹的“落叶归根”/《如果你为四郎哭泣》……

5. 社会生活：中国人以家庭为重，以和为贵，守望相助等生活追求，具有鲜明的“东方特征”，展示出中华文明的韧性。

《四世同堂》中的钱诗人/《故乡人》中的王淡人……

6. 中国人的品格：中国人温良恭俭让的“君子人格”传统，中国人做“大丈夫”的人格追求，从人格品质的高度锻造了中华文明的韧性。

《四世同堂》中的瑞宣/《八佰》中的殉国士兵/《金刚川》中的张飞……

【推理】

怎么理解中华文明的“柔软坚实”？为何中华文明“不易折断”？

【延伸】

中华文明有韧性，文明的韧性是文化自信的基因，当代青年，作为“强国一代新青年”，尤其要摈弃历史虚无主义、民族虚无主义，激发和承继这种“文明的韧性力量”，成为民族复兴“中坚力量”。

三、依托学案建设，立足课程信息化，增强语文学科魅力

——谈2008级备课组高中语文三年整体备考策略

又一轮高考结束，又一轮高中语文教学实践画上句号。2008级语文备课组，赶上了学校大力推进“学科读本学案”建设的“头班车”，走过了执着探索的三个学年，经历了新课标新改革后的第二届高考。2008级语文备课组，先后10位教师（徐晓春、李澎、李荔萍、方印、陈璐、汪文龙、林孝杰、盛志武、王芳耀、洪学佳），延续接力，兢兢业业，奋斗三年。

风雨阴晴，尘埃落定。有大突破，有小遗憾。

成绩和遗憾属于过去，经验与教训都应该留给未来。我们整理综合成绩与经验、遗憾与教训，对备课组的三年工作予以总结。

2008级语文备课组，主要系统地做了三件事：

1. 编订高中语文学案。

高一至高三，累计编订六册《“伏脉千里”语文学案》，共计1588415字（其中高一高二学案四册已于进入高三前整理由北师大出版社正式出版发行）。

2. 推进课程信息化。

集备课组之力进行“主题读写”系列资料开发，并在全年级推广使用。

3. 构建“2011高考语文复习方案”。

该资料的特点是把高一高二两个学年的阅读、写作资料与高三复习备考紧密衔接，实现高中三个学年的“全程打通，系统优化”。

应该有这样一个规律：有魅力的学科，最后必然在高考中胜出。学科魅力是决定最终高考成绩的重要因素，它甚至也是影响学生一生的重要因素。

所以，自2008年9月始，到2011年6月止，我们所做的这三项主要工作，都围绕一个核心——致力于在每个阶段用各种办法增强语文的学科魅力。

（一）拥有学科魅力，才能赢得学生

学科魅力的核心是学科知识及学科学习过程的有用有效。一个学科，应该致力于让学生觉得你的学科知识有趣味，学习过程有意思，学习结果有保证，才能

确保一个学生在这一学科上的持续的精力投入。一个学生在某个学科上投入精力的多少，将直接决定这一学科的学习结果，这是不言而喻的。

进入高中阶段，学生负担更重任务更紧，学习精力总量既定，兴趣特长各有偏好，能力耐力高下有别，所以学生对每个学科的学习精力的投入也必然出现“厚此薄彼”的局面。最后的结局是，“厚”的学科占了上风，“薄”的学科落了下乘。这是年年会上演的“戏”，所以，本届高三从高一开始，我们就统一了认识：拥有学科魅力，才能赢得学生。我们一切工作的出发点就是增强学科魅力，用备课组的工作去影响学生，去赢得学生，打造“魅力语文”，事实证明，我们这样一种宏观战略设计，抓住了问题的根本，抓住了学科建设的根本，也影响到了最终的“收成”。

在理想状态下，语文学科的投入应该占到学生总学习精力的五分之一，历史经验告诉我们：这一目标很难实现。调查表明：语文学科在学生总的学习精力中的投入占比远远低于五分之一，甚至不到六分之一。原因也很现实：语文“少慢差费”，“高投入低产出甚至有投入无产出”，没有严密的知识体系让很多学生及家长误以为语文学科最能投机，等等。总而言之，在高中，在实验，在高三，语文学科是缺乏“尊严”的，实现“魅力语文”是有客观困难的。

影响学科魅力的因素有哪些？经过三年一轮的实践，我们得到这样的答案：资源、技术、实力。

也就是说，一个学科要有魅力，需要科学有效的学科资源，需要高效发挥资源作用的技术手段，需要运用技术手段发挥资源作用的有实力的教师。

也就是说，一个学科要赢得学生，需要一个团队，一以贯之地去建构并优化学科教学资源，一以贯之地去摸索适合本届学生的技术手段，合力齐心地用这个团队每个成员的智慧与力量去“共谋、共享、共赢”。

（二）优化教学资源，方能减负增效

“减负增效”是学校这一阶段工作的重心，也是我们备课组工作的原则。语文学科在争夺学生学习精力方面没有先天优势，如果只在增加作业，加大教学密度上做文章，这显然是南辕北辙的做法，所以我们只能走“减负增效”的道路。我们认为：“减负增效”的核心是构建和优化教学资源，资源有效是教学有效的前提，对一个备课组而言，尤其是如此。

2008 级学生是新课标开始后的第二拨学生，新课标也提出教师有构建教学资源的责任。所以我们从零开始，研究大纲，研究学情，研究《考试说明》，碰撞往届教学经验。历时三年，针对不同学段，集备课组之智慧，构建和优化了“六册学案一套方案”的三年一体化教学资源。

“六册学案”即指“伏脉千里高中语文学案”一至六册。“一套方案”指“2011 届高三语文全程复习备考方案”。

分档归类，包括以下一些资源：

学好高中语文的要诀在于“多读多写”，“读”是学生获得思想的过程，写是学生呈现思想的过程，处理好“读”与“写”的关系，是高中语文的重中之重。“读”要有规划成系列，“精读”与“泛读”并重，“写”要多样化经常化生活化系统化，“读”与“写”还要能有机地结合起来。依据以上的要求，我们设计了“阅读资源”“写作资源”和“读写一体化资源”。

1. 阅读资源

（1）“课内延伸阅读”阅读资源

这部分资源是从语文课堂延伸出去的阅读，是精心选择的与精读课文有联系的系列文章，是对语文课堂的有效补充。

有些文章，可配合精读课文的讲解使用，比如：《范爱农》一文，学生理解难度较大，如果利用《暮春时节的雷雨》铺垫切入，学生理解了王晓明对胡河清之死的痛悔之情，恐怕就有益于其理解鲁迅对范爱农之死的类似的情感；在讲授《面朝大海，春暖花开》的时候，直接在课堂引导学生同看西川的《死亡后记》和《怀念》中的相关内容，恐怕就找到了解读海子这首诗作的门径。

有些文章，可以单元为单位开设“阅读课”，每单元一节课，也不足以影响到课时量，教师可增删换部分文章，结合本班和单元教学实际，确定阅读量，可随堂定阅读主题，可课后有随笔感想，多读勤思，积之两学年，对高三阅读写作必有帮助。

有些文章，可以用之于开设“专题研讨课”，比如：“为何要学好高中语文”主体阅读部分，此类文章信息量大，内容贴近学生实际，师生共同研讨，可以在现实课堂，亦可在“个性化班级教学平台”“语文真好”。

这部分资料主要配合必修与选修教材同步使用，针对高一高二年级，主要体现在“伏脉千里语文学案”第一册和第三册。这部分资料，将使学生在高一高二阶段的语文阅读有量和质的保证，资料的选取经由备课组共同讨论，使用方法共同商定，两年的坚持，为高三学段的阅读与写作打下了坚实的基础。

（2）“文学专项阅读”阅读资源

学生在写作时爱运用苏东坡、李白、陶渊明等人物事迹作为素材，但是又语焉不详，常常把这些人当作“符号”在自己的写作中使用，为解决这一问题，我们设计了专项长线阅读资料。精心选取了“孔子、孟子、荀子、庄子、屈原、司马迁、陶渊明、曹操、韩愈、柳宗元、李白、杜甫、欧阳修、苏东坡、辛弃疾、李清照、关汉卿、归有光、蒲松龄、曹雪芹”这二十位中国古典文学大家的生平资料，有的还有简编年谱，同时每位作家对应罗列在教材中经常出现的作品篇目，与这些篇目相对应的文化学话题也与之配套。教师在教学中可以之为辅助引导学生“走进”这些文学大师的内心世界，对写作定会大有帮助。当中的某些文学话题，师生可以随堂讨论，也可以在“个性化班级教学平台”展开交流。

这部分资料在高一阶段编订完成，主要集中在“伏脉千里语文学案”第二册，在高一高二两个学年随课文反复滚动几次，学生对这一部分资料已经比较熟悉，这些作家素材的储备任务在年级备课的层面已经完成，为高三阶段的作文备考做好了必要的铺垫。

（3）“时事话题阅读”阅读资源

这部分资源是为了拓宽学生视野引导他们关注现实生活而精选的报刊文章资料，这些文章可读性强，贴近现实，如果作为一个“抓手”给学生开辟一条持续关注当下社会的“通道”，学生思想的提升，阅读的积累，写作能力的增强，将在这项阅读活动的持续中收到成效。

这部分资料在高一阶段启动，坚持到 2011 年 5 月中旬，三年以来，未有间断，可以肯定和自豪地说，2008 级学生在这部分资料中的收获将是不可估量的：一是因为今年高考作文命题“世乒赛中国队包揽五金”正是时事话题评论的思路，很多学生反映面对这一作文题“心中不慌”，觉得“很有话说”，这与三年以来学生持续阅读和思考类似的时事话题有绝对关系；二是因为通过时文资料的持续跟进，学生能感觉到语文课与时代紧密联系，从备课组的层面彰显了语文课的“学科魅力”。

三年时文资料分段统计：

高一上：25 篇（25416 字）

高一下：25 篇（36026 字）

高二上：29 篇（40940 字）

高二下：28 篇（44549 字）

高三上：24 篇（31686 字）

高三下：20 篇（30286 字）

三个学年共计 151 篇（208903 字）

2. 写作资源

作文教学是高中语文教学的重中之重，作文成绩在某种程度上直接决定了高考语文成绩，也左右着一个备课组三年努力的最终结果。显然，仅靠高三一年去抓写作是很不明智的，写作的备考必须是三年。这一点，2008 级语文备课组在高一就统一了认识，并且制定了三年的作文行动计划。

我们的写作指导方针是“四化”：多样化、生活化、经常化、系统化。

首先，我们认为，写作有三个层面的备考：

（1）素材备考　（2）思维备考　（3）套路备考

就“素材备考”备考而言，必须起步在高一，且要成系统。这方面的备考与阅读紧密相连。我们把素材分为“自我经历”“文学文化”“时事话题”“典型人事”四大类，“课内延伸阅读”“文学专项阅读”指向“文学文化素材”；“时事话题阅读”直接针对“时事话题素材”；通过相关作文命题唤醒学生的“自我经历”，指向“自我经历素材”；学案第二册和高三暑假“我来供素材”年级活动，指向“典型人事素材”；最终，形成年级公共素材库和学生个人素材库，在年级作文备考的层面有所作为，形成一个年级素材话语体系，既方便了备课，又方便了教学，最终受益的是学生。

就“思维备考”而言，其与“素材备考”是一个硬币的两面，因为对高中生而言思维往往起于素材依托于素材，他们往往只能依托素材来生成“思想”，形成“思维”。所以，他们的思维训练阵地是多元的，可以在语文课堂，可以是某篇大阅读，可以是某组作文题，可以是素材的纵向延展或横向联系，都可能构成学生的思维训练点，所谓“运用之妙存乎一心”，但是在备课组层面，也还是可以有所作为的，我们在作文备考过程中，特别是在高三，特别注重加强了“思维备考”方法与素材的常态化交流，取得了显著的效果。

就“套路备考”而言，最重要的是介入的时机，我们的经验是：不宜在高一，可以在高二下，最好在高三。“套路备考”需要优质的作文材料，本届高三有幸邀请到王芳耀老师加盟，在“套路备考”方面王老师的优势得天独厚，其对作文教学几十年的潜心研究，其集几十年心血的作文技法及材料的倾囊相授，对备课组而言如逢甘霖，用“十三篇文章”就成功地帮备课组闯过了“套路备考”的难关，对于2011届高三语文作文成绩，王老师功不可没。

在“四化原则”以及“三个层面备考”的指导下，我们的写作有这样的规划：

高一阶段，以叙事抒情文本训练为主，着力于编订贴近学生写作能力的作文组题，着力于挑选一批贴近学生实际的可以模仿的文章。资料成型于语文学案第二册。

高二阶段，以叙事说理文本训练过渡到议论文本，着力于编订贴近学生写作能力的作文组题，着力于挑选一批贴近学生实际的可以模仿的文章。资料亦成型于语文学案第二册。

高三阶段，着力于综合写作，研究配套系列作文题，用王老师的“十三篇文章”完成“套路备考”的任务，在一模二模的作文迷雾中“拨云见日”，坚持我们的作文备考方向。资料成型于“2011高考语文复习方案”。

3. 读写一体化资源

对于语文教学而言，“读”和“写”都很重，两者的结合同样重要，能够读写结合，当然最好。我们备课组从2008年开始探索，创造了“主题阅读写作”的模式，并且在高一高二坚持两年，形成了“读写一体化资源”。

主题阅读写作，是使学生养成良好的读写习惯的一种网络与现实结合的教学模式。

其特点是：把某个话题（即主题）作为进行具有一定深度与广度的阅读的抓手，使各类学生从不同层次不同角度对话题加以解读，并从而进行写作。这样的写作，是与阅读紧密联系着的。

“主题读写实践”是我们备课组基于“个性化班级教学平台”所开发的比较成形的“阅读与写作结合系列课型”。基本思路是从某单元教学中生发一个话题，然后补充相关的若干材料，围绕这一核心话题，学生在现实课堂或“虚拟课堂”共同研讨，互相启发，最后可以形成文章。具体操作流程是：

（1）从教材单元中生成一个或几个话题，每个话题下辅以若干阅读材料，可以有教材内的，更多的是拓展开来的；

（2）每个话题的支撑材料，学生自行安排时间阅读，可以自由交流；

（3）适当时候统一安排两课时，利用“虚拟课堂”完成写作任务，提交、交流；

（4）若干话题的阅读写作，形成学年规划。高中三个学年不间断。

这部分资料整理成语文学案第五册，并构成高三的“伏脉千里素材库”的主要内容。最终对于学生的写作素材与思维的积累，发挥了积极的作用。

关于此部分资料，将在下一章“信息平台运用技术”部分有所展开，兹不赘述。

4. 文言等基础知识资源

对于语文学科而言，基础知识的东西最好细水长流，这样到了高三才不至于平地起楼。但是在高一高二，又不太容易形成系统。我们备课组想的办法是印发系列式的清单学案，到学年末再装订成册。

所以，从高一开始，在徐晓春老师的倡议下，我们做了成系列的“小学案”，比如单元知识小学案、文言小学案、断句小学案、古诗鉴赏小学案，这些小学案强调突出重点，务求精要，以小篇的形式发给学生，特点是“短平快”，让学生的基础部分比较扎实。在期中期末考前，“小学案”的内容连缀成考试范围，进入高三复习，对这些内容有所勾连，实现了“学什么做什么考什么”，也实现了“高一高二与高三有效连接”。

以我们的“文言小学案 40 篇”为例，这部分内容从高一开始直至高二，主要由备课组心细手快的徐晓春老师承担完成。这部分学案紧扣课文内容，突出“文言实虚词”，强调学生在语境下理解词语的意识，为高三直接进入文言文的复习奠定了坚实的基础。

“文言小学案”篇目一览：

必修一：1.《勾践灭吴》2.《游侠列传》3.《洛阳牡丹记》

必修三：4.《聂小倩》5.《谏伐匈奴书》

必修四：6.《前赤壁赋》7.《活水源记》8.《游栖霞紫云洞记》

必修五：9.《归去来兮辞并序》10.《逍遥游》11.《劝学》12.《原毁》

选修一：13.《邹忌讽齐王纳谏》14.《崤之战》15.《烛之武退秦师》16.《冯谖客孟尝君》17.《鸿门宴》18.《信陵君窃符救赵》19.《苏武牧羊》20.《触龙说赵太后》21.《荆轲刺秦王》22.《廉颇蔺相如列传》

选修二：23.《侍坐》24.《齐桓晋文之事》25.《庖丁解牛》26.《非攻》27.《五蠹》28.《察传》

选修三：29.《陈情表》30.《阿房宫赋》31.《滕王阁序》32.《兰亭集序》

选修四：33.《师说》34.《种树郭橐驼传》35.《游褒禅山记》36.《赤壁之战》37.《六国论》38.《过秦论》39.《孔雀东南飞》40.《项脊轩志》

这部分资料收录在高三第一轮复习配套学案第四册中。

5. 单元检测及模块考试资源

学什么做什么考什么，应该成为高中语文的一项重要原则，因为这是构成一个学科“学科魅力”的现实因素。学与考的关系不大，甚至严重脱节变成“学什么不考什么”，这将使一个学科丧失尊严，语文学科在学与考的问题上本身没有优势，如果本身再不重视，后果将是严重的。所以，本备课组从高一开始，十分重视“学与考”的关系。

具体做法上，就是在单元检测及模块考试中通过试题加以引导，每一次单元测验，每一次模块考试，备课组都做到了考前预知复习范围、集体确定考试题型，这样就让学生学有所获，不学则无获，促使学生紧跟课堂，紧跟年级的步伐。

事实证明，坚持“学什么考什么”，对于语文至关重要。

6. 寒暑假主题活动方案资源

高一高二乃至高三的寒暑假，学生的自主时间较多，语文应该做些什么作业，这是一个值得研究的问题。我们的认识是：全用以做基础背默等习题，不可取；放羊式地让学生读几本书，很低效；发几套成套练习让学生做，没意义。

我们的想法是高一高二可以搞点主题活动，高三的寒暑假可以用成套学案(我们高三暑假用第四册，高三寒假用第六册)。要做到有用有效。

每一阶段，都有相关主题：

高一阶段：“名人故居/文化名胜”访谈

高二阶段：(1)“我身边的陌生人”调查报告 (2)“中外电影名片”观后之探讨

高三阶段：“我来供素材”年级素材共享

具体活动方案在下一章“活动技术”中将有详述，兹不展开。

7. 2011 届高考语文专项复习资源

高三教学不是“断代史”，而是“通史”的最后一章。一、要把高三的教学建构在高一高二学年的基础之上。这一点，我们在高一高二有规划，进入高三有准备，《语文学案》第四册已经完成了对高一高二的衔接任务。二、要把高三的教学建构在前若干届高三的基础之上。我们要把08届、09届、10届高三的工作作为本届高三工作的学习对象，本届任课教师中四位参与过08届教学，一位参与过09届教学，两位参与过10届教学，这是我们的优势。不断摸索，在此基础上构建优化，形成了“2011届高考语文专项复习资源”。

关于这部分资料内容，将在本文第四章详细展开，兹不赘述。

（三）合理运用技术，就能科学有效

有了教学资源，还需要发挥资源作用的手段，这些手段，不妨称之为“技术”。教育的环境在不断变化，学生一拨与一拨有差别，支撑教育的科学技术也在日新月异，在这种情况下，要想“减负增效”，要做到“科学有效”，就不能不研究“手段”，琢磨“技术”，对方法层面的新东西不加以研究的备课组，显然不能胜任“减负增效”的使命。

三年以来，我们备课组不断琢磨技术，研究方法，力争使我们的工作取得最大效率。

分类归档，包括以下一些技术：

1. 信息平台运用技术

在所用的技术手段运用中，2008级语文备课组，坚持三年，同心合力，规模空前地在全年级推广了信息平台技术，即“语文整合”平台，主要完成了“主题读写”系列资源的开发运用，并创造性地在高三暑假运用平台开展了“我来供素材”活动，这两项主要活动的成功充分表明：技术，尤其是网络交互技术，是每一个语文教师应该去关注的新技术，其强大的在线沟通功能能激发学生极大的兴趣，转变教师的观念，从根本上使语文学科的“魅力”增色。

有些教学设计，都只能在运用平台技术的条件下才能发挥作用，学生欢迎，教师省力，效果良好。如果离开了信息技术平台，这些丰富的材料不可能在学生的交互讨论中成为让学生印象深刻的素材，不可能最大效率地激活学生的思维，也不可能在高三成为学生及时有效的“素材共享”。

掌握和运用信息平台技术，将是语文学科增加魅力指数的不二法门。

2. 写作规划技术

写作有规划，不规划则“少慢差费”，因此，本备课组高度重视写作的规划问题，多次在备课组会商讨此问题，三年以来我们坚持了以下一些操作原则：

（1）三个学年各有训练侧重，不重复，有梯度。

（2）片段训练与大作文相配合，绝不随意写没有规划的大作文。

（3）年级同一题目与班级有范围选题相结合，年级同题统一交流，班级自选互相交流。

高一阶段，以叙事抒情文本训练为主，着力于编订贴近学生写作能力的作文组题，着力于挑选一批贴近学生实际的一批可以模仿的文章。

命题一：

请以“身边”为题，写一篇文章，不少于800字。

命题二：

或许你有过类似的经验：熟悉的小吃店正在改装，即将变成服饰店；路旁的荒地整理之后，成为社区民众休闲的好去处；曾经热闹的村落街道，渐渐人影稀疏，失去了光彩……

这些生活空间的改变，背后可能蕴藏着许多故事和启示。

请你从个人具体的生活经验出发，以“走过”为题，写一篇不少于800字的文章，内容必须包括：生活空间今昔情景的叙写、今昔之变的原因、个人对此改变的感受或看法。

命题三：

或许是某次造访某人，或许是某次走过某地，或许是某次讨论某话题，或许是某次沉浸于某课堂……仿佛一次旅行，让你在情感上有共鸣，精神上有触动，境界上有提升，不是口腹之欲之类的物质上的满足，而是实实在在的精神上有所收获。

那么，你有怎样的精神之旅？收获了什么？这种收获对你又有什么影响？

请以“我的精神之旅”为题目，写一篇不少于800字的文章。除诗歌外，体裁不限。

命题四：

生命的过程有时也是一个失去的过程，也许，我们总会暂时或永久地离开一些曾经的人、事、物、景或者是其他的东西。蓦然回首，有些记忆是如此弥足珍惜，因为这些不仅是以往生命中的重要内容，还有可能为现在和将来的生命增添色彩。

你所失去的最有意味的是什么呢？现在想起来有怎样的感受或思考呢？

请在下面的横线上填一个词或短语，然后以所组成的句子为题写一篇文章。

很久没有________了

要求：1. 写自己真实而有意义的记忆；2. 写真情实感；3. 不少于800字。

命题五：

阅读下面文字，按照要求作文。

步入高中的第二个学期，班级召开了一次主题班会。同学们就“成熟”这一话题展开了激烈的讨论。有的说，成熟意味着能用理智战胜情感；有的说，成熟意味着遇事变得有主见；有的说成熟是善于察言观色，圆滑世故；有的说，成熟是从别人的角度来看我；有的说我渴望成熟；有的说我拒绝成熟；……

请以“成熟”为题目，选择你熟悉的一个方面或角度，恰当运用表达方式，写一篇有真情实感的作文。除诗歌外，文体不限。不少于800字。

以上五个题目贴近学生生活实际，符合高一学生的思维水平，同时体现一定的能力梯度。在使用这些题目的过程中，我们坚持“实（不虚）、顺（顺畅）、丰（丰富）、真（抒情要真）、深（说理要深）”五字高中记叙文指导方针，不同时段有所侧重。在学生的作文中，寻找有对应问题的文章，有重点地逐个解决问题。

在学案第二册中有以下三部分——“写作·记叙文（自我经历素材）”“写作·记叙文（文学文化素材）”“写作·记叙文（时事话题素材）”，这些是以所取素材的不同为分类标准收录的学生范文。与阅读相对应，启发学生在高一阶段关注自我体验，关注文学文化话题，关注时事话题，并且在写作中找到自己的能力增长点。每一部分又分为“同学段文章参考、往届生习作参考、高考生佳作借鉴”三部分。“同学段文章参考”是高一阶段学生的文章，有现实的参考意义；“往届生习作参考”是往届学生在高一阶段的近题佳作，可资比较；“高考生佳作借鉴”是相似命题高考考场的佳作，有很强的借鉴价值。

高二阶段，从叙事说理文本训练过渡到议论文本，着力于编订贴近学生写作能力的作文组题，着力于挑选一批贴近学生实际的可以模仿的文章。资料亦成型于语文学案第二册。

命题组一：记叙文向议论文过渡训练题：《墙》《脸》《潮流》

命题组二：侧重议论文训练习题组（1）：

《规则》《责任》《尊严》《说“幸福”》

命题组三：侧重议论文训练习题组（2）：

《位置》《朴素》《顺序》《坚守》《说“成功”》

以上三组题目贴近学生生活实际，符合高二学生的思维水平，同时体现一定的能力梯度。在使用这些题目的过程中，我们坚持“准（举例准确）、深（说理深刻）、透（讲理透彻）”的三字高中议论文指导方针，注重学生思维品质的培养，我们把学生的思维品质分为三个层级——准确与严谨、深刻与辩证、多元与创新，辅以不同素材，不同时段有所侧重，在写作中，寻找有对应问题的文章，有重点地逐个解决问题。

高三阶段，着力于综合写作，研究配套系列作文题，用王老师的“十三篇文章”完成“套路备考”的任务，在一模二模的作文迷雾中“拨云见日”，坚持我们的作文备考方向。资料成型于“2011 高考语文复习方案”。

3. 作文批阅技术。（“六人转”分卷，推崇什么，用标准统一教师认识，面批频率）

作文批阅绝对是一门技术活，预设平均分搞班级平均主义必将把作文教学引向死胡同。吸取教研组前辈的经验，我们备课组在高一开始不断探索作文批阅的有效方法，不断完善，不断坚持，总结起来，有以下一些方法原则：

（1）作文分卷要尽量模拟“高考作文存在状态”。

我们采用的办法是“六人转”，即六位老师同时持一个班的作文试卷，按顺序按同一方向将试卷摆成既定的卷数，这样就能做到相邻试卷非本班同学，试卷在年级范围内被彻底打乱。这种做法，我们从高一第一学期期中考试坚持到高三二模，没有间断。

（2）作文批改前最好“标杆文”与“评分标准”先行。

作文批改前确定评分标准，阅卷组拿出样卷，由全体教师议定分数，确定各类作文的“标杆文”，在过程中全体阅卷教师统一意见，统一看法，然后开始阅卷，阅卷过程中不设平均分，每本试卷不搞“平均主义”，完全按照标准执行，在阅卷过程中遇有“难给分文”，由两名教师商量给定最终分数。这一套操作流程最大限度接近高考的作文阅卷流程，我们三年坚持了下来。

（3）作文讲评时同步印发“例文范文汇编”。

每一次作文阅卷完毕，会印发“例文（年级共性问题的文章，不一定是高分文，尽量四类例文都有代表）”与“范文（可以示范的高分文）”，在印发给学生时不按照高分到低分排列，而是按照“基本标准文”“反面教材文”“高水准文”的顺序排版，做到有基本要求给学生，有反面警示给部分作文能力差的学生，有更高要求给能力强的学生，力争实现对学生的分层指导。

4. 素材积累技术

这两项技术措施，主要针对高三，为了让学生的写作思维始终保持在“被激活”状态。

从高三一轮复习开始，直至高考前一周，我们采用“写作周积累”系列来完成这一任务，一共20期，延续到高考，每一期内容基本统一：①时文2~3则；②同学素材共享4~5则（来源于“我来供素材”）。学生受益，教师省力，收到了非常好的效果。

“伏脉千里素材系列”主要在高三上期末考、一模考、二模考、高考这四次大考前，把高一高二储备的文学文化、典型人事、主题读写和高三的时文素材分四轮滚动给学生，四次大考前年级统一给出专门的复习时间，强化记忆，强化理解，学生在高三阶段始终感觉作文是“有米之炊”，对于保障最后的高考作文，这是不可或缺的手段。

5. 持续“劝学”技术

语文学科是时常容易被学生边缘化的学科，为了避免这种局面，就有必要通过各种方式让学生感觉到学好语文的必要，感觉到语文存在的重要，所以，从高一开始，我们就通过在学案的空隙写一些勉励甚至调侃的小块文字，为语文做广告发消息，吸引学生的“眼球”，并取得了一定的效果。

谨录四例，以示所言非虚。

劝学·写作周积累很重要

紧张的高三岁月，我们往往困惑于没有时间阅读，然而“阅读为写作思想之源”，因此，高三语文备课组为使全体11届学子在写作方面始终处于思维“被激活”状态，特意每周给大家选一些时文美文，期待同学们在周末抽空读之，想一想，记一记。小而言之，是为高三写作；大而言之，是为诸位学子暂免“沦陷于题海”之苦，养性怡情，健康身心，不亦善夫！

劝学·最后的战役

要学鲲鹏立远志，实验学子岂等闲？夙兴夜寐又三载，而今迎来四九年。

辽沈完了是淮海，平津定有捷报传。劝君拾却望远镜，最后两周要学精。

六科均衡是关键，忠言在耳更在心。自主复习乃八日，高考时段最要紧。

九点半，学语文，看理综，题审清。三点半，做数学，读外语，入情境。

每日一练练不休，此物无他唯手熟。时近大考莫熬夜，喝粥就喝状元粥！

人生可贵是年少，人间最美六月天。伏脉千里至千里，江山今在我实验！
千淘万漉虽辛苦，吹尽黄沙已见金。宜将剩勇向锦绣，一役功成徙南溟。

劝学·最后的叮咛

看清题意，平心静气——平静
生题不慌，沉得住气——冷静
总而言之，“六神相护，我心有主！”

劝学·最后的祝福

状态稳定，发挥超常——耐力
会的都对，蒙的也对——实力
言而总之，“玩转高考，超越自己！”

6. 主题活动技术

语文课堂的容量有限，信息平台技术的使用却能够拓展语文课的活动形式和活动空间，同时解放教师发动学生，所以本年级注重“搞活动”实际上是将写作训练生活化。

比如高一的“名人故居/文化名胜”访谈活动，高二的“我身边的陌生人”调查报告活动和“中外电影名片”观后之探讨，以及高三的“我来供素材”年级素材共享活动，都深受学生欢迎。

（四）完全发挥实力，乃能决战千里

对于一个高三备课组而言，高三备考工作的每一步都至关重要。进入高三阶段，备课组六位教师全力以赴，克服各自困难，精诚团结，合力同心，各扬其长，形成一个紧密合作的团队。

高三语文备课组，六位教师，各有困难，能各自克服；各有其长，且各展其长。

王芳耀老师，可谓高三语文备课组的“智囊”。学科备课的“领头羊”，高考的各个知识点，皆有深入独到之研究，每有所问，知无不言言无不尽，分担高三以来作文规划及文题供应作文套路备考之任务，分担二模后“重点题块”内

容，担其大任而能游刃有余，家住通州任教三个教学班讲课答疑至于舌燥嗓哑，令人敬佩。

盛志武老师，可谓高三语文备课组的“战略专家”。学科备课的“领路人”，参与期末一模二模区语文模拟试题命制，对2011届语文考点、方向等问题密切关注准确预测，分担大阅读写作把关之任务，分担二模后“重点题块”内容，克服孩子小的家庭困难，一手抓高三教学，一手抓教研组建设，面对教研备课的多重头绪，尽其心，竭其力。

李荔萍老师，可谓高三语文备课组的“全能多面手”。敢于质疑善于发问，每每在备课组会上引发有价值的思考，乐于分担敢于承受，能够把班主任工作、教科室任务、任课教师负担一肩担起，答疑辅导，谈心解惑，深受七班学生拥戴，七班语文平均分突破122，拔得年级头筹，实至名归。

李澎老师，可谓高三语文备课组“与学生最贴心的人”。高三经验丰富，与学生有天生的亲和力，信其师则随其学，其与学生促膝谈心，对学生耳提面命，从高一到高三，乃办公室一景也。进入高三，工作强度大，答疑任务重，经常“忘其食”“晚其食”。人在高三而逢老母大病术后在家，仍能够对任何一份小试卷不懈怠，必亲做不辍，尽智竭力以事高三，可以无悔矣！

洪学佳老师，可谓高三语文备课组另一位“与学生最贴心的人”。性格温和却做事麻利，不厌其烦且诲人不倦，深得学生的喜欢。答疑至晚九点，乃是常事；受命出“急活儿”，甫等可就。爱人远在彼岸，婆婆几度入院就医，家事一肩扛，从不误工作。去年在高三，今年留在高三，皆尽心尽力。所教四班，高考语文在平行班拔得头筹，一分耕耘一分收获也。

汪文龙老师，忝居备课组长之位，受命以来，战战兢兢如履薄冰，未敢懈怠，唯以勤补拙，不负组员之托，唯以学生为念，穿针引线，如是而已。在其位，担其责也。必须感谢，感谢高三备课组五位同仁的支持、信任，使2011届高三语文备课组成为一个有力量能战斗的团队，“共谋高三大计，共享学术智慧，共赢最终结局”。

必须声明的是，2011届高三语文备课组的工作是完全建立在2008级语文备课组高一高二学年工作的基础上的，高三之基石，在高一高二已奠定坚实。所以，还必须感谢徐晓春老师、方印老师、陈璐老师和林孝杰老师，语文学案一到四册里，也有他们智慧的结晶和辛勤的汗水，“伏脉千里，方能决战千里”！

高三是高山，高三是险滩。收获的季节，差之毫厘，失之千里。一年以来，我们始终观察高考风向，关注兄弟学校动向，随时调整战略，及时校准航向。所以，高三是体力的比拼，更是智慧的较量。在高三的这一年，汲取往届之经验，我们重点研究了以下几组关系：

1. 一轮复习中的详略关系

一轮复习，要在“讲一讲，练一练”，求全而不贪精，以大阅读诗歌鉴赏写作为主，基础文言等为辅，尤其是基础，不可恋战，要在寻找时机。我们的策略是用四轮的“每日一练”来强化基础知识，以省出时间保证第一轮第二轮复习的重点突出。

2. 二轮复习中的重点题块的处理

二轮复习，最大的忌讳是被高三上期末和一模试题牵着鼻子走，我们在今年复习中特别注意了这个问题，并且用“重点题块（两轮）”来解决这一问题，王芳耀老师和盛志武老师在这一部分复习资料上发挥所长克服苦难，使我们的二轮复习扎实而有效。

特别要指出的是，二轮复习对于语文学科而言，特别忌讳模考后海淀做一套、东城做一套或者朝阳再做一套的方式，特别是还要求全批全改，限时出分，2011届语文同样被这一问题所困惑。如果加上作文，语文阅卷量之大，非常人所能想象。能否考虑到学科的特殊性，留待下一届，期待有这样的“政治智慧”。

3. 一轮复习与二轮复习的不同定位

如果说一轮复习是“讲一讲，练一练”，那么二轮复习就是“练一练，讲一讲”。两轮复习要互相支撑，共同发挥作用。如何实现？在我们的资料中，大阅读有第一轮第二轮，诗歌鉴赏有第一轮第二轮，延伸题有第一轮第二轮，写作有渐进式安排，从一开始，我们的规划就是有目的的，有安排的。只有明确了两轮复习之间的关系，才不会因一时的成绩起伏或忧或惧，才能面对学生的状态，引领学生稳步前进。

4. 对待模考试题：全做、选作与改编做

不迷信模考试题，甚至敢于改动模考试题，如果试题有问题，能发现并且让学生尽量也发现；同一套题同一道题，能不能教给学生举一反三的方法，这些都至关重要。所以高三的教师要有魄力，这种魄力是科学而不偏激，身在题海而能跳出题海，需要的是不断研究高考，不断琢磨高考，这是高三一年我们备课组一直在做的事情。

5. 备课组统一动作与班级自选动作的关系

高三了，在教学上就要整齐划一吗？我们以为，要区别对待。要做到备课组统一动作与班级自选动作的有机结合。统一确定的详略，不能变；统一酌定的作文题，不能改；统一确定的优质资料，必须用；某些知识点的讲授时间，可以有所左右；某些训练点的增删，班级可以有所前后。

还有许多要做的事，留待下一届；还有一些要说的话，留给三年后。

2011 年 7 月

四、学科魅力·学生实力·应考能力

——有关2014届高考语文备考工作的反思与总结

2014年高考语文是2017年高考语文改革全面探路的一年，也注定是“动荡”的一年。

2014年高考语文，核心在“变”：变动大，变化多，变动频繁，变化一直延续到6月7号。所以，2014年高考语文的备考，是全新的语文备考，甚至是从零开始的备考，对老师，对学生，都是新的挑战。

三年以来，我们始终认为：一个学科的最终高考成绩决定于一个学科的魅力，一个学科的魅力奠定该学科的学生实力，学生的实力在高三将稳定为学生的应考能力，最终决定高考成绩。

一年以来，我们始终密切观察高考风向，密切关注兄弟学校动向，随高考变化随时调整战略，及时校准航向，不断提升学生的语文应考能力。

风雨阴晴，尘埃落定。最终的高考语文成绩，有突破，也有遗憾。

一轮三年，2014届落下帷幕。我们将以高三学年为主，从高三语文教学的“5组关系”与高三语文备考的“5个问题”切入，进行深入的反思和总结。

关于“5组关系”的思考

（一）体力劳动与脑力劳动

高三是智慧的较量，更是体力的比拼。语文教学尤其如此。

高三的劳动当然应该是两者的结合，但我们的看法是高三首先应该是体力劳动，次要才是脑力劳动。语文写作与测试，文字书写量最大，思考量大，从批阅到讲评，都是重体力劳动。作文的面批，尤其是重体力劳动；统练语文测试卷的批改，更是重体力劳动；这些体力劳动，是脑力劳动的基础，也是高三教学有用高效的前提。

语文学习向来“少慢差费”，事实上是被学生边缘化的学科，在高三阶段也不例外。作文批改能否及时，测试卷出分能否加快，每阶段复习的效果能否量化，这些东西的反馈在语文学科都是难题，要解决，有赖于老师的体力劳动，加快阅卷速度，加大阅卷频次，对高三语文教师都首先是严峻的体力挑战。在2014高考变化如此之大的情况下，大量的考点都是全新的，以往的高三教学积累不再有用，于是重新找资料，重新备课，这又是费时耗力的劳动，与答疑面批阅卷分析学生情况又要有机结合，很多内容都是高强度的体力劳动。

（二）应变策略与防变策略

高三是高山，高三更是险滩。差之毫厘，即失之千里。高考备考中有哪些东西有变化？这些变化有哪些是稳定的？这些变化给学生的应试心理和阅卷策略带来哪些影响？应当如何防备意料之外的变化？

2014年语文备考，关于“变”的思考成为重中之重。

2014年高考语文的核心是“变”，我把2014高考的变化归结为“3大变化7小变化”：新增微写作，作文改700，基础语境化，默写语境化，文常变成“万花筒”，新增文化考察，古诗要对比有诗论。

考试院的消息是要把2017年高考的变化在2014年几乎全部实现，这带来2014年高考语文备考的巨大“动荡”，7种变化全部要从零开始做应对准备。关键是考试院命题组对于这些变化也都是“摸着石头过河”：微写作怎么弄？语境本身只是知识的依托还是本身也是阅读命题语料？默写的语境是真的还是假的？文化考察的边界在哪里？

针对这些变化，考试院多次召开座谈会、调研会、现场会。有些变化得到了明确，有些变化始终众说纷纭。最后的考题，仍然出现了承诺之外与意料之外的诸多变化：比如语境基础知识题量与分值的加大，比如背默原先承诺的假语境变成了真语境并且分值骤减，比如大阅读事实上增加了一道题，比如微写作与大家几乎达成默契共识的一道大题变成了三道大题。这些变化，给学生的应考带来了心理干扰，需要现场应变能力。

这种能力，在平时的备考中应当成为一个点，要有相应的训练，要有专门的研究，要有得力的措施，特别是在语文试题处于变动期的高三备考。所以，关于应变策略与防变策略的研究，是一个紧要的命题。

（三）盯人战术与归类打法

这两种关系谈的都是作文，作文之于语文的重要性，不言而喻，所以我们在高三备考中也一直特别重视。我们的作文教学是有非常严谨的“顶层设计”和“底层设计”的，这里谈的这两种关系都属于作文的“底层设计”，是落实层面的东西。

所谓的“盯人战术”，是指人盯人式的作文面批方法；所谓的“归类打法”，是指把学生按作文的问题归类讲授定向分析，做到有用高效。前者首先是重体力劳动，后者侧重在高水准的脑力劳动。我们以为，两者的结合应该是最佳的作文提升路径。

但是，二者的关系也值得琢磨。“盯人战术”是基础，最有用，也最有效，需要教师投入大量的时间精力。“归类打法”是提升，很高端，也很高效，需要教师有一定的教学经验，也需要备课组有共同一致的研究并达成共识。最好的高三作文教学，应该是二者的完美结合。当然，最后的作文成绩，还有最终阅卷标准的影响，也可能让你的作文优势不复明显，这是下面的“阅卷研究”要探讨的问题。

微写作的基本规律是什么？700字的作文如何写？这些命题，有待于进一步的深入研究，作文教学依然是重中之重。

（四）命题研究与阅卷研究

这两种研究是高三语文教师的必修课，命题研究是高三备考的重要科目，对于2014年尤其如此。这种研究，我们一直在努力，与考试院、市教研部、区教研中心一直保持着紧密的联系，听风向，辨动向，看方向。由于2014年的变化有很多待定因素，这种命题研究也大不同于往年。比如，今年学生普遍丢分较多的成语熟语题，以前多次的模拟考都结合在语境里，最后却单拿出来用传统的方式考察，也在启发我们：虽然2014年高考有诸多变化，但是传统的考点复习方式还管用么？在多大程度上还要借鉴？基础知识放在语境里了，基础知识部分如何改换更有效的复习方式？

关于“阅卷研究”，属于“潜学问”，不能不研究。事实上，语文的阅卷标准对最终的成绩影响很大。比如今年，作文标准很宽泛，极宽松，但也并不是没有导向，也并不是不科学。比如微写作，今年定的标准是“普遍得分，不发挥区分作用”，最后的实际操作是这样的吗？今后的导向都是这样的吗？比如12分之多的延伸题，今年的阅卷标准有没有变化？这些，其实有赖于高考之后找渠道做相关的咨询研究，对于以后的备考，其实至关重要。

（五）一年树木与三年树人

我们一直认为：高三不是断代史，高三是三年通史的收官环节。所以，高一高二的教学是高三教学的必要必须的铺垫。回到题目上来说，高一高二的教学要维系一个学科的魅力，奠定一个学科的学生实力，高三的学科应考能力才有着力点出发点。

关于“5 个问题”的探索

在高三的这一年，吸取往届之经验，尤其是 2011 届本备课组上一轮高三的经验。我们重点研究了和落实以下 5 个具体问题：

（一）一轮复习中的详略关系

一轮复习，要在“讲一讲，练一练”，求全而不贪精，以大阅读诗歌鉴赏写作为主，基础文言等为辅，尤其是基础，不可恋战，要寻找时机。我们的策略是用四轮的“每日一练”来强化基础知识，以省出时间保证第一轮第二轮复习的重点突出。

（二）二轮复习中的重点题块的处理

二轮复习，最大的忌讳是被高三上期末和一模试题牵着鼻子走，我们在今年复习中特别注意了这个问题，并且用“重点题块（两轮）”来解决这一问题。

特别要指出的是，二轮复习对于语文学科而言，特别忌讳模考后海淀做一套、东城做一套或者朝阳再做一套的方式，特别是还要求全批全改，限时出分，2014 届语文同样被这一问题所困惑。如果加上作文，语文阅卷量之大，非常人所能想象。能否考虑到学科的特殊性，留待下一届，期待有这样的“政治智慧”。

（三）一轮复习与二轮复习的不同定位

如果说一轮复习是“讲一讲，练一练”，那么二轮复习就是“练一练，讲一讲”。两轮复习要互相支撑，共同发挥作用。如何实现？在我们的资料中，大阅读有第一轮第二轮，诗歌鉴赏有第一轮第二轮，延伸题有第一轮第二轮，写作有渐进式安排，从一开始，我们的规划就是有目的的，有安排的。只有明确了两轮复习之间的关系，才不会因一时的成绩起伏或忧或惧，才能面对学生的状态，引领学生稳步前进。

（四）对待模考试题：全做、选作与改编做

不迷信模考试题，甚至敢于改动模考试题，如果试题有问题，能发现并且让学生尽量也发现；同一套题同一道题，能不能教给学生举一反三的方法，这些都至关重要。所以高三的教师要有魄力，这种魄力是科学而不偏激的，身在题海而能跳出题海，需要的是不断研究高考，不断琢磨高考，这是高三一年我们备课组一直在做的事情。

（五）备课组统一动作与班级自选动作的关系

高三了，在教学上就要整齐划一吗？我们以为，要区别对待。要做到备课组统一动作与班级自选动作的有机结合。统一确定的详略，不能变；统一酌定的作文题，不能改；统一确定的优质资料，必须用；某些知识点的讲授时间，可以有所左右；某些训练点的增删，班级可以有所前后。

致敬与感谢

高三语文备课组，六位教师，各有困难，能各自克服；各有其长，且各展其长。

王芳耀老师，可谓高三语文备课组的“智囊”，学科备课的“领头羊”。高考的各个知识点，皆有深入独到之研究，每有所问，知无不言言无不尽。担当作文文题供应、作文套路备考之任务，担当二模后“重点题块”内容，游刃有余。忍自己眼疾之痛老父卧病之忧，面批作文，讲课答疑，从不懈怠。去年高三，今年又高三，令人敬佩。

徐晓春老师，可谓高三语文备课组的“全能多面手”，学科备课的“带头大姐”。尽其心，竭其力。敢于质疑善于发问，每每在备课组会上引发有价值的思考，乐于分担敢于承受，从高一到高三，每次大小考试的小分细分，主动承担数据细化任务，工作之细，态度之认真，堪称年轻人表率。分担出学案出练习的任务，手勤出活快。为备课组贡献不小。

李澎老师，可谓高三语文备课组“与学生最贴心的人”。高三经验丰富，与学生有天生的亲和力，信其师则随其学，其与学生促膝谈心，对学生耳提面命，从高一到高三，乃办公室一景也。进入高三，工作强度大，答疑任务重，经常“忘其食”“晚其食”。对任何一份小试卷不懈怠，必亲做不辍，尽智竭力以事高三，可以无悔矣！所任教理科六班语文平均分突破 124，拔得实验班头筹。且文科班与樊后君老师合作，夺得文科北京市第一名。

洪学佳老师，可谓高三语文备课组另一位“与学生最贴心的人”。性格温和却做事麻利，不厌其烦且诲人不倦，深得学生的喜欢，深受学生的拥戴。答疑至晚回家，乃是常事；受命出“急活儿”，甫等可就。家里孩子小，学校任务重，家事工作一肩扛，从不误工作。所教四班，语文基础薄弱，洪老师认认真真点滴投入，成绩稳步增长，并最终完成“绝杀”，在平行班拔得头筹，一分耕耘一分收获也。

樊后君老师，年轻有为，后生可畏，是备课组的“勤务兵”和“生力军”。工作第二年，第一次上高三，又受命高三接任文科 13 班班主任，但是工作肯投入，能用心，班主任与任课教师都做得有声有色。坚持跟随王老师听课学习，多方面钻研，能坚持下水做每一套模拟题，难能且可贵。备课之细，工作之认真，完全是一个能担大任的成熟教师。文科 13 班与李澎老师 5 班合作，夺得文科北京市第一名！

汪文龙老师，忝居备课组长之位，受命以来，战战兢兢如履薄冰，未敢懈怠，唯以勤补拙，不负组员之托，唯以学生为念，穿针引线，如是而已。在其位，担其责也。必须感谢，感谢高三备课组五位同仁的支持、信任，使 2014 届高三语文备课组成为一个有力量能战斗的团队，“共谋高三大计，共享学术智慧，共赢最终结局”。

必须声明的是，2014 届高三语文备课组的工作是完全在 2011 级语文备课组高一高二学年工作的基础上的，高三之基石，在高一高二已奠定坚实。所以，还必须感谢宋琳老师，邢永利老师，范淑静老师，张大伟老师，高三的成绩，也有他们智慧的结晶和辛勤的汗水！

未了之心愿，留待 2017 届！

第二章　语文“双课堂”

江湖夜雨十年灯，桃李春风一卷书。

伏脉千里山有色，嚼字咬文辨砾珠。

第一节 “双课堂”与“学习任务群”

一、构建“双课堂”，支撑“任务群”

——例谈“双课堂”在语文新课标新教材中的运用

（一）构建“双课堂”是“学习任务群时代”的刚需

随着2017版新课程标准的颁布，语文教学进入“任务群时代”，新课标新教材时代的语文新课程，要求有情境化任务化学习设计，强调群文阅读，突出专题教学，倡导项目制学习，提出了“整本书阅读”“当代文化参与”“跨媒介阅读”等全新的任务群概念，“学语文无非多读多写”（顾德希先生语），这些高要求的学习任务，也无非还是要在更高质量的“多读多写”上做文章，这就对教师组织有序、丰富、高效的读写交流实践活动的能力提出了更高的要求，而“任务群时代”的语文读写交流实践活动，往往都是需要做长线设计，需要有过程记录，需要充分讨论交流。

传统的语文课堂，以师生间问答为主，采用大班级授课形式，往往是以教为主的课堂，在课堂组织形态上，显然更有利于高效率的讲授教学。这种课堂形式，应对“任务群时代”的语文教学，存在先天不足，拓展语文教学的课堂空间，创新语文学习的组织形式，就显得紧迫和必要，也是新课标的内在要求。

《普通高中语文课程标准（2017版2020修订）》指出：普通高中语文课程应具有相对稳定的结构和富有弹性的实施机制。应在课程标准的指导下，提高教师水平，发展教师特长，引导教师开发语文课程资源，有选择地、创造性地实施课程；把握信息时代新特点，积极利用新技术、新手段，建设开放、多样、有序的语文课程体系，使学生语文素养的发展与提升能适应社会进步新形势的需要①。

信息时代的语文课，让“双课堂”生逢其时。“双课堂”是著名语文特级教师顾德希先生早在2002年左右提出的构想，是指“线下传统课堂（现实课堂）”结合“线上虚拟课堂（虚拟教室）”构成的新课堂生态。顾先生指出：虚拟课堂与现实课堂有不同的功能和取向②。虚拟课堂更适合学生自主学习，在虚拟课堂中，教和学的方式都和现实课堂不一样。在“双课堂”条件下，教学不一定采取单线推进的模式，一条线往下走。由于虚拟课堂弥补了现实课堂所受的限制，非常适合组织多元的自主学习。反过来说，现实课堂也有虚拟课堂所不具备的优势，老师与学生可以面对面地进行交流。对于统一要求的教学内容在现实课堂上易于落实，比较有效率。简单地说，虚拟课堂特别利于解决个性问题，利于发展学生的个体，而现实课堂更利于解决共性问题，也就是共同需要掌握的，或者都有兴趣的问题。因此，将两个课堂的优势互补，可以非常有效地优化常态课堂教学，提高教学质量。

笔者用下面的图示，来展示“双课堂”与“学习任务群”的关系：

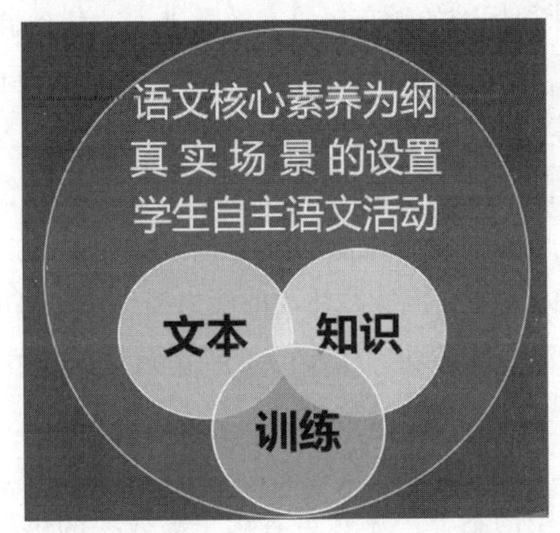

①《普通高中语文课程标准（2017版2020修订）》1.4注重时代性，构建开放、多样、有序的语文课程。

②顾德希著《归元返本，面向未来——语文专家顾德希教学文集》第76页。

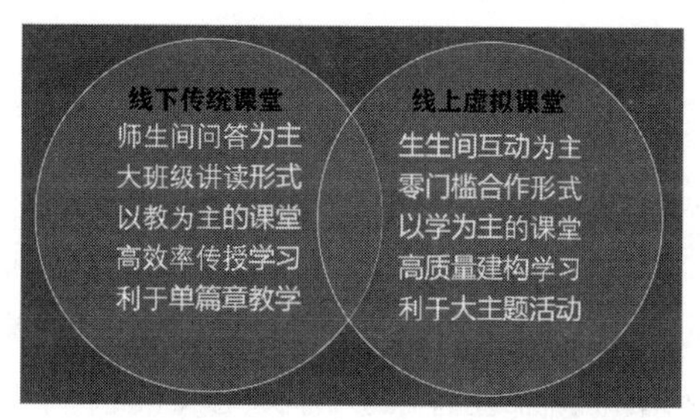

“学习任务群时代”的语文教学，要以语文核心素养为纲，通过真实场景的设置和学生自主语文活动来融通“文本、能力和知识”，对提高教学质量提出了高要求，笔者自2003年即持续参与了“语文课程信息化”的相关探索，早先的探索，或受制于观念与教材，或受限于技术手段，“双课堂”的尝试一直只能在小范围进行，靠有兴趣有毅力的教师坚持实践。随着“任务群时代”的到来，随着智能移动终端的迅猛发展，“双课堂”的优势也日渐明显，并进一步升级为“现实课堂”与“多元线下学习”两种互补的形式。要提升教育质量，支撑“学习任务群”，构建“双课堂”正成为一种刚需。

（二）构建“双课堂”是“泛在学习时代”的刚需

“泛在时代”即无所不在的移动智能网络时代，具有在任何时间、任何地点，任何人和任何事情都可利用的便捷。“泛在学习”是指每时每刻的沟通，无处不在的学习，是一种任何人可以在任何地方、任何时刻获取所需的任何信息的方式。就是利用信息技术，学生可以在任何地方、任何时刻使用手边可以取得的科技工具来进行学习活动。

信息技术的进步为“泛在学习”提供了可能。公众号、学习类APP、微博、朋友圈、B站、短视频等“泛自媒体”随着4G、5G技术的应用进入每个人的视野，微信群、钉钉等带来虚拟学习空间创建的快捷，班级小管家等各种打卡投票小程序带来大数据统计反馈的便利。技术门槛的降低也带来教师使用新技术改进课堂形式的可能。

疫情期间，“线上授课”“线上学习”更成为刚性需求，这是由微信答疑群、线上微课，线上打卡工具等构成的一个“线上学习时代”。“线上微课”呼应“泛在学习”，“泛在学习”呼唤“线上线下结合的‘双课堂’教学”。

在“泛在学习”时代，语文教师必须有大资源观，将各种媒介的学习资料纳入自己的备课视野，过去那种“课文讲读（读课文、讲课文、分段归纳找中心）”模式的语文教学，已然跟不上形势。

比如：必修上第五单元“实用性阅读与交流”任务群，人文主题为“抱负与使命”，有马克思的《在〈人民报〉创刊纪念会上的演说》、恩格斯的《在马克思墓前的讲话》、李斯的《谏逐客书》与林觉民的《与妻书》两课4篇文章。在单元学习时，预设了“把脉时代，担当使命”这一主题演讲单元情境任务，笔者准备配套以下两类学习资源：

1. 单元配套泛读文章类学习资源

（1）习近平《在纪念马克思诞辰200周年大会上的讲话》

（2）马克思《青年在选择职业时的考虑》

（3）马克思《给工人议会的信》

（4）李卜克内西《在马克思墓前发表的悼词》

（5）爱因斯坦《悼念玛丽·居里》

（6）魏征《谏太宗十思疏》

（7）诸葛亮《出师表》

（8）方声洞《禀父书》

（9）陈觉《与妻书》

（10）聂荣臻《给父母的一封信》

（11）何庭波《致华为海思员工的一封信》

2. 其他类配套学习资源

（1）中央电视台5集通俗理论对话节目《马克思是对的》视频——《你好马克思》《洞悉世界的眼睛》《不朽的〈资本论〉》《解放全人类的胸怀》《千年思想家》。

（2）“学习强国”平台视频节目《北京大学：〈在纪念马克思诞辰200周年大会上的讲话〉读书分享》

（3）书信朗读节目《见字如面》中演员赵立新朗读版《与妻书》视频。

（4）中央电视台《信·中国》节目《江姐的一封托孤信》视频。

（5）北京卫视《我是演说家》节目两段视频：梁植《我的偶像》与陈行甲《网红书记辞官做慈善》。

（6）东方卫视《这就是中国》节目第24集《国际视野下的中国共产党》与第76集《中国北斗创新前行》视频。

以上学习资源，第一类 11 篇为阅读文章，第二类 6 种为音视频资源，在今天的技术条件下，学生通过网络平台都很容易获得，但是要完成这些任务，如果不能把“泛在学习”的优势调动起来，不能把“线下学习”的优势发挥出来，就很难完成预设的学习任务。如果没有线下学习的铺垫或后延，“现实课堂”的效率与优势也很难发挥出来。

构建“双课堂”，优化课堂形式，扩大课堂容量，让整个学习过程“烧脑走心”，成为“泛在学习时代”的刚需。

（三）“学习任务群”的要求和与之配套的“双课堂”设计举隅

1. 基于“双课堂”的“整本书阅读与研讨”任务群设计

1.1《红楼梦》与“双课堂”

《红楼梦》的整本书阅读，要实现全员读起来，持续读下去，分层有指导，过程有记录，相机有研讨，课堂有提升的整体学习目标。笔者和同事在高一下学期根据新教材的要求，做了“双课堂”支持《红楼梦》的设计，步骤如下：

学习步骤一：逐回打卡（线上主题栏目进行，5 回 1 组，24 组打卡闯关，随时线下课堂公示反馈阅读打卡进度，以“先读”带动“后读”）

任务23：《红楼梦》分回检测（101-110回）
汪文龙 2020年04月11日 20:46
任务23：《红楼梦》分回检测（101-110回）
156 47 0

任务24：《红楼梦》分回检测（111-120回）
汪文龙 2020年04月11日 20:47
任务24：《红楼梦》分回检测（111-120回）
80 20 0

学习步骤二：分回交流（线上音频交流，全体同学轮流参与，亦可现实课堂课前 5 分钟分享，每 9 回一轮线上投票，推选优秀选手，现实课堂表彰）

任务4:《红楼这回我主播》（5分钟音频分享，自选话题）

汪文龙 2020年02月17日 08:35

按学号，从4月27日始，上课日每天三个学号，顺次轮替，并请同步发送到语文微信群。

116 21 0

请选择你最喜欢的讲解回目 [多选题]

选项	小计	比例
第一回 陈凯心	20	60.61%
第二回 陈若渠	13	39.39%
第三回 陈若渠	10	30.3%
第四回 崔鼎原	26	78.79%
第五回 甘鹿扬	4	12.12%
第六回 高西来	2	6.06%
第七回 顾芸萌	18	54.55%
第八回 何佳玥	3	9.09%
第九回 黄俊超	3	9.09%
本题有效填写人次	33	

你最喜欢的三回讲解 [多选题]

选项	小计	比例
第28回 曲子烜	6	20%
第29回 阙映川	8	26.67%
第30回 汪佳萱	7	23.33%
第31回 王誉景	20	66.67%
第32回 王誉羲	6	20%
第33回 吴迪	13	43.33%
第34回 吴紫菱	1	3.33%
第35回 熊曼纾	10	33.33%
第36回 徐艺宁	19	63.33%
本题有效填写人次	30	

学习步骤三：多元学习（给学生推荐多元化线下《红楼梦》学习资料，音视频、公号文章等，驱动学生学习兴趣）

《红楼梦》“线下多元学习资源”一览

音频资源类——吉劭居讲读《红楼梦》、马瑞芳品读《红楼梦》

视频资源类——电视剧《红楼梦》(1987)、《走进大观园》(12集×15分钟)

公号资源类——“实验教师讲《红楼》”“实验学子读《红楼》”

桃李国学苑“桃李话红楼”

学习步骤四：分层研讨（利用网络虚拟分层功能，实现班级的《红楼梦》学习分层，分层教学内容不同，实现让不同层次同学都有收获，先后进步）

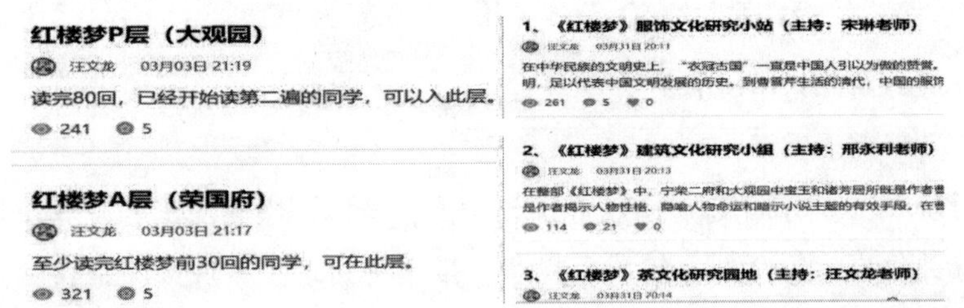

学习步骤五：主题讲读（根据整体学习进度，相机做线上“红楼学情调研”，择机在现实课堂进行传统的主题讲读活动，解决阅读过程中的共性“生成问题”）

下面为“红楼学情调研”的示意图：

第 1 题　截至今天，《红楼梦》我阅读到了　[单选题]

选项	小计	比例
读了不到十回	97	21.13%
读了十几回了	114	24.84%
读了二十几回了	71	15.47%
完成寒假任务，前三十回读完了	101	22%
超过四十回了	76	16.56%
本题有效填写人次	459	

第 2 题　在家学习期间，我希望红楼梦学习的方式　[多选题]

选项	小计	比例
看老师的微课	312	67.97%
看网上现有的视频讲座	110	23.97%
老师直播，现场答疑	114	24.84%
给时间自己读	332	72.33%
本题有效填写人次	459	

以下为“主题讲读”设计（针对“线下讨论”的任务 25 和任务 26 的学生问题，教师在现实课堂做解读）：

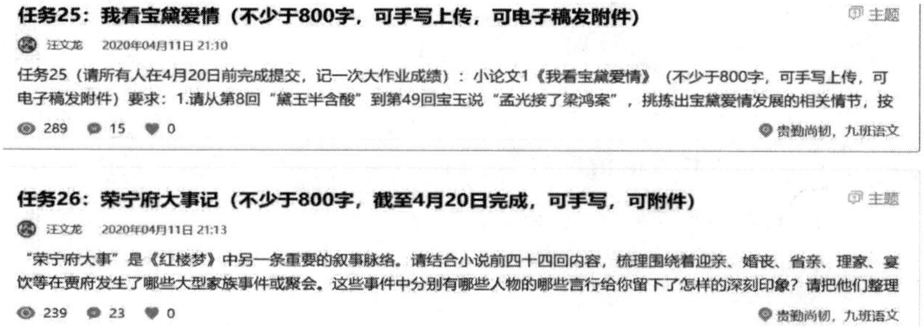

任务25：我看宝黛爱情（不少于800字，可手写上传，可电子稿发附件）　主题

汪文龙　2020年04月11日 21:10

任务25（请所有人在4月20日前完成提交，记一次大作业成绩）：小论文1《我看宝黛爱情》（不少于800字，可手写上传，可电子稿发附件）要求：1.请从第8回“黛玉半含酸”到第49回宝玉说“孟光接了梁鸿案”，挑拣出宝黛爱情发展的相关情节，按

289　15　0　贵勤尚韧，九班语文

任务26：荣宁府大事记（不少于800字，截至4月20日完成，可手写，可附件）　主题

汪文龙　2020年04月11日 21:13

“荣宁府大事”是《红楼梦》中另一条重要的叙事脉络。请结合小说前四十四回内容，梳理围绕着迎亲、婚丧、省亲、理家、宴饮等在贾府发生了哪些大型家族事件或聚会。这些事件中分别有哪些人物的哪些言行给你留下了怎样的深刻印象？请把他们整理

239　23　0　贵勤尚韧，九班语文

步骤六：公号推送（以下左为学生作品，右位教师作品，通过语文组的公号，及时推送学生与教师解读《红楼梦》的作品，实现学生作品的发表，师生同台展示，发挥“外溢效应”）

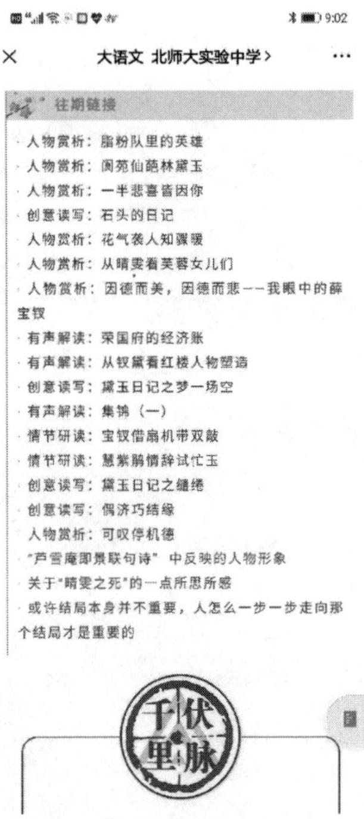

9:02

大语文 北师大实验中学 >

往期链接

· 人物赏析：脂粉队里的英雄
· 人物赏析：阆苑仙葩林黛玉
· 人物赏析：一半悲喜皆因你
· 创意读写：石头的日记
· 人物赏析：花气袭人知骤暖
· 人物赏析：从晴雯看芙蓉女儿们
· 人物赏析：因德而美，因德而悲——我眼中的薛宝钗
· 有声解读：荣国府的经济账
· 有声解读：从钗黛看红楼人物塑造
· 创意读写：黛玉日记之梦一场空
· 有声解读：集锦（一）
· 情节研读：宝钗借扇机带双敲
· 情节研读：慧紫鹃情辞试忙玉
· 创意读写：黛玉日记之缱绻
· 创意读写：偶济巧结缘
· 人物赏析：可叹停机德
· “芦雪庵即景联句诗” 中反映的人物形象
· 关于“晴雯之死”的一点所思所感
· 或许结局本身并不重要，人怎么一步一步走向那个结局才是重要的

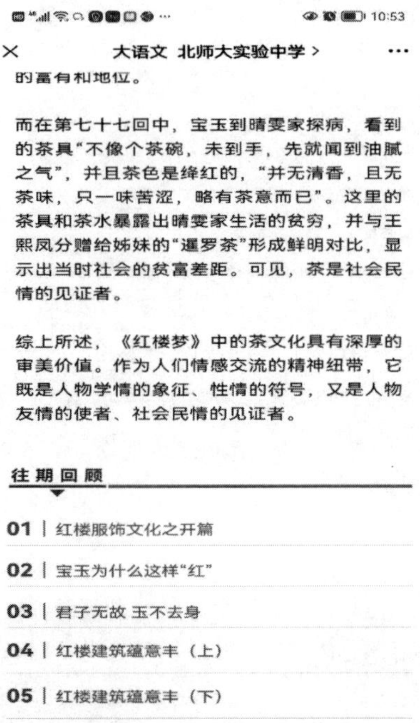

千伏里脉

10:53

大语文 北师大实验中学 >

的富有和地位。

而在第七十七回中，宝玉到晴雯家探病，看到的茶具“不像个茶碗，未到手，先就闻到油膻之气”，并且茶色是绛红的，“并无清香，且无茶味，只一味苦涩，略有茶意而已”。这里的茶具和茶水暴露出晴雯家生活的贫穷，并与王熙凤分赠给姊妹的“暹罗茶”形成鲜明对比，显示出当时社会的贫富差距。可见，茶是社会民情的见证者。

综上所述，《红楼梦》中的茶文化具有深厚的审美价值。作为人们情感交流的精神纽带，它既是人物学情的象征、性情的符号，又是人物友情的使者、社会民情的见证者。

往期回顾

01 | 红楼服饰文化之开篇
02 | 宝玉为什么这样“红”
03 | 君子无故 玉不去身
04 | 红楼建筑蕴意丰（上）
05 | 红楼建筑蕴意丰（下）

1.2《论语》与“双课堂”

读《论语》，明明德

汪文龙 2020年09月17日 18:27

《论语》整本书阅读，近圣乃得真孔子！

46 20

环节一：《论语》十二章精读（线下）

环节二：自主研读+微写作（线上）

结合 12+18 章论语，从下面三个话题中任选其一，围绕它写一篇小短文，并与同学们展开讨论，题目自拟：

· 阅读《道不远人》中《论语》第四讲，你对学习有哪些新的认识？孔子的学习观对我们今天有哪些启发？

· 阅读《道不远人》中《论语》第五讲，你对“仁”有哪些新的认识？你认为当今社会的哪些品质、行为可以称得上是仁？哪些身边的人物，可以称为“仁者”？

· 阅读《道不远人》中《论语》第六讲，你对“君子”有哪些新的认识？“君子”是中国传统社会的理想人格，你认为在如今的社会提倡做一个君子当代价值何在？为了个人和社会需要如何去做？

要求：自选角度，话题相对集中，不用面面俱到。

环节三：自主分组研读+微写作（线下）

20 组（2~3 人每篇一组）完成“研读任务单”：

任务单 1：本篇章句工整抄写及文意梳理

任务单 2：本篇章句内容概括及主题归类

任务单 3：本篇章句所涉之参读章句列表

任务单 4：源于本篇章句的成语熟语整理

任务单 5：最有感触的本篇章句深度阐释

尧曰篇第二十（李奕含、吴迪） 主题
汪文龙 2020年09月17日 18:33
尧曰篇第二十（李奕含、吴迪）
42 3 0 贵勤尚韧，九班语文

微子篇第十八（顾芸萌、贾嘉） 主题
汪文龙 2020年09月17日 18:34
微子篇第十八（顾芸萌、贾嘉）
28 3 0 贵勤尚韧，九班语文

顺序	篇名	小组成员			汇报时间
1	尧曰	李奕含	吴迪		9.17
2	阳货	蒋知函	李熙民		9.18
3	微子	顾芸萌	贾嘉		9.22
4	季氏	曲子烜	张一博		9.27
5	学而	刘颖心	虞陶然		9.29
6	泰伯	黄俊超	李良邦		9.30.
7	为政	康子熙	赵逸鸣		10.9
8	颜渊	刘诗远	张天意		10.10.
9	先进	高西来	廖宇瑄		10.13
10	子张	陈恺心	杨子默		10.14
11	八佾	黄可萱	徐艺宁		10.15
12	里仁	陈若藻	何佳玥		10.16
13	乡党	李盈欣	吴紫菱		10.20.
14	公冶长	李孟依	汪佳萱		10.21
15	雍也	黄浦昀	阙映川		10.22
16	子路	陈叙苏	许睿泽	赵一辰	10.23
17	子罕	刘偌易	余瑶		10.27
18	述而	崔鼎原	王誉景	李宗润	10.28
19	卫灵公	刘笑珊	王誉羲	熊曼纾	10.29
20	宪问	黄子萌	许一山	左泽成	10.30.

环节四 《论语》大写作归结（线上）

- 《论语》整本书阅读“写作任务单”
- 任务单 1：《谒明德楼孔子像偶得》/《致孔子》
- 任务单 2：《假如我与孔子生活一天》/“故事新编 · 孔子篇”
- 任务单 3：《中国式____________》/《我看孔子》/《我论儒家》

《论语》线下助读资料：

1. 音频资源——鲍鹏山全解《论语》
2. 视频资源——电视剧《孔子》(1991)
3. 公号资源——桃李国学苑“李山说孔子”、章黄国学“孔子曰”

2. 基于“双课堂”的“当代文化参与”任务群设计

《普通高中语文课程标准（2017 版 2020 修订)》中关于“当代文化参与”

任务群里有这样的要求：关注当代文化生活，开展社区文化调查，搜集整理材料，对社区的文化生活方式、风俗习惯、思想观念、生活演变等进行分析讨论，增强弘扬社会主义核心价值观的自觉性。通过各种传媒，关注当代文化生活观点，聚焦并提炼问题，展开专题研讨，解释文化现象，积极参与社会主义先进文化建设，提高对各种文化现象的认识能力和阐释自己见解的能力。建设各类语文学习共同体（如文学社团、新闻社、读书会等），在阅读、表达中探析有关文化现象，拓展视野，培养多方面语文能力；通过社会调查、观看演出、参与文化公益活动等，丰富语文学习方式，积极参与当代文化生活。

根据这些要求，我们因地制宜地设计了以下两个学习活动。

2.1 基于“双课堂”的“我和我的祖国”主题采访活动

利用“双课堂”形式，我们设计了“当代文化参与”任务群的“我和我的祖国”专题采访活动。

活动要求：

采访身边相关人物，搜集相关历史、文化资料，写一篇《×××与祖国》（或自拟题目），体现个人命运和国家的关联，或个人对国家的思考。

活动成果：（形式二选一，不少于200字，提交后至少点评2位同学的作品，线上提交）

形式1——记叙抒情类文章：可以采访某一个人或一个集体、一组人物身上的与祖国有关的故事，写出时代变动下个人命运与国家的关系，个人在历史浪潮中所感受到的对祖国的情感。

形式2——记叙议论类文章：可以采访若干不同年代、身份、经历的人，形成一组有机的人物采访拼盘，形成自己对祖国概念、家国情怀思索之后的较为理性的认识。

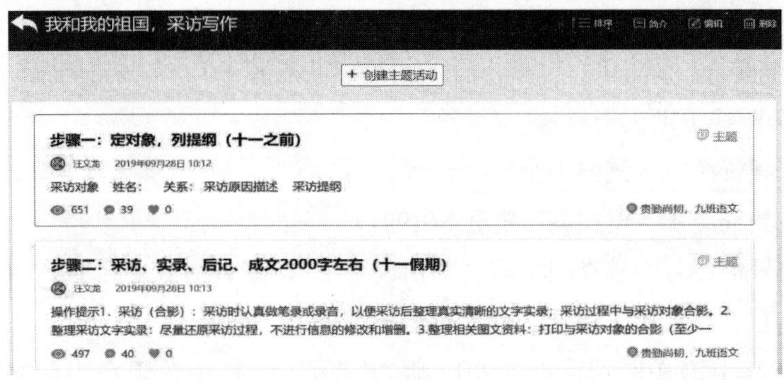

活动步骤：

（线下提交）步骤一：定对象、设提纲

（线上记录）步骤二：采访、实录、后记、成文 2000 字

（线下提交）步骤三：删改修订

调查及成文准备

1）访谈前应根据访谈对象的年龄、籍贯、职业等，查阅资料，对相应年代的历史、相应地理民俗、访谈对象的工作性质和习惯等有前期了解，方便提问。

2）访谈中提出问题应具体明确，切忌笼统，含糊不清。可将问答变为交谈，使访谈气氛融洽一些。交流中要注意倾听受访人的看法，随时给予积极回应。访谈结束后要及时整理访谈记录，整合访谈内容，为最后的整理写作准备好基础材料。

3）采访过程中，在征得对方同意的情况下，可以使用录音笔或录像设备。

4）参看影视：《无问西东》《我们走在大路上 · 神州腾飞》（线上资源）

5）参考文章：《喜看稻菽千重浪》《“探界者”钟杨》《王选的选择》

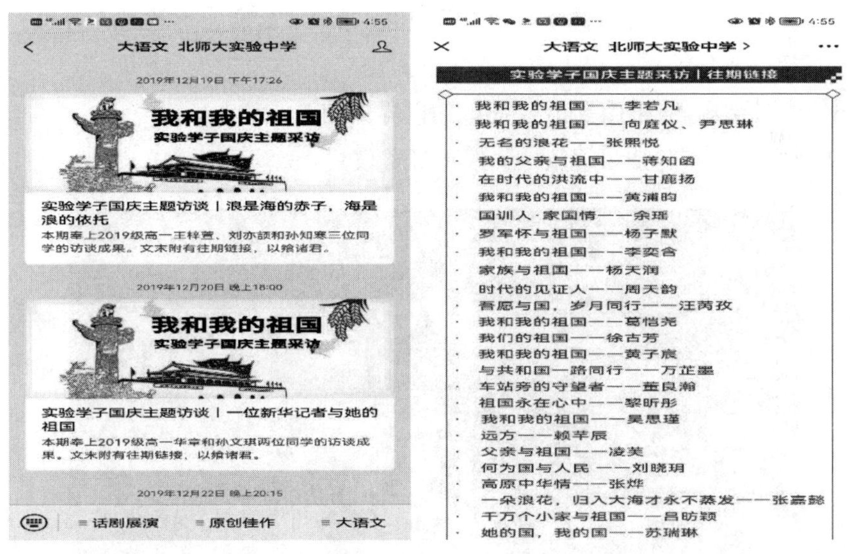

2.2 基于“双课堂”的“走进一家书店”专题调查活动

活动内容：

请独行或结伴，择日踏访北京一家或几家书店，观察采访相关人等，发掘背

后的故事，思考书店对于城市的意义，书店该如何更好地运营等等……

请以小切口故事讲述个人（或集体）在书店的经历、见闻，与书店的情感等人生百态，挖掘城市文脉的记忆与传承……

组织形式：

1~4 人为一小组，倡导团队分工合作（视频记录，线上提交）

活动时间：即日起至 2019 年 11 月 29 日

成品内容：

1）内容要求：

可选用多种方式，不同角度来讲述百姓与书店之间的故事。内容既可以感人肺腑，也可以调侃有趣；可以展现关于书店的时代变迁，定格读者与书店的美好瞬间；也可以采用新媒体表述方式，来分享关于书店的新鲜事。

所有作品必须为原创作品，不得抄袭、剽窃。

2）格式要求：

所有作品均需注明班级、姓名、性别、年龄、拍摄地点、联系电话；

提交的小组一套作品需包括：

照片（不少于 5 张）+文字（不少于 1000 字）+音频（不超过 5 分钟）+微视频（不超过 8 分钟）。（以上内容均线下提交）

访谈参考文章：《上图书馆》《那里的世界只剩下一种人》

“走进一家书店”成果展示——线下颁奖仪式：

“走进一家书店”线上虚拟课堂成果展示——公号推送文章：

“走进一家书店”——成果结集及文章发表：

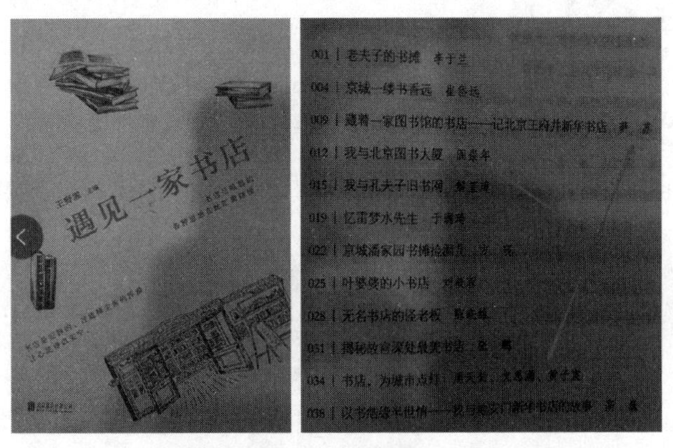

3. 基于“双课堂”的“思辨性阅读与表达”任务群设计

《普通高中语文课程标准（2017 年版）》关于“思辨性阅读与表达”任务群有这样的“表述”①：阅读古今中外论说名篇，把握作者的观点、态度和语言特点，理解作者阐述观点的方法和逻辑。阅读近期重要的时事评论，学习作者评说

①《普通高中语文课程标准（2017 版 2020 修订）》

国内外大事或社会热点问题的立场、观点、方法。在阅读各类文本时，分析质疑，多元解读，培养思辨能力。

所以，我们利用“双课堂”设计了以下两个学习活动：

3. 1 基于“双课堂”的“时文读思写（说）”

我们的活动基于肇始于 2011 年的我校特色报纸《伏脉时文报》，从 2011 年到 2021 年，我们从报刊中确定有价值的话题，配套若干文章，形成讨论话题。

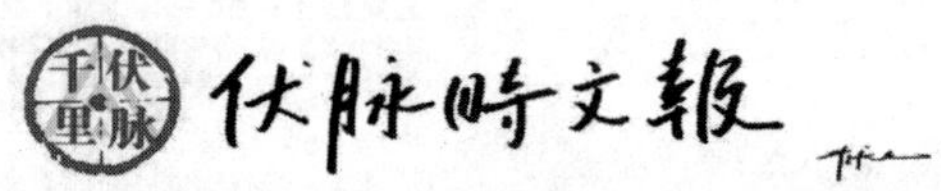

2021.10（第 150 期）

专题：《功勋》热播 · 反对过度娱乐化 · 警惕体育“饭圈化”

《伏脉时文报》第134期（2020.10）（专题：深圳精神 · 女排精神）
《伏脉时文报》第135期（2020.11）（专题：弘扬抗美援朝精神）
《伏脉时文报》第136期（2020.11）（专题：脱贫攻坚战中的时代楷模）
《伏脉时文报》第137期（2020.11）（专题：救人警察不会游泳，救还是不救？）
《伏脉时文报》第142期（2021.4）（专题：缅怀先驱 · 励志博士 · 慢火车 · 减贫白皮书）
《伏脉时文报》第143期（2021.5）（专题：内卷 · “祝融”巡火星 · 49中舆情 · 打投倒奶）
《伏脉时文报》第144期（2021.5）（专题：国士无双 · 坐公交进京 · 野象进城）
《伏脉时文报》第145期（2021.6）（专题：“土猪拱白菜”演讲 · “洛神水赋”出圈）
《伏脉时文报》第146期（2021.9）（专题：奥运观察 · 治理“饭圈” · 教育“双减”）
《伏脉时文报》第147期（2021.9）（专题：健康审美 · 网络“失语症” · 00后做慈善）
《伏脉时文报》第148期（2021.9）（专题：晚舟归国）
《伏脉时文报》第149期（2021.10）（专题：国货渐潮 · 航天年轻人 · 《长津湖》 · “奇妙游”）
《伏脉时文报》第150期（2021.10）（专题：《功勋》热播 · 反对过度娱乐化 · 警惕体育“饭圈化”）

以下是“时事话题”讨论的组织流程，有些在线下进行，有些在线上开展：

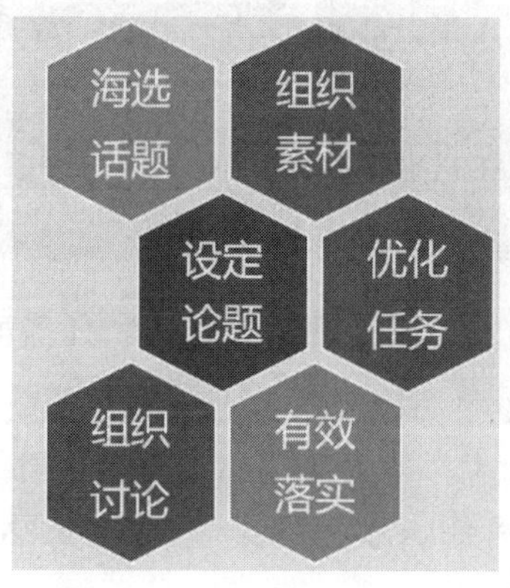

（第 80 期）2017.2

专题：国学传承

【文 1】把唐诗用摇滚唱给你听——让传统文化活起来

2016年06月02日　人民日报

【文2】当国学遇上“互联网+”：如何才能走的更远？

2016年04月09日　人民日报

【文3】现代社会为什么需要国学经典

2016-08-29　　人民论坛网

【文4】虚热的“国学热”：低俗化？不治本？

2016-06-18　　新京报

下面的讨论，在“虚拟课堂”展开，把有意义的纠结话题再引入“实体课堂”，再讨论，再提升。

“国学传承”专题 · 阅读思考

1、在【文 1】中，王宁教授说：传统文化的普及推广，是新时代的经世致用，要去影响社会，而不是迎合社会。请结合你所了解的某种传统文化的例子谈谈你对这句话的认识。

2、请结合【文 1】【文 2】以“我看雅与俗”为题，写一段文字，阐述你的看法，不少于 150 字。

3、【文 3】说今天的生活中存在很多来自中国经典的精神“日用而不知”的言行轨范，除了文中的例举，你认为还有哪些？请最少举出两例。

4、【文 4】提到的“国学”的定义有哪几种？你最认同哪一种定义？为什么？

5、（2015 西城二模）最近有网上消息说“在新修订的初中语文教材中，国学篇目所占比重约增至 35%”。请写一段不少于 150 字的文段，发表你对此一举措的看法和认识。要求观点明确，有说服力。

3.2 基于“双课堂”的“主题读思写（说）”

流程一：确定思辨读写话题

流程二：配套若干阅读文本

流程三：优化任务集群课例

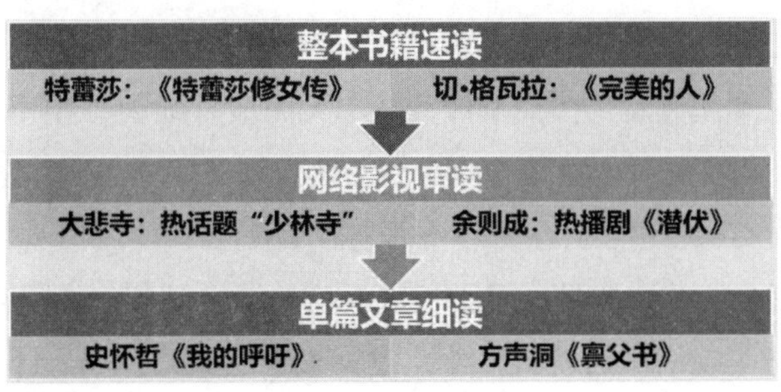

“虚拟课堂”讨论话题——以“信仰”为例：

有人说：我们正处在一个缺乏信仰的时代。何为信仰？你如何看待信仰？请结合以下材料及此前的阅读铺垫，谈谈你对“信仰”的认识。

请结合具体材料来谈，或对某一则材料发表感想，或结合几则共性材料谈，或就同学的看法发表补充或反对意见。

二、构建“双课堂”，创新语文教学设计

——基于“双课堂”的三种语文创新教学模式

“双课堂”即“利用网络构建‘虚拟教室’，以‘虚拟教室’与‘现实课堂’互为补充、互为延伸所形成的教学环境为依托，组织学生开展语文学习活动”的教学组织形式，是顾德希老师2002年提出的概念设想（《语文教学的信息化——谈“双课堂”》）。“双课堂”能够借助信息化手段，弥补传统课堂教学的一些弊端，如课时限制，实体课堂容量有限，教学难度难以满足学生个性化需求等，从而为语文课堂教学带来了全新的优化方式。从2002年“双课堂”概念提出以来，笔者一直在此领域坚持探索。在大量案例的基础上，总结出以下三种基于“双课堂”的语文创新教学模式。

语文教学要进入“核心素养时代”，借力数字化工具资源的“双课堂”能够实现“核心资源、拓展资源和工具资源一体化”，把诸多资源有效整合起来，“用教材教”而不是“教教材”。所谓的“核心资源”是指传统意义上的语文教材资源，所谓的“拓展资源”是在学习任务群实施中根据教学任务需求配套的教材以外的所有资源，所谓的“工具资源”是指把两者结合起来的平台等。有了一体化的资源平台，有了“双课堂”，才能实现语文的创新教学设计。

语文教学进入“核心素养时代”，单篇教学升级为专题教学，单元任务变身“任务群”，单文本阅读变为多文本阅读，单元阅读升级为“整本书阅读”，就要求教师组织有序丰富高效的读写交流实践活动，对学生有更强的思维挑战和更高的审美要求，就要求教师设计多元学习任务，设置长线学习活动，学生要有更多的言语实践和更大的阅读体量。要承担以上的教学新任务，必须升级传统课堂为“双课堂”，才能实现语文的创新教学设计。

语文教学进入“核心素养时代”，呼唤具有连续性、实践性和互动性的语文“创新课堂”。传统的语文课堂，受制于班级化教学模式，语文课往往被切割成断点，连续性不够；受制于传统教学重知识传授技巧训练的功利主义，实践性不足；受制于大班额，互动性不理想。要解决传统语文教学的积弊，必须构建“双课堂”，才能出现语文的创新教学设计。

（一）“主题阅读写作”模式，利用“虚拟课堂”实现在线即时“写作”

主题阅读写作，是使学生养成良好的读写习惯的一种网络与现实结合的教学模式。其特点是：把话题（即某个主题）作为进行具有一定深度与广度的阅读的抓手，使各类学生从不同层次不同角度对话题加以解读，并从而进行写作。这样的写作，是与阅读紧密联系着的。具体做法如下：

1. 从教材单元中生成一个或几个话题，每个话题下辅以若干阅读材料，可以有教材内的，更多的是拓展开来的。

2. 每个话题的支撑材料，学生自行安排时间阅读，可以自由交流。

3. 适当时候统一安排两课时，利用“虚拟课堂”完成写作任务，提交、交流。

4. 若干话题的阅读写作，形成学年规划。高中三个学年不间断。

以“勇者”“信仰”这两个主题读写为例，我们看一看这种模式的具体操作过程和教学效果。

在必修三第二单元（古今应用文）学习完毕之后，我们依托该单元的文章《禀父书》生成话题“信仰”。

在“信仰”这一主题下，以《禀父书》里方声洞为理想不惜牺牲的事例素材为核心，补充《（藏民）朝圣路上散尽家财》《阿米绪青年拒服兵役》《大悲寺坚守佛教道义》《切·格瓦拉为理想拼搏一生》《得到神之召唤的特雷莎》《“非洲圣人”史怀哲》《〈潜伏〉剧中余则成、李涯的信仰》这七则素材，形成3891字的主题读写资料。

在落实读、写与读写结合方面，阅读有话题的引导，学生的网络发帖就是学生在线即时“写作”过程，读是写的前提，写是读的升华。写的过程中还有同伴的及时交流，相互启发，互相碰撞，能够推动对材料阅读的由粗到细，能够实现对话题认识的由浅入深，从而形成一个动态的“主题读写磁场”。数据统计如下：

材料字数：3891 字　　发帖总量：15589 字

阅读时间：15 分钟　　讨论时间：25 分钟

平均发帖：3 人/次

“信仰”这一主题的生成，有这样的想法：作为黄花岗七十二烈士之一的方声洞，为了理想不惮于献出自己的生命，没有革命信仰的支撑，这样的勇气与决心是很难想象的。正赶上当时谍战电视剧《潜伏》的热播，剧中男主角余则成有这样一句台词：“我一次次地潜伏，是因为革命是我的信仰，因为潜伏的背后有我热切期盼的幸福。”又提到了信仰的话题。在这个教学单元的前一段时期，正好给学生推荐了关于切·格瓦拉的书籍，这里面正好也有信仰的话题。在更早的一段时间，我们又做过关于河南少林寺和辽宁大悲寺的讨论，这里面也有宗教信仰的话题。于是，我们把“信仰”这一主题确定下来，根据以上的线索又补充了一些资料。考虑到两节“虚拟课堂”的读写效果，我们把资料做了一些整合处理，精编成 3891 字。

所以，主题读写资料的生成是需要有宽阔的“教学视野”的，而这样的主题读写又能够把教材的文本话题，当下的社会热点和过去的教学铺垫在一个主题之下有机地整合起来，利用“虚拟教室”的平台有效地完成阅读写作任务。

在读写资料的选择上，也有一些讲究，基本考虑是：

1. 内容要有一定的新鲜度，要能够给学生阅读的新鲜感。

2. 主题要有一定的冲击力，要能够给学生心灵的撞击力。

比如《朝圣路上散尽家财》这一则材料：去拉萨朝圣，这是每一个藏人心中的愿望，他们从青海出发，从甘孜、阿坝出发，或者从迪庆出发，甚至从尼泊尔和印度出发，三步一叩拜，然后一个全身匍匐，再以额头叩击大地，他们就是以这种用血肉之躯丈量着与拉萨之间的距离。一路上他们经历暴雨、狂风、洪水、烈日，翻过无数座垭口仍然看不到山的尽头，即使走了一年也依然无怨无悔，不会退缩，更不会有丝毫的懈怠和偷懒。

比如《切·格瓦拉为理想拼搏一生》《得到神之召唤的特雷莎》等材料。

3. 选材尽量贴近社会热点，以把话题引入现实。

比如《〈潜伏〉剧中余则成、李涯的信仰》这一则材料。

4. 主题尽量从教材中引出，实现对教材的阅读延伸。

比如《方声洞的信仰》这一则材料：《禀父书》里说得明白。

5. 主题的切入要有多个角度，给学生留下足够的探索空间。

“主题读写”活动贵在系统化，成系列，我们依据以上的一些基本原则，在新一轮的“整合”试验中开发设计了一系列主题读写模式的资源。

目录如下：

1. 勇者/守护（高一上）

2. 信仰（高一上）
3. 境界（高一下）
4. 异化（高一下）
5. 说“智”（高二上）
6. 说“义”（高二上）
7. 自然的启示（高二上）
8. 孔孟的启示（高二下）
9. 说“争”（高二下）
10. 说“孝”（高二下）
11. 国学传承（高三上）
12. 共享单车（高三上）
13. 诗词大会（高三上）
14. 文化自信（高三下）
15. 铭记历史（高三下）
16. 知识付费（高三下）

（二）“泛读整合精读”模式，整合泛读虚拟教室和精读实体课堂

泛读整合精读，是立足于充分发挥学生的主动性把一定量的泛读和精读作品有效整合的一种网络与现实结合的教学模式。其特点是：围绕某篇精读作品，配套若干泛读材料，在精心的教学安排下，使精读材料与泛读材料形成互为补充的有效教学链条，引导学生以泛读为精读充分铺垫，再由精读顺畅地走向泛读，以期实现对精读作品解读的“螺旋式上升”的过程。

具体做法如下：

1. 选定一篇精读作品，该作品或者解读难度较大，或者联系着一位重要的作家，需要学生对作品或作家做深度解读，传统的教学方式费时费力，且在这种方式下学生参与度很低。

2. 分析精读作品的重点难点，组织若干配套泛读材料。

3. 有效整合“泛读虚拟教室”和“精读实体课堂”，使之形成合理的教学链条。

4. 从单元教学中组织若干类似课型，形成学年规划，使学生养成习惯。

下面我以《登高》教学为例，介绍这种模式的操作及特点。

对学生而言，杜甫的《登高》是一首难度很大的七言律诗，理解这首诗，往往需要补充大量佐证诗篇与背景资料。传统教学解决这一问题费时费力，为了解决这一难点，借助与北京版新课程高中语文教材配套的“虚拟课堂”平台，我设计了“精读结合泛读”古诗教学的课型，精读《登高》教学是这种课型的一个典型案例。

概括地说，具体做法是：九首古诗、一则生平资料，分两节课完成。第一节在“虚拟课堂”泛读杜甫的生平资料与配编在一起的八首诗，引导学生自主合作探究；第二节课在“现实课堂”，引导学生精读《登高》，理解杜甫；最后回到“虚拟课堂”，布置作业固化全部过程的学习成果。

为什么要做这样的设计呢？

一是因为教学内容太难。

二是因为学生对古诗的学法不太有兴趣。

三是因为“虚拟课堂”整合“现实课堂”的优势。

语文教学的核心是“让学生有效地多读多写”，古诗教学尤其应该如此。对于古代诗坛最重要的诗人之一的杜甫，如果不能有效地多泛读一些他的作品，走进他的精神世界，让学生就他或其作品发自肺腑地写一点东西，恐怕不能说我们完成了教学任务。

然而，最最关键的问题是：我们的课时是有限的，教学的任务却是繁重的。

“虚拟课堂”整合“现实课堂”有其无可比拟的优势。

所谓的“虚拟课堂”，形象地说就是我们把语文课改在了一间能上网的计算机教室来上，学生每人一台电脑，同时在线，以类似于“BBS”聊天的方式，根据老师提供的资料和预先设定的讨论问题和研究方向，展开研讨，并最终形成共识。

提供给学生的资料有两个，共计 888 字的杜甫的八首古诗以及 1996 字的《杜甫年谱简编》。我设定了三个问题来组织学生的讨论，学生的自由合作研讨分为三个环环相扣的步骤：1. 泛读《杜甫年谱简编》，初识杜甫；2. 泛读《杜甫诗作八首》，再识杜甫；3. 整合《年谱》《八首》，走近杜甫。整个环节用时 40 分钟，正好一节课。

每一名同学都参与了学习讨论，从数量和质量上均完成了预期的泛读研讨任务。

全班43名同学，共计发言135次（发帖135帖），平均每人发言超过3次（发帖超过3帖），以平均每人发言50字计算，学生发言共计6750字（相当于学生在“虚拟教室”40分钟共同完成了6750字的写作量）。

学生的发言质量参差不齐，但不乏高质量的发言在“虚拟教室”引起了同学的关注和认同，在话题范围内几个同学的发言引发了同学间热烈的讨论，不断有同学加入进来，不断有同学转入别的组的研讨，不断有同学提出新的见解和观点，几个小组讨论同时进行，老师在其中关键处予以点拨，均收到较好的效果。

“虚拟教室”的最大优势在于生生互动、师生互动，在于生生之间自主探究与自主合作，其同时在线多人交互的便捷发挥了巨大作用，因而可以提高效率、节约课时；最关键的是，平等的参与权与发言权极大地释放和激发了学生的热情，从而保证了学生学习的主体地位。设定的任务与清晰的方向则最大限度地防止了学生放任自流的问题。

“双课堂”的优势在于大数据的积累，把以前的“想象主观经验教学”升级为“数据客观经验教学”，这是传统的语文“经验性课堂”无法比拟的优势。

比如，我们依据学生在“虚拟课堂”的发言建立评价数据的“规则库”，形成可拖拽、可定制的评价标签，每个标签背后映射到SOLO的不同思维层级，在创建学习任务的同时定制生成评价表（如：学生预期获得的能力），通过教师评价、学生互评、学生自我评价等半自动化方式，完成对学生SOLO的取值。如以下标签：A学生有自己的思考，观点清晰明确；B学生的论证结构完整，逻辑合理；C学生思考问题比较全面；D学生思考问题不够深入具体透彻……

比如：根据“评论观点类型统计”和“学生回帖质量统计”，将学生回帖得分分为高、较高、中、较低、低五个等级，帮助老师快速了解学生活动表现情况（点击各个等级可查看具体的学生分布）。根据IAM评价模型，统计学生评论时持有的观点类型，直观地了解学生的参与情况及活动中学生的表现。

比如：研究“互动关系网络”，基于学生个体、讨论专题、时间等维度构建学生学习交互网络图，量化学生交互参与贡献度。在此基础上，添加学生发言质量权重（IAM、SOLO值等），呈现良性的学生学习社交网络图，能够根据图的结构特性及相似性衡量学生的社交能力、角色空间等。

通过查看各活动中学生的思维水平表现，根据统计结果和活动具体表现分析学生的学习情况与学习习惯，从而调整优化教学设计。

在这一模式下，我们探索了以下的两大案例群：

以重点篇目为主体的案例群：

《范爱农》《药》《祝福》《铸剑》

《斗鲨》《林黛玉进贾府》《哈姆雷特》

《白马篇》《烛之武退秦师》《游侠列传》

以重要作家为主体的案例群：

1. 走近杜甫

2. 走近李白

3. 走进陶渊明

4. 走近苏东坡

5. 走近辛弃疾

6. 走近李清照

（三）“多样化生活化写作”模式，依托网络平台做好栏目设计

多样生活写作，是充分发挥利用网络平台的交互与信息记录优势实现写作的多样化、生活化、经常化、个性化的教学模式。其特点是：依托“虚拟教室”，做好写作栏目的设置，实现对学生写作的规划与引领，给学生提供多样化的写作选择。这样的写作，是与学生的生活实际紧密联系着的。

具体做法如下：

1. 根据班级写作教学实际确定写作训练的基本思路，制定好三个学年的基本规划。

2. 在网络平台相关栏目下做好栏目设计以及栏目说明。

比如：

开设“主题札记”“精品札记”“名著读后”等栏目，引导学生随笔的多样化和经常化。

开设“个人专栏”“作品连载”“电子札记”等栏目，引导随笔的个性化和生活化。

开设“专题拓展”栏目，引导学生深入思考文学现象及人物促成随笔与写作的一体化。

开设“作文驿站”栏目，实现对大作文前的审题训练及作文片断练习。

开设“电子作文”栏目，实现长假期作文的电子化并组织学生互阅作文。

开设“范文长廊”栏目，实现大作文的大范围及时共享及保存参考。

在写作教学中，我们面临这样的现实：学生的写作能力是有差异的，学生是需要及时的写作交流的，学生是需要多样化的写作要求和写作指导的，在“虚拟教室”提供的便利条件下，只要转换观念，就能够实现写作的多样化、生活化、个别化和经常化的写作教学设计。这就是所谓的“多样生活写作”的模式。

“主题札记”选题一览：

1. 材料类随笔：《两个关于猴子的实验》《一封来自德国的信》

2. 仿写类随笔：

仿《议躬行践履》写《议______》

仿《快乐绝对不等于幸福》写《______绝不等于______》

仿《学会平视》写《学会______》

仿哲理小诗《风中细雨》创作

3. 辨析类随笔：辨《异宝》《以义为宝》写随笔

4. 拓展类随笔：拓展题目——精读课文

（1）我看刘兰芝殉情——《孔雀东南飞》

（2）屈原之死之我见——《离骚》

（3）归园田的陶渊明——《归去来兮辞》《归园田居》

（4）人生苦短话朝露——《短歌行》《将进酒》

（5）出世与入世——兼谈陶渊明与屈原、杜甫的人生——《归园田居》《蜀相》等

（6）傲世与超世——兼谈李白与苏东坡的人生——《梦游天姥吟留别》《念奴娇》等

（7）唐诗宋词中的百味人生——《山居秋暝》《声声慢》《书愤》等

操作方法：

以上随笔作业建议学生交在班级论坛的相关主题下，要求学生直接跟帖，提倡互相讨论借鉴，相关主题视情况转入实体课堂进行讨论。

学生的跟帖讨论生成“学生参与评价”，通过技术的设计及基于 MOOC 教学研究发现，在这一模式的相关技术统计中，学生评价准确率为 83%，学生的参与率达到 89%，通过学生参与评价促进学生主动参与、自我反思、自我教育、自我发展，形成了积极、平等、民主的评价关系。

学生跟帖回帖的数据形成了“学生成长记录”，方便有效抓取学生学习痕

迹、掌握分析学生习惯，形成个人成长客观记录袋，帮助学生认识自我、发展自我。当新课标提倡的“整本书阅读”遇到“双课堂”时，我们的这一模式将自动升级，实现整本书阅读“真读书、读真书、读进去、读出来”目标，在“双课堂”里变成了现实。

“主题阅读写作”“泛读整合精读”“多样生活写作”这三种模式，是笔者在新一轮“语文课程信息化”教学实践中总结出来的，它基于大量的案例积累，能够有效提升学生课堂活力，助推语文教学的信息化。

第二节 “虚拟教室”与“现实课堂”

立足虚拟课堂“栏目设置”，致力双课堂的“有效联结”

——例谈“虚拟教室”和“现实课堂”的联系与分工

“虚拟课堂”是一个基于网络平台的实名制个性化班级学习平台，这是一个开放而有序的语文学习平台。开放，是给教室留下了自主的空间；有序，是为了虚拟空间对学生的有效管理。

要把双课堂的效率最大化，在操作上主要是两个环节：一是利用虚拟教室进一步把“栏目设置”搞好；一是努力把“虚拟教室与现实课堂的有效联结”搞好。

以北师大实验中学多年信息化实践的“虚拟教室”平台“语文真好”（一个在PC端和手机APP都能同步资源的实名制学习平台）为例，在“虚拟教室”的界面上，本来就有几个栏目，重点使用的是其中“语文论坛”这个栏目。所谓把“栏目设置”搞好，指的是在“语文论坛”里面，进一步设置栏目，也可以叫进一步设置“板块”、设置“论题”什么的。这里姑且就叫作“进一步设置栏目”。

设置栏目后，学生会在老师建的栏目下参与学习，有的在这个栏里发帖、发附件，有的在那个栏里发帖、参加评论，有的还自行设立主题，有的则只是浏览别人的帖子，这种种学习活动，教师要给予关注、引导，要使之与课堂教学有机地联结起来。这就是所谓“虚拟教室与现实课堂的有效联结”。

“语文论坛”的“栏目化设置”，有点像办杂志，“栏目固定不变，内容不断更新”，或者“相机开设新栏目，及时增添新内容”。各个栏目，实际就是在虚拟世界开辟的、与现实课堂大体“同步”的合作学习园地。

比如高一时，从“大教育”“大语文”“大阅读”“大写作”四个方面，对学生的语文学习做了“三年”的长线规划，每个方面按照内容或学段，进一步分设若干小栏目。

比如“大写作”这个栏目下，出“电子札记”“札记精品”“连载天地”“作文驿站”“电子作文”“范文长廊”和“作文修改公社”七个小栏目，每小栏各司其职：“电子札记”是学生每两周提交随笔的地方；“札记精品”是学生发表优秀随笔作品的地方；“连载天地”是为写作能力突出的学生设定的个人作品连载专栏；“作文驿站”是进行作文片断训练的地方；“电子作文”专供长假期间学生提交作文；“范文长廊”是每月一次的优秀作文的展示园地；“作文修改公社”则是集体分组网络评改作文的场所。

这样设置栏目，实践证明是可行的，是有利于优化教学的。

1. 便于全面了解学生的学习过程，增强教学工作的针对性

在虚拟教室里，学生的网络身份是实名的，学生的学习内容长期在线保存，这就为关注学生学习过程提供了可能。在四大栏目下，共计分设了约 24 个小栏目，可从阅读、写作等各方面对学生的语文学习进行三年一贯的记录，学生成长的每一步都是清楚的。比如“电子札记”一栏，现已有两个学年学生提交的随笔作品，学生可以很方便地随时调阅自己与同学任何时期的任意一篇随笔作品，教师也能把学生每一时期的随笔作品调出做纵向比较，帮助学生分析其优点和不足，还可帮助学生把这些随笔加以整理，作为下学期高三时学生个人备考素材库的一部分。又比如，在高二第二学期，学《林黛玉进贾府》，我查阅了学生在高一上学期关于《红楼梦》在虚拟教室的讨论，对我的备课起了很大作用。再比如，在“文化苦旅”栏目里，从高一到高二，积累了 12 个关于文学、文化话题的讨论资料，这些都是学生学习过程中留下的真实足迹，下学期高三开学后，我打算加强思维训练，这些都是极重要的素材资源。

2. 便于满足学生语文学习的多样化需求。

现实课堂 45 分钟起讫，教学内容、学习时间都受此限制，学生多样化的需求很难充分满足。而通过栏目设置，现实课堂中难以实现或未能充分展开的内容，都可在虚拟教室进行。在这个开放的、不限时的、宽松的地方，各类学生拥有平等的话语权，学生多样化的学习需求可以得到充分满足。在“大语文”栏目的设置之初，只设了“趣味语文”一个小栏目，引导学生积累成语、对联、广告等方面比较感兴趣的资源。后来听几位同学讨论关于《三国》的话题，发现他们见解很独到，于是立即增添了“三国客栈”栏目。后来又有了“水浒茶肆”“红楼雅舍”“武侠天地”“看电影学语文”“听音乐学语文”等一系列栏目。这样，班里的“三国迷”“水浒迷”“红楼迷”“武侠迷”“电影音乐发烧友”们，都分别在虚拟教室拥有了各自的交流园地，他们在版主的组织下，分析人物、讨论写法、交流心得。一些有专长的同学，在这里找到了一展学识的天地；一些“串门”的，或者长了见识，或者大受刺激回家读书。高一开始，语文论坛便聚敛了很高的人气，学生关注语文的热情大为高涨。在“电子札记”栏目，班里几大“写手”的文章刚一“面世”，就有很高的点击率，最终形成了各自的“粉丝团”。在“精品札记”与“范文长廊”，优秀的随笔和作文得以在全班及时传播，对学生的写作起到了有力的推动作用。学生的语文学习能力是高下有别的。水平高、能力强的同学渴望有人喝彩，水平差、能力低的同学同样需要鼓励。学生在学习上需要一种“场”效应。学生把作品写到本子上是老师一个人看，发到“论坛”里却谁都可以看，可得到广泛回应。这种“效应”是老师一个人回去改作业所绝对产生不了的。

3. 利于实现个别化教学，也利于提高整体的学习水平。

从高一开始，班里就有几名同学断断续续地写长篇小说。就为他们开辟了“连载天地”的专栏。还有同学对张爱玲的文章特别感兴趣，写了些评论文字，提出开设一个“感受纯文学”专栏的要求（学生没有自设栏目的权限），于是我及时满足了这一要求。这些都与全班的教学计划无关，但效果都很好。

有些栏目的设置，是针对教学中的重点难点问题的。教学中的重难点，往往涉及认识上、知识上、价值判断上比较复杂的问题。过去遇到这样的问题，解决得往往不充分，学生的思考受局限。而利用栏目设置，可以把一些重难点问题提前让同学接触，等于是部分教学环节先行。比如后文会提到的《在探索中走近诗坛巨子》这个案例，按教学计划，是去年 12 月的教学内容，但鉴于学生在这个方面的问题多，要想让他们通过自己的努力来解决，就提前 3 个多月增设有关栏目做准备。这会不会影响教学的正常进行呢？不会的。因为设置多个“栏目”，事实上就是开展多条线索并进的教学活动，好像是一种“复式”教学。如果在现实课堂进行复式教学，势必形成彼此干扰，但在虚拟教室却不会。去年暑假开设的泛读《杜甫传》《李白传》栏目里，学生从容讨论，各抒己见，持续了 3 个月，全班的教学计划、进度丝毫没有受到影响。正由于杜甫诗歌教学的部分环节先行，所以关于杜甫人生价值的理解就达到了以前很难达到的水平。大多数同学，最终都为杜甫的爱国情操所折服，而个别学生提出的——杜甫终其一生没有实际的政治作为的观点，也使大家深受启示。

4. 为构建立体、有序的教学体系提供了新的可能。

学好语文必须多读多写，但过去教师对此往往无能为力。一个班学生倘若自觉自愿地多读多写，势必形成一种多侧面、多层次、立体化的学习状态。多年来，课外阅读落实没有保障，一直是困扰教师的难题；写作练习很难构成系列，也是困扰语文教师的难题。我想，这大概是没法子建立立体化的教学管理系统所造成的。

而“栏目设置”，在一定程度上可以解决这些问题。

在课外阅读方面，从高一开始，要求每学期最少读四本教师推荐的书，同时在虚拟教室开设相对应的、以该书书名命名的书评栏目，在规定的时间段内，要求学生读完该书，完成书评，及时提交到栏目下，并组织同学展开讨论。这样坚持下来，从高一到现在，已经让学生读过 25 本书。

在写作系列问题上，我的做法是开设“作文驿站”“作文修改公社”等栏目，专门针对审题、构思、文体写作、文章修改等写作基本环节上的问题组织学习、讨论。

这些学习讨论，是群体差异性很大的学习活动。如果在现实课堂实行统一进度的教学，知识的系统性肯定得到凸现，但效果一般不好，因为群体的差异性很难兼顾。但在这几个栏目里进行，由于并无时空局限，跑得快点的和走得较慢的，可以各得其所，并行不悖。这样，系统性本身很清楚，而差异性的要求又得到了满足。

语文教学内容多，头绪多，既得使各类学生主动地学起来，又得形成必要的系列，这是个很值得探索的大问题。我感到通过“栏目”的合理设置使用，是能探索到解决办法的。

当然，在栏目设置上，教师要去回应学生所有的学习活动是根本不现实的；有些栏目不能引发学生的持久关注就会“自然死亡”；栏目设置如果“泛滥”，也会导致兴趣点过于分散。这些问题都要进一步解决好。

虚拟教室整合现实课堂，虽是一种教学方法，但它的出发点和着眼点，却是学生全面而有个性的发展，是各类学生语文素养的全面提高，是力求使教学能优化学生语文学习的过程，而不仅仅是一堂课怎么去“讲”。因为虚拟教室和现实课堂，本质上是意味着一种新的“时空”理念。即在我们组织学生开展语文学习活动时，我们面前存在着可以相互补充、互为表里的一片虚拟与现实交织的教学领域。有效联结，是强调二者要结合为整体，最好把虚拟教室和现实课堂打通起来一并考虑，使之一并成为优化学生语文学习过程的有力支撑，整体支撑。

倘若把教学看成是教师讲授为主的事情，那么有现实课堂就够了，用不着虚拟教室。如果把教学看成是需要各类学生积极主动参与的一个过程，那最好把虚拟教室和现实课堂结合起来。我的体会是，虚拟教室便于开展自主学习、合作学习、探究学习；现实课堂则便于共享这些成果，便于实现某些统一要求。所以“整合”实验，要在致力于二者的有效联结上进行探索。

前面说“栏目设置”，其实已经多处涉及“联结”问题。下面就“联结”方式汇报几点体会。

1. 提前预习。前面说到高二下学期学《林黛玉进贾府》，高一时在“红楼雅舍”的讨论其实就是提得很前的预习。对北京版实验教材里《范爱农》《一条铁路的完成》《氓》《〈呐喊〉自序》等篇目的试教，也都在“语文论坛”先设置了预习的“小栏目”。以虚拟教室里预习讨论的鲜活内容，作为现实课堂教学的起点，从而提高现实课堂的教学效率，这是一种最经常的联结方式。

2. 展示共享。就是把学生在虚拟教室提交的优秀帖子拿到现实课堂展示，资源共享。这对调动学生学习的积极性，增加课堂教学内容的厚度和增进思维强度，都很有好处。

3. 趁热打铁。就是把虚拟教室里“涌动”式的热烈讨论和现实课堂里的教学活动直接链接起来。这种“联结”，必须在网络教室里上课才可实施。

4. 延伸拓展。就是把现实课堂里的未尽之意，拿到虚拟教室里去拓展。我所设置的“文化苦旅”栏目，是我实现这种联结的专用栏目。学完《鸿门宴》，大家意犹未尽，于是便在“文化苦旅”栏里设“众说纷纭《鸿门宴》”一题，让学生就自己感兴趣的人或话题继续讨论。学完了《项链》，在“文化苦旅”栏设这样一题：对马蒂尔德而言，丢失项链是她人生悲剧的开始，还是新生的契机？为什么？学生各抒己见，形成课文内容的升华。《氓》《声声慢》《祝福》等篇目，都涉及女性命运的话题，于是在“文化苦旅”栏设题：从课本中几个妇女的故事，看文学作品中女性命运的变化轨迹。

北京版实验教材各单元的“探究提示”题目，我觉得都是实现这种“联结”的参考。这种联结，可以使每篇课文都成为帮助学生进一步思考领悟的一个起点，成为引导学生应用拓展的一个契机，成为促使学生发现创新的一种触媒。

5. 适时反刍。虚拟教室里积累的学生原创资源多起来以后，这笔资源可以发挥很大的作用。所谓适时反刍，就是对这些资源的再梳理，再整合，再创造。下学期高三，我打算把这方面的工作组织好。其中有些可以继续在虚拟教室进行，有些要拿到现实课堂里来再次消化、共享。除了“文化苦旅”栏目中的资源可反刍，高二设立的“语基加油站”和“语用练兵场”两个栏目，已积累了丰富资源，也准备在高三适时引入现实课堂中去，使许多总复习的内容不必搞临时突击，相信这样做会更符合学生的认知规律。

总体来说，把学生的学习活动开展起来，是“联结”的前提。如果学生的学习活动没什么内容，仅有教师预设的几条结论，就没有必要一会挪到网上，一会搬到现实课堂。只有学生的学习活动开展起来了，那么不管是在虚拟教室还是在现实课堂，就都有进一步推进、优化的需要了，这时才有了“联结”的问题。所以，在教学设计上，首先要对学生开展怎样的学习活动有所预期，有所安排，这可能是“整合”教学的特点。

第三章　语文戏剧教育

落木千山天远大，澄江一道月分明。
一钩闲来钓秋色，芒鞋蓑笠伴晨昏。

第一节　项目制特色课程与实用类表演交流

教育戏剧的项目制课程的设计与实施

——以北京师范大学附属实验中学语文戏剧课程为例

（一）课程名称与目标

1. 课程名称及解读

我们所理解的教育戏剧的项目制课程是指以戏剧剧本理解为基础，以增强学生人文审美体验为目的，通过台词揣摩（品味语言），角色扮演（感受形象、体验情感），道具制作、舞美设计等项目提升文学欣赏素养与沟通合作能力的综合性、实践性项目制课程。

教育戏剧的项目制课程以中外经典剧作（含中国古典戏曲）为学习对象，强调师生多元化全程参与演出实践活动，注重在排练演出活动过程中锻炼和培养学生语言表达能力、舞台沟通能力、团队协作能力与戏剧欣赏水平，是综合提升语文学科核心素养的具有鲜明项目制学习特征的实践类课程。

教育戏剧的项目制课程不以学习戏剧知识和表演技能为目的，而是运用戏剧的元素设计各种体验渗透到教育中，通过角色扮演、虚拟情境等戏剧方式，让学生在其中建立自信，发展思维水平，提升合作素养，塑造健康的价值观人生观，以更好的状态应对人生挑战。

教育戏剧的项目制课程具有项目制学习的鲜明特征，教育戏剧是主题，剧目公演是任务，围绕主题完成任务，需要跨学科合作，需要多部门配合，就会产生很多真实问题，在解决问题完成任务的过程中，需要项目制学习这一组织形式来保障。

2. 课程目标及解读

(1) 通过戏剧表演实践，发展学生的直觉思维与逻辑思维。

(2) 借助戏剧项目活动，提升学生的沟通素养与合作素养。

我们学校的教育戏剧的项目制课程发轫于北师大实验中学语文组“大语文戏剧实践课程”，服务于北师大实验中学“全面发展、学有特长的英才”的育人目标，契合新课标“思维的发展与提升”等方面语文学科素养的提升目标。

戏剧表演实践，发轫于整本书的戏剧剧本阅读活动，关注学生的生活经验，有助于发现学生阅读初始感受，发展学生的表演个性，有助于锻炼和提升学生对语言和文学形象的直觉思维；戏剧表演实践中，戏剧演员还要具备良好的逻辑思维和分析能力，只有如此，才能更加深刻、全面、准确地阅读剧本，才能结合生活实际和艺术规律更好地把握角色的性格特征，在舞台表演过程中成功地塑造艺术形象。

作为国家级新课程示范校的北师大实验中学，吸引了一大批优秀初中毕业生来校就读，他们有着良好的学业基础和优秀的综合素质，具备将来成为行业领袖、社会精英的潜质，教育戏剧的项目制课程为培养英才提供了极佳的综合实践平台。

作为未来行业领袖、社会精英的“英才”，需要良好的沟通素养与合作素养。沟通素养是一个包含了语言能力、思维能力和社会情感能力的复合型素养，包含深度理解、有效表达和同理心三个要素。合作素养则是一系列合作技能与态度的集合，涵盖愿景认同、责任分担与协商共进三个要素。戏剧项目活动，是以团队合作为基础的多学科多门类的大型综合实践活动，活动的顺利进行和剧目的成功演出，需要愿景认同，强调责任分担，必须协同共进；无论戏剧舞台演出还是部门沟通协调，都需要学生对任务有深度理解，做到有效表达，并具备同理心。所以，教育戏剧的项目制课程是有关沟通合作素养“六要素”得到锻炼和实践的最佳平台。

(二) 课程内容与实施

教育戏剧的项目制课程涉及戏剧鉴赏与表演、演出服装与道具设计制作、舞台灯光与音效调控、演出宣传及采访文案设计等内容，从排练到演出，需要整合语文、通用技术、音乐、美术等多学科知识，采用项目制组织形式。

本课程以语文教材的戏剧或戏曲单元的剧目为起点，课程内容为剧本研讨与剧目排演。根据课程难度和学校实际，可以酌情安排以下某些课程学习内容：

1. 剧目小片段排演：如《雷雨》★《茶馆》★《哈姆雷特》★某一幕或某片段等；

2. 整部经典剧排演：如《雷雨》★《茶馆》★《哈姆雷特》《屈原》等；

3. 整部流行剧排演：如《枣树》★《暗恋·桃花源》★《语文课》《窝头会馆》等；

4. 改编整部剧排演：如《堂吉诃德》★《荆轲刺秦王》★《孔雀东南飞》等；

5. 原创整部剧排演：如《活扣结》★《女附中》《大实验》等；

（注：以上加★者，均为北师大实验中学戏剧课程已经公演之剧目）

本课程为校本选修课程，开设 2 个学期，共计 2 学分，供学生自由选择。

“整部剧排练与演出”是“整本书阅读与研讨”任务群的自然延伸，在《普通高中语文课程标准（2017 年版）》附录 2“关于课外读物的建议”中，就列举了《窦娥冤》《西厢记》《牡丹亭》《屈原》《雷雨》《茶馆》《哈姆雷特》7 部剧本建议学生做剧本类文学作品的“整本书阅读”。以“整部剧排练与演出”为主的项目制课程，旨在通过排演整部剧，把整本书的阅读（戏剧剧本阅读）变成演出实践，并借此构建跨学科的综合实践课程，发掘整本书阅读（戏剧剧本阅读）项目实践教育价值。

本课程的核心任务为剧目公演，围绕此核心任务，学生需要理解剧本，了解舞台剧演出的相关知识，完成剧务后勤保障、宣传采访记录等实践任务。

依据项目进度，课程内容分阶段进行，设定以下三个主要环节。

1. 项目内容铺垫环节——全员剧本赏析，熟悉核心任务

本环节以全员剧本阅读赏析为主，借助整本书阅读的经验，通过整部剧剧本阅读，熟悉演出剧本，疏通全剧情节，理解剧中人物，提升阅读鉴赏能力，发展直觉思维和逻辑思维。

本环节设定以下任务：

任务 1　剧本初读

聚焦“剧目演出”这一核心任务，落实全员赏读剧本，要求学生记录初读感受，从场景设置、人物台词、情节交代等方面入手，反复品读，自主梳理情节架构，厘清矛盾冲突，建立对角色的初步理解。强调结合生活经验和阅读积累来理解剧本，发展其直觉思维。

任务 2　剧本深读

在初读的基础上，根据教师指导，进一步阅读有关演出剧目的文章或书籍，展开剧本阅读，记录并提交新问题新发现。达成对剧本的深度理解和透彻领悟，重视戏剧文学逻辑思维的训练。以《雷雨》为例，可以组织研讨以下问题：如何理解《雷雨》中周朴园对侍萍的感情，二人之间到底有无真爱？如何理解《雷雨》中周繁漪这一人物角色？如何理解她对周萍的感情？周萍和周朴园有何不同？在此过程中，注重发展其逻辑思维能力。

任务 3　角色分析

在全员剧本阅读交流的基础上，请主要演员（已定或待定的）就自己扮演的角色做自我分析，然后采用“角色答辩”的方式，面对同学的质疑探问，作辩驳答疑。

“角色答辩”问题概要：

(1) 该角色有怎样的形象特点？有哪些情节？在相关情节中该角色有怎样的内心情感？

(2) 该角色在全剧中有怎样的作用？与其他角色有怎样的人物关系？

(3) 全剧的主题是什么？该角色与表现全剧主题之间有怎样的关系？

(4) 我将如何在舞台上诠释这一角色？我如何如何融入角色？将从角色中学习到什么？

在主要演员做角色分析的同时，邀请其搭戏演员做深度参与，顺便完成对自己角色的分析，思考：我的角色与其有何关系？如何完成与其之间表演的配合？我是否认同他的角色分析？以期共同完成对剧本角色及内容的理解。

任务 4　明确支持方案

在紧跟以上所有任务流程后，宣传项目组和剧务项目组同学思考和初步拟定本项目的配套工作。

总而言之，环节一是整个任务的全员预热阶段，围绕确定的演出剧目，强调以学生学习研究为主，强调学生对剧目角色的理解与分析，让学生充分质疑讨论，负责剧务和宣传工作的同学也需全程参与此过程，以熟悉和了解自己的配合工作，制定合理的部门配合方案。

本环节聚焦在整部剧剧本理解环节，要根据阅读目的，综合运用精读、略读和浏览的方法，读懂剧本，读懂角色，把握剧本的丰富的内涵和精髓。要调动生活经验，要反复品读，深入探究，欣赏剧本台词及情节的精妙之处。

指导教师要带领大团队达成“愿景认同”，认识到全员剧本赏析对于最终“剧目演出”任务的意义，形成团队认同，在此过程中督促每位同学思考自身在团队中的定位与目标，寻求个人目标与团队愿景的一致性。

本环节结束，将形成《剧本赏析指南》和《全员剧本赏析任务检核表》。

表 1　全员剧本赏析任务检核表

	团队愿景	**我的分担**	**我的建议**
任务 1			
任务 2			
任务 3			
任务 4			
总体表现自评			

2. 项目内容展开环节——分组平行展开，分解核心任务

全员完成环节一之后，课程进入内容展开环节，可以把课程核心任务分解成四个项目组（“导演协调项目组”“剧务保障项目组”“演员排练项目组”“宣传报道项目组”），各自制定“工作指南”，分工有序互相配合，组织开展课程学习活动。

该环节项目分工关系图如下：

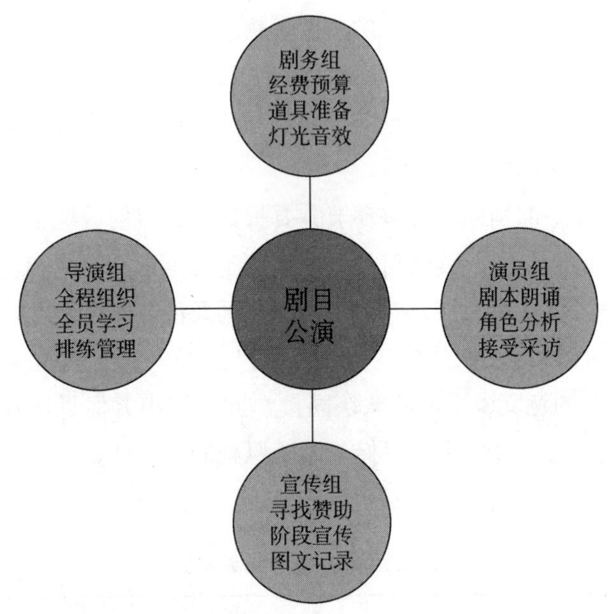

下面分述各项目组的具体分工。

（1）导演协调项目组

项目任务：制定项目管理方案，确保“画框完整”，确保规则合理

该项目组是课程的核心领导团队，担当戏剧演出的导演和编剧角色，其中学生导演的产生是该任务成败的关键，根据需要可以海选或自荐产生导演组成员，如有多名同学竞争，则需经过演讲竞选产生导演及编剧。

导演需要通过自己的演讲展示自己的导演能力，编剧需要通过对自选剧本的介绍让同学评判剧本的演出价值。以上环节，可以设计成为演讲竞聘会的形式，锻炼学生的竞聘演讲的能力。导演产生后，建议以导演为核心组成该项目组，建立“导演负责制”（也可以组建“导演小组”，各有分工各负其责）。

导演确定以后，即可由导演核定产生其他成员的办法，招聘其他所需成员，所有成员自然成为课程学员。全体成员产生以后，即可进行环节一。

进入环节二，该项目组主要负责制定项目管理方案，确定分工，确定路线图和时间表，编订《导演协调项目工作指南》，根据《指南》监控工作进度，协调和指导其他三个项目组的工作。

（2）演员排练项目组

项目任务：剧本朗读、分组排练、接受采访

演员组产生后，编订《演员排练项目工作指南》，根据自己的角色完成剧本与所演角色的分析工作，择机利用 1 到 2 课时课内时间，完成剧本朗读、片段表演等相关文本内容，该过程由导演和编剧主持，语文教师辅助，可以相机邀请专业人士指导。

教师与项目组负责人应有意识地引导项目组成员坚持尽量专业的“七力四感”综合训练，引导学生通过有意识地观察生活来培养敏锐而细致的观察力，通过在创作中做到真听、真看、真感觉来培养积极而稳定的注意力，通过运用“有魔力的假设”来调动自身丰富而活跃的想象力，通过对生活饱含热爱来培养敏锐而真挚的感受力，通过模拟生活情境来培养真实、准确而合理的判断与思考力，通过突发的“现场排练意外”来培养灵敏而细腻的适应力，通过台词练习来培养鲜明的形体与语言的表现力。除此之外，还可以将对学生真实感、幽默感、形象感、节奏感的培养交叉贯穿其中。

剧本朗读流程如下：

流程 1：分组剧本朗读

流程 2：分组朗读讨论

流程 3：邀请专业朗读

流程 4：再次分组朗读

流程 5：分幕朗读合练

流程 6：全剧本大朗读

分组排练流程如下：

流程 1：分组片段表演

流程 2：片段表演研讨

流程 3：观摩专业表演

流程 4：再次分组表演

流程 5：分幕表演合练

流程 6：全剧本大合练

在分组排练过程中，尽量模拟真实演出情境，邀请其他任务组同学担任“观众”。表演者可以从观众身上的反应和表现来对自身的演出进行评价分析，通过观众的鼓掌欢呼等行为能够判断自身表演的可取之处，而面对观众消极的反应演员也应当准确地定位并且在后期不断地磨炼推敲和改进。

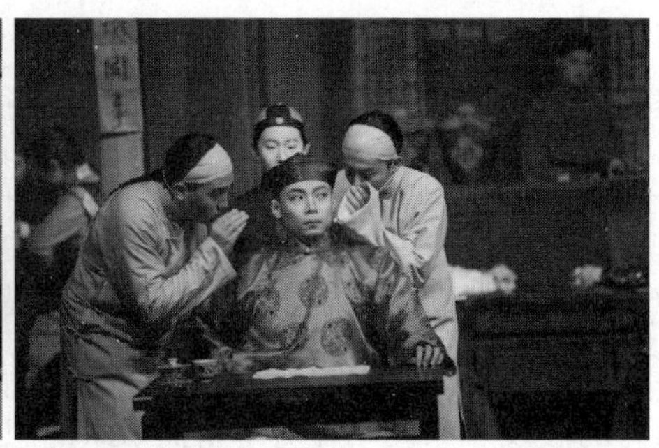

（3）剧务保障项目组

项目任务：经费预算、道具准备、灯光舞美

跨学科的后勤保障——语文、通用技术、美术、音乐

剧务组成员若干名，建议由编剧或副导演负责选定一名合适的项目负责人（向导演负责），其他人员由项目负责人选定，产生办法由项目负责人自定，这一过程锻炼学生自主解决问题和表达与交流的能力，发展和提升合作素养。

表2　合作素养的内涵要素与行为举例

要素	描　述	行为举例
愿景认同	通过讨论、分析、反思等方式，实现对小组或团队目标、使命以及核心价值取向的认同，并使之内化为自己完成任务的目标和信念。	具有较强的组建或融入团队的动机；参与建立团队目标及价值观；学习并理解团队目标、使命及价值观；在共同愿景下积极思考个人定位和目标；监控并不断调适个人目标与团队愿景的一致性。
责任分担	结合自身角色制定计划和目标，积极主动承担分内职责，并充分发挥个人能动性，以较强的责任意识和担当精神，完成本职任务或工作。	目标分解，角色定位；制定具体工作方案；遵守规则、尽职尽责；对行为过程进行有效监控；评估结果是否达到预期目标。
协商共进	运用沟通技能，本着互尊互助、平等协商、共同进步的原则，与小组或团队成员展开对话，并适时、灵活地做出必要的妥协或让步，有效推进团队进程，实现共同目标，促进共同发展。	站在小组或团队的立场考虑问题；有效协调小组或团队内的资源与行动；合理表达个人观点或诉求；对出现的分歧与争议进行有效协商；必要时做出妥协或让步；监控、反馈成员角色与团队组织形式。

本项目组活动需参考上表“合作素养内涵要素与行为举例”，编订《剧务保障项目工作指南》，有序开展工作。

（4）宣传报道项目组

项目任务：与广告赞助商谈判、众筹方案拟定、广告宣传、采访记录

宣传组是负责课本剧演出外围相关工作的项目团队，该项目组的任务涉及主题任务交流（与广告赞助商谈判、众筹方案拟定等），广告文案写作、宣传文案写作、采访文案设计等实用文本写作等。本项目组的任务，都安排在课下，随演出进度择机进行。宣传报道项目组通过部门沟通，形成“愿景认同”，明确“责任分工”，编订《宣传报道项目工作指南》，有效开展工作。

宣传报道项目组与其他项目组工作多有交叉，需要借此过程锻炼沟通合作能力，要体现良好的沟通素养。

表 3　沟通素养内涵要素与行为举例

要素	描　　述	行为举例
同理心	一种能够了解、预测他人行为和感受的社会洞察能力。	1. 能尊重沟通对象的人格、价值观及社会文化背景；2. 能依据对象的知识水平和接受程度调整沟通行为；3. 能感知、理解和把握沟通对象的感受、情绪和情感；4. 能从对方立场上思考问题。
深度理解	能够正确理解沟通对象以语言、文字及其他多种形式传递的信息，隐含的意图、情绪情感、态度和价值观等以及对内容进行反思与评价的能力。	1. 具有良好的倾听技能，让沟通对象感受到尊重和关注；2. 理解沟通对象所表达的内容和观点，体会其意图、情感、思想和价值观；3. 对信息的来源、观点的可信度、论证的充分性等进行反思与评价；4. 监控自己的理解，当遇到理解障碍时选择适当时机让对方进行澄清；5. 避免做出没有根据的假设。
有效表达	在不同的情境下，运用语言或非语言等多种形式，清楚地传达信息、表达思想和观点，以达到沟通的目的。	1. 语言流畅、条理清晰；2. 善用多种形式或手段表情达意，符合相关语境；3. 能有效运用信息技术手段进行表达；4. 对表达过程和效果以及自己的情绪情感进行有效的监控与调节；5. 表达的内容合乎社会规范、伦理道德。

排练过程至演出结束，宣传报道组同学有探班报道及采访报道的义务，要做好对各项目组的全程记录的工作，此过程随项目进度进行，最终完成《演出日志》和《剧组全记录（图文版和花絮视频版）》。

3. 项目内容验收环节——聚焦项目公演，完成核心任务

进入“项目演出”收官与冲刺环节，需要四个项目组根据“合练工作明细表”进行合练。再次明确“共同愿景”，明确“责任分工”，协商“工作进度”。

表 4　合练工作明细表

合练内容	各项目分支任务	负责人	工作要求	具体分工
	导演组			
	演员组			
	剧务组			
	宣传组			

作为综合舞台艺术，戏剧演出调动人数多，部门多，进入收官环节，是锻炼沟通协作能力的关键阶段。根据课程进度需要，可以安排数次“彩排”，根据演出实际演练各项目组整体协调能力，部门沟通能力，团队协作能力，做到每次演练有任务侧重，有反思改进，每个项目组各司其责，各项目组之间要演练如何有效沟通。每次演练后都有“合练工作检核表”。

表 5　合练工作检核表

所属项目组	所领受的任务	任务完成情况	存在主要问题	反思改进措施
愿景描述：				
责任分担：				
进度安排：				

（三）课程评价与反思

把本课程规划为“校本选修课程”，共计 2 学分，所有成员考勤达标，完成相关任务，即可获得该学分。

本课程评价根据项目制学习的特征，除获得学分之外，还可以辅以“混合评价”方式。建议考虑终结评价与过程评价相结合，结果呈现与平时考勤相结合，个人评价与组员互相评价相结合，表格量化与描述细化相结合，教师评价与学生评价相结合，调查问卷与主观总结（演出手记）相结合的方式。

示例：

1. 核心任务“剧目演出”总体评价方案（打分评价）

剧目公演评分规则设定示例：

公演剧目评分参考项目	评分标准	此项得分
舞台表演效果（共 50 分）	台词表达流利（10 分）	
	情感拿捏适度（10 分）	
	舞台动作自然（10 分）	
	表演配合默契（10 分）	
	观众反响热烈（10 分）	
服装、道具、灯光及音效（共 30 分）	服装配饰得体（6 分）	
	道具配套合理（6 分）	
	灯光使用合理（6 分）	
	音效流畅完整（6 分）	
	整体烘托演出（6 分）	
宣传及报道（共 20 分）	宣传文案精彩（5 分）	
	后续报道及时（5 分）	
	跟踪宣传到位（5 分）	
	个人采访完整（5 分）	

综合评价：

2.“导演协调项目组”评价表（描述评价）

项目	目标要求	评价结果	评价方式
项目计划	1. 项目计划目标明确、流程清晰； 2. 项目计划安排合理，操作性强；	等级（优、良、合格、不合格）	小组自评 教师复核
排练过程	1. 能保证排练过程和谐顺畅； 2. 能够不断有阶段性进步； 3. 能够及时调动其他项目组配合；	等级（优、良、合格、不合格）	小组自评 教师复核
跨组合作	1. 与其他项目组沟通有效及时； 2. 能帮助其他项目配合默契； 3. 及时采纳其他项目组合理建议。	等级（优、良、合格、不合格）	小组自评 各组互评 教师复核

综合成绩：

3.“剧务保障项目组”评价表（描述评价）

项目	目标要求	评价结果	评价方式
经费预算	1. 预算合理，体现节约； 2. 与宣传组配合默契，工作高效；	等级（优、良、合格、不合格）	小组自评 教师复核
道具准备	1. 道具为演出提供了有力支撑； 2. 道具制作体现节约原则； 3. 道具存放使用安全规范； 4. 分工合理，团队合作。	等级（优、良、合格、不合格）	小组自评 教师复核
灯光音效	1. 灯光音效保障演出顺利； 2. 工作有创造性； 3. 分工合理，团队合作。	等级（优、良、合格、不合格）	小组自评 各组互评 教师复核

综合成绩：

4.“舞台演出项目组”评价表（描述评价）

项目	目标要求	评价结果	评价方式
剧本朗诵	1. 朗诵符合人物角色； 2. 节奏流畅，声音自然； 3. 与同伴配合默契。	等级（优、良、合格、不合格）	小组自评 教师复核
角色分析	1. 分析符合人物性格特征； 2. 见解深刻，独到，个性化；	等级（优、良、合格、不合格）	小组自评 教师复核
参演手记	1. 参演手记感情真挚，感受到位； 2. 记录完整，重点突出； 3. 新颖，可读性强	等级（优、良、合格、不合格）	小组自评 各组互评 教师复核

综合成绩：

5.“宣传报道项目组”评价表（描述评价）

项目	目标要求	评价结果	评价方式
采访计划	1. 选择的采访对象有一定的新闻价值； 2. 计划安排合理，要求明确； 3. 分工合理，团队合作。	等级（优、良、合格、不合格）	小组自评 教师复核
采访过程	1. 气氛自然，和谐； 2. 提问得体，且有启发性，有新闻价值； 3. 采访能步步深入； 4. 采访小组成员配合默契。	等级（优、良、合格、不合格）	小组自评 教师复核
成果展示	1. 采访记录完整，清晰； 2. 形式完整，符合新闻作品要求； 3. 新颖，可读性强	等级（优、良、合格、不合格）	小组自评 各组互评 教师复核

综合成绩：

第二节　课堂戏剧教学与戏剧主题活动

一、在“导”“演”实践中体味话剧的魅力

——《茶馆》第一幕第二课时“表演式”教学设计

教学目标：

1. 体味话剧台词表演的节奏、语气等。

2. 体验感受《茶馆》的个性化语言及其作为舞台综合艺术的魅力。

3. 通过片段表演体味人物性格，感受话剧冲突。

教学重点：

通过片段表演体味人物性格，感受话剧冲突。

教学难点：

引导学生在观摩“表演”中结合剧本品评表演的高下并寻找根据。

设计出发点：

我认为传统的戏剧单元教学有不尽人意的地方。

“戏剧教学”不等于“戏剧剧本教学”，“戏剧剧本教学”不等于“小说文本教学”，然而，我们常常用“小说文本教学”来直接取代“戏剧教学”。这样做，有教师不得已而为之的苦衷：放手让学生排一出戏（话剧），往往耗时费力，还必须赶上一拨上心得力的“学生演员”；真正地把戏剧当作综合舞台艺术来“讲授”，往往隔靴搔痒，学生感觉雾里看花；用剧本讲授加观看表演录像的法子，不失为一个好办法，然而学生终究缺少“参与体验”；高考没有戏剧的考点（文常除外），而戏剧也有与小说极类似的人物与情节，于是干脆用“小说文本教学”的法子来取代“戏剧教学”，显得顺理成章。

针对以上的问题，我设计了强调学生参与体验的“片段表演体味”的办法来开展戏剧《茶馆》第一幕第二课时（或第三课时）的教学。学生的身份有“演员”与“导演”两种，共同的任务是把台词与情节表现出来。小说讲“性格是人物活动的内在根据”，对于戏剧而言，“人物的性格，情节与冲突的发展是台词表现的内在根据”，从而引导学生通过台词表现的优劣去关注戏剧的人物、情节及冲突等。选择关注台词（戏剧语言）作为突破口，是因为学生的表情、肢体动作表演的门槛是较高的，然而台词表达的门槛却相对较低，并且不大受场地布景等因素的制约，适于当堂即时表演。

目的在于以此为突破，让学生在参与体验中走近《茶馆》第一幕，走近戏剧艺术。这一实践活动中，所有学生体味“导演”与“演员”两种角色，执行导演与演员是为“体验”，现场观看的学生以“评判导演”的身份对演出做出品评，是为“间接体验”，品评的根据是与话剧有关的知识，老师穿插其中予以引导总结。

从全区示范的意义上讲，各学校可以选择别的表演片段，也可以把“现场角色表演”降格为“分角色台词诵读”或“看表演配音”，不管哪种方式，基本的操作方法只要一致，都可以实现在实践中体味话剧的目标。

课前准备：

在进入本课时之前，需要在第一课时完成一些铺垫性的任务。

1. 主要情节及人物分析

（1）常四爷与二德子起冲突。（常四爷、二德子、松二爷、王利发、马五爷）

（2）马五爷“教训”二德子。（二德子、马五爷、常四爷、松二爷、王利发）

（3）刘麻子“敲诈”康六。（刘麻子、康六、常四爷、松二爷）

（4）刘麻子“卖”表给松二爷。（刘麻子、松二爷、常四爷）

（5）“调停人”黄胖子来茶馆。（黄胖子、李三、老人、二德子、王利发）

（6）秦仲义找王利发谈房租。（秦仲义、王利发、唐铁嘴）

（7）常四爷施舍“烂肉面”。（常四爷、王利发、乡妇、小妞、秦仲义、李三）

（8）秦仲义“暗斗”庞太监。（庞太监、秦仲义、王利发）

（9）众茶客议论国事。（刘麻子、茶客甲乙丙丁、王利发）

(10) 宋恩子与常四爷起冲突（常四爷、宋恩子、松二爷、吴祥子、庞太监、唐、王）

(11) 松二爷“求救”黄胖子。(松二爷、黄胖子、王利发、庞太监)

(12) 康顺子初见庞太监。(康六、康顺子、庞太监、小妞、乡妇、王利发、刘麻子)

2. 人物分类分析（按出场顺序）

(1) 社会底层的劳动人民：王利发、李三、康六、老人、乡妇、小妞、康顺子

(2) 社会有闲阶层（旗人)：常四爷、松二爷、茶客甲乙丙丁

(3) 民族资本家阶层：秦仲义

(4) 统治阶层的帮凶：二德子、马五爷、庞太监、宋恩子、吴祥子

(5) 社会下层的渣滓：唐铁嘴、刘麻子、黄胖子

扣住主要情节分析常四爷、松二爷、王利发等人的特点，为第二课时的片段表演做铺垫。

3. 主要戏剧冲突及推动情节发展的元素分析

(1)“鸽子事件”在茶馆待调停。

(2) 常四爷与二德子的冲突。

(3) 马五爷教训二德子。

(4) 刘麻子要卖康六的女儿。

(5) 秦仲义找王利发提高房租。

(6) 常四爷施舍“烂肉面”。

(7) 秦仲义与庞太监的冲突。

(8) 常四爷与宋恩子的冲突。

结论：《茶馆》情节的特点在于没有贯穿始终的戏剧冲突，妙在借用茶馆这一平台，演绎一个个戏剧片段。

因此，也适合用片段表演的方式让学生体验参与，我选择了“常四爷与二德子的冲突”与“常四爷与秦仲义、秦仲义与庞太监的冲突”两处片段来做教学实验，因为这两节涉及了全剧中的三大主要人物，兼顾到了正反两方面的人物，情节较为丰富，都有剧中主要人物常四爷在其中，方便比较。

4. 分角色，全文诵读或选片段一二诵读

在诵读过程中，物色两组演员（重点关注常四爷、二德子、宋恩子的人

选)，物色导演并安排简单的布景道具准备，为对比表演做初步准备。

教学过程设想：

1. 创设情境，导入（2 分钟左右）

“舞台小天地，天地大舞台”，其实我们每一个人都在人生的舞台上扮演着自己的角色。从这个意义上讲，我们每一个人都是一个天生的演员，那么，今天，我们将借助老舍先生为我们搭建的《茶馆》这个舞台，来演绎一段经典的剧目，那是关于我们这个民族的一段故事。今天，待会在现场表演的同学是演员，其他在座的人都是导演，让我们看一看，两组同学演得怎样。

2. 片段一初演（A 组 B 组）(6 分钟左右)

A 组、B 组同学顺序在已布置好的舞台上演出，时间大约为每场 3 分钟。

3. 众“导演”品评，“执行导演”说戏（6 分钟左右）

教师引导学生就演员的台词、动作、表情等细节在对比中指出优点及不足，提醒学生注意以人物性格、剧情等话剧元素为评判高下的依据，其间可以穿插演员或“执行导演”说戏或回应的内容。最后落实到话剧上来。

4. 片段一“视频”观摩（1999 年人艺梁冠华、濮存昕、杨立新版《茶馆》演出录像）(3 分钟左右)

播放截取的片段一，提醒学生注意在观摩中对比思考。

5. 片段一复演（A 组为复演组或抓阄决定复演组，如有时间可考虑两组均复演）(3 分钟左右)

请同学关注是否在某方面有提高。

6. 教师小结，结束（2 分钟左右）

二、中学生排演红楼戏，大观园游学新体验

——记北师大实验中学“十幕大戏演红楼”2023大观园沉浸式路演

近日，北京师范大学附属实验中学高一年级1000多名师生，在北京大观园开展了名为“十幕大戏演红楼·任务驱动大游园”的《红楼梦》主题体验式游学活动，该活动创造了大观园主题游学的“新范式”，也是该校十多年语文戏剧实践活动结出的“新果实”，也让当时在场的游客获得了“新体验”。

“十幕大戏演红楼”这样的中学生大观园公益路演项目，是中学生深度学习《红楼梦》的“新尝试”，学生演同学看，师生同台演游客随兴看，让参演学生兴奋不已，促进了学生对《红楼梦》故事、人物及主题的深度品读和积极理解。该演出活动由《顽童闹学堂》《凤姐泼醋》《宝玉挨打》《林黛玉进贾府》《共读西厢》《〈游园〉选段》（昆曲）、《刘姥姥进大观园》《凤姐讯家童》《宝玉娶亲》以及《评优·宝玉挨训》十幕改编自小说《红楼梦》的话剧及昆曲表演片段构成，由该校100多名师生共同表演完成，排练历时30多天，演出时长接近120分钟，在大观园“顾恩思义殿露天大舞台”上演，取得了非常好的表演效果。作为在读的高一学生，如此短时间能呈现如此规模的“沉浸式”红楼剧表演，实属难能可贵！

北师大实验中学作为京城名校，有着久远的戏剧排演传统，有着深厚的戏剧文化“土壤”，有着丰富的社会剧场大舞台大戏表演积淀。多年来，该校秉持“一部经典，数代传承；一门课程，多元成长；演员海选，剧团运作；项目学习，活动育人”语文戏剧活动理念，由专职戏剧教师崔英剑领衔开设语文戏剧课程，设立了“伏脉千里”年度戏剧节，创建了“不言”戏剧工作室，成体系有规划地先后排演了7代《雷雨》、3代《窝头会馆》、2代《茶馆》以及2代《暗恋·桃花源》，先后在国家话剧院小剧场、梅兰芳剧院以及民族文化宫剧院等专业剧院对社会观众演出，先后尝试了课本剧改编，经典剧排演，青春剧原创，先锋剧尝试，红楼剧路演等多种戏剧排演类型，发展成为北京市西城区中小学戏剧联盟及北京师范大学直属附校语文学科共同体戏剧联盟牵头校。近6年来，该校语文戏剧课程结业逾800人；近12年来，社会剧场大舞台话剧表演参演师生逾千人，学生观众过万人。

自 2019 年《红楼梦》作为整本书阅读进入高中语文教材以来，因其情节琐碎、人物众多、头绪复杂、主题深奥，阅读《红楼梦》始终是中学生的“难点”及“痛点”，能读进去能坚持读就成为“奢侈”，北师大实验中学语文组经过研究，在 10 多年戏剧课程探索的基础上，借鉴经典剧目排演的经验和人才资源积累，2023 年，选择了把《红楼梦》进行改编并且排演成短剧的“新创意”，以演促读，以演带读，以期开辟一条亲近《红楼梦》阅读《红楼梦》的“新道路”。

在实验中学日趋茁壮的“戏剧之树”上，新开了红楼“十朵花”！

“十幕大戏”从 2023 年 3 月 8 日正式启动，然后开始确定导演、编排剧本及海选演员的工作，最终参演学生近 100 人，参与教师近 30 人，现场观剧师生超过千人（当天学校借势安排了部分教职员工的观演游园活动）。演出服装道具，由各剧组道具组同学负责采买，化妆由学生外请以及志愿者家长帮忙，学校专项戏剧活动资金支持。

其中《评优・宝玉挨训》（特别版）是由语文组的老师和高一班主任、校领导一起演出，该创意由此次戏剧表演活动总策划、语文教研组长兼高一人文班班主任汪文龙老师提出，汪文龙老师亲自担任编剧、导演并主演（剧中演贾政、贾汪两个角色）。师生同台演出，是该校的“旧传统”，校长登台助演是该校的“老规矩”，在师生同台共同参与中拉近师生关系，互相学习，是北师大实验中学的“育人文化”的重要组成部分。

通过这几个月的排练，学生的成长显而易见，比如人文班的一位“黛玉”，过去在班里话不多，比较内向，这次主动参与竞选，通过一个月的项目活动，有很大转变，因为在剧组深受“凤姐”的影响以及“湘云”的感染，这是单纯的学习无法获得的成长体验。理科班的男生，在排演《顽童闹学堂》的过程中，懂得了妥协合作，不再以自我为中心，团队合作意识增强，开始对《红楼梦》的某个角色津津乐道头头是道，这是排练排演才可能有的“成长体验”。

北师大实验中学李晓辉校长也参与了此次演出，李校长是学校“活动育人”理念的倡导者和践行着，多年来，从师资配备上关心语文戏剧课程，从资金划拨上支持语文戏剧课程，李校长一直注重“活动育人”的“范式构建”，希望通过戏剧活动锻炼培养学生的合作素养、沟通素养与创新素养，发掘戏剧课程的育人新功能。

“十幕大戏演红楼”项目在大观园的成功演出，激发了北师大实验中学“常驻”大观园的愿景，拉开了北师大实验中学“大观园路演”的大幕，学校将把这项活动坚持下去，使其成为实验中学戏剧活动的靓丽“新名片”。

有热爱教育的老师，有热爱表演的学生，北师大实验中学的“戏剧之树”必将枝繁叶茂，“戏剧之花”必然常开不败！

第四章　整本书阅读

石隙生木似盘山，二十长年弹指间。
初心不改来时路，一针一线写长篇。

第一节　经典重读与名著细读

一、在苦难体验中保持道德良善

——《平凡的世界》整本书阅读笔记

（一）路遥和他的《平凡的世界》

1.1 路遥生平

路遥，陕西省清涧县人，1949年出生于一个贫困的农民家庭，姐妹共8人，路遥是长子。8岁时，父亲将其过继给家境稍好的大伯（邻县农村的农民家庭）。路遥勤奋好学，小学毕业后考入当地最好的延川中学，但因养父母反对其继续念书而险些辍学。后来他坚决抗争，硬是凭着顽强的生存能力和同学的接济完成了中学学业。

1.2“文革”中的路遥

“文革”中，他参加“造反派”并成为头领，参与了残酷的“武斗”并留下了“污点”，后担任延川县革委会副主任（相当于副县长），并开始文学创作，结识了来自北京的女知青林达（之前拒绝了本地姑娘的示爱）。“文革”后期，他回家种地，当民办教师。后被地方推荐上大学，因“污点”被北师大和陕西师大拒绝，最终在女友林达的资助下入延安大学文学系深造，并担任班长。大学毕业后做《延安文艺》编辑，与林达在单位办公室结婚，后女儿路远降生。

1.3 路遥在文学上的建树

1980年，中篇小说《惊心动魄的一幕》获全国中篇小说奖，标志着路遥在中国文坛有了一席之地。1982年《人生》的发表，更是将其推向事业的顶峰。1988年，路遥呕心沥血之作《平凡的世界》问世，在全社会激起强烈的反响，该小说荣获“茅盾文学奖”。1992 年拟被推荐做陕西省文联主席，11 月却因病去世，年仅 42 岁。

1.4 路遥生平的重要信息

与养父王玉德（孙玉厚原型）

与好友曹谷溪（诗人贾冰原型）

路遥与弟弟王天乐（孙少平原型）

与延川本地姑娘（贺秀莲原型）

与前女友林虹和妻子林达

坚持带病创作《平凡的世界》

《平凡的世界》一波三折的出版命运

与贾平凹、高建群等“陕军团”作家

负重前行的牛

与贫穷和苦难做伴的一生

每天工作十八个小时，昼夜不分，身如同燃起大火，五官溃烂，深更半夜在招待所内转圈，以致招待所的人怀疑他神经错乱。

1.5 路遥的创作生涯

路遥喜欢把自己投入这种如同炼狱一般的情境，他认为“只有在无比沉重的劳动中，人才会活得更为充实”。

1985 年秋，路遥带两大箱书籍和资料，十几条香烟，两罐雀巢咖啡，到铜川矿务局的煤矿医院开始写稿。在弟弟的张罗下，矿医院为他安排了一间用小会议室改成的工作室，一张桌子，一张床，一个小柜，还有一些塑料沙发。

矿上生活艰苦，没有蔬菜，鸡蛋，豆腐都难买到。路遥中午起床吃馒头、米汤和咸菜。晚上有时吃点面条。

路遥有一种“殉道”的悲剧精神，贾平凹说：“他是一个优秀的作家，他是一个出色的政治家，他是一个气势磅礴的人。但他是夸父，倒在干渴的路上。”

1.6 路遥的精神遗产

第一，他对文学事业的那种神圣感，以整个生命去打造自己的文学；

第二，他对普通人命运深刻、持久地关注；

第三，他所塑造的高加林、孙少平等人物形象，给了社会底层特别是正处于奋斗中的青年，以永远的感情共鸣与精神鼓励；

第四，他尽可能地挖掘、表现了每个人本身潜在的朴素而又宝贵的精神。

这四点足以使一位作家永远不朽。

（陕西省作家协会副主席朱鸿）

一个作家去世近二十年了，人们还在热烈地怀念他，还在谈论他的作品，这本身就是对一个作家最高的奖励。路遥的作品中那些人物及其命运，已远远超越了文学的范畴，他给一切卑微的人物以勇气与光亮，让他们知道自己能够走多远。

（陕西省文联副主席高建群）

1.7 小说的创作背景

从“文化大革命”后期到八十年代改革开放初期。当时的中国社会现实是动荡发展的，改革探索也是在摸索中前进的，沧桑而苦难。由于国家政治生活和经济生活的不正常，社会许多方面都处在一种非常动荡和混乱的状态中，造成城乡之间巨大的不可逾越的鸿沟。在农村，农民的生活也越来越困难。

当《人生》获奖并被改编成电影取得成功后，路遥没有沉醉在鲜花和掌声之中，而是深深地思考了一些问题，他暗下决心，一定要超越这一高度，赶四十岁时完成一部全景式地反映中国近四十年间城乡社会生活的巨大变迁的作品。为此，他避开喧嚣的人群，开始搜集准备素材。当路遥开始《平凡的世界》的写作时，他面对当时的文化背景以“独立”的心境和“挑战”的姿态面对他的现实主义写作手法。

1.8 路遥作品的价值

以深邃的目光解析着所处的时代，剖析人物命运，作品中的人物闪烁着人性的光辉。以普通农民、工人、知识青年、基层干部为主角，他以现实主义作家特有的历史使命感和对普通人物身份的认同感，将他们塑造成了英雄，使他的作品赢得广泛的群众基础。

1.9《平凡的世界》人物关系图

孙玉厚一家：孙玉厚（勤奋朴实的农民）
孙少安（贺秀莲）孙少平（田晓霞）
孙兰香（吴仲平）孙兰花（王满银）

孙玉亭一家：孙玉亭（“革命家”村干部）贺凤英（妻）

田福堂一家：田福堂（“守旧派”村主任）
田润叶（李向前）田润生（郝红梅）

田福军一家：田福军（“改革派”高级干部）

田晓霞（女）、徐爱云（妻）

金俊武兄弟：金俊武（老二、二队队长、少安好友）

金俊文（老大、儿子金富、金强）

金俊斌（老三、“抢水事件”中被淹死）

金俊山一家：金俊山（村干部田福堂对头）金成（子）

金俊海一家：金俊海（运输司机）

金波（少平同学）金秀（兰香同学）

金光亮一家：金光亮（地主成分）

王世才一家：王世才（煤矿工人、少平的师傅）

惠英（妻）、明明（子）

1.10《平凡的世界》写了哪几个世界的什么事儿？

（1）“文革”中的双水村：抢水风波/麻糊事件/批斗风波/炸山拦坝

（2）“文革”前后原西县：田福军对阵冯世宽

（3）开放后的双水村：孙少安的乡土创业

（4）黄原和铜城煤矿：孙少平的异乡奋斗

1.11《平凡的世界》主要情节

（1）少平的高中生涯

（2）少安拒绝了润叶

（3）田福堂在双水村

（4）润叶的无爱婚姻

（5）福军的官场沉浮

（6）少平在黄原揽工

（7）润生追求郝红梅

（8）孙少安在双水村

（9）少平在铜城煤矿

1.12《平凡的世界》里的几种情

（1）爱情：少安与润叶、少平与晓霞、金波与藏族姑娘

（2）亲情：孙玉厚与少安、孙玉厚与孙玉亭、少安与少平、少平与兰香、

（3）友情：少平与金波、少安与金俊武、少安与根民

（4）乡情：少安与双水村乡亲

1. 13《平凡的世界》的两大主题

（1）苦难体验

（2）道德良善

1. 14 第一讲的三个课后问题

（1）田福军、少安和少平各代表怎样的奋斗人生？

1）田福军：孤独而坚韧的改革者

2）孙少安：扎根乡土的实干家

3）孙少平：从乡村走向城市的奋斗者

（2）《平凡的世界》要表现变革中的哪几个阶层？

1）农民阶层：来自底层社会的挣扎与呐喊

2）农民工群体：社会转型期的坚守与彷徨

3）干部群体：复杂而平衡的官场生态圈

4）工人阶层：民族与国家的脊梁

（3）《平凡的世界》通过哪些人体现了道德良善在苦难体验中的怎样的意义？

1）孙少平：救助 4 个人 1 个家庭

2）孙少安：永远不忘亲人，先富不忘乡亲

3）田福军：百姓利益为先，个人官位居次

4）……

（二）孙少平——平凡世界的精神斗士

2. 1 孙少平的生平：

求学时代的“穷学生”

双水村里的“教书匠”

黄原城里的“揽工汉”

铜城矿区的“挖煤工”

2. 2 孙少平形象的意义：

通过阅读丰富精神生活

要自主地有尊严地活着

主动选择挑战咀嚼苦难

将苦难升华为人生哲学

将质朴蜕变为道德力量

2.3 少平与晓霞

记得高中毕业时，她还对他说过，希望他千万不能变成个世俗的农民，满嘴说的都是吃，肩膀上搭着个褡裢，在石圪节街上瞅着买个便宜猪娃……为此，在少平回村的那两年里，她不断给他寄书和《参考消息》，并竭力提示他不要丧失远大理想……

她从他的谈吐中，知道这已经是一个对生活有了独特理解的人。

是的，他在我们的时代属于这样的青年：有文化，但没有幸运地进入大学或参加工作，因此似乎没有充分的条件直接参与到目前社会发展的主潮之中。而另一方面，他们又不甘心把自己局限在狭小的生活天地里。因此，他们往往带着一种悲壮的激情，在一条最为艰难的道路上进行人生的搏斗。他们顾不得高谈阔论或愤世嫉俗地忧患人类的命运。

他们首先得改变自己的生存条件，同时也放弃最主要的精神追求；他们既不鄙视普通人的世俗生活，但又竭力使自己对生活的认识达到更深的层次……在田晓霞的眼里，孙少平一下子变成了一个她十分饮佩的人物。过去，都是她“教导”他，现在，他倒给她带来了许多对生活新鲜的看法和理解。尽管生活逼迫他走了这样一条艰苦的道路，但这却是很不平凡的。

（第二部 · 第 23 章）

2.4 少平的“出走”

三年的教师生涯结束了，他不得不回家当了农民。他不能排除自己的苦恼。这些苦恼首先发自一个青年自立意识的巨大觉醒。

他的确渴望独立地寻找自己的生活啊！这并不是说他奢想改变自己的地位和处境——不，哪怕比当农民更苦，只要他像一个男子汉那样去生活一生，他就心满意足了。

按说，要做一个安份守己的农民，眼下这社会正是创家立业的好时候。

谁让你读了那么些书，又知道了双水村以外还有个大世界……如果你从小就在这个天地里日出而作，日落而息，那你现在就会和众乡亲抱同一理想：经过几年的辛劳，像大哥一样娶个满意的媳妇，生个胖儿子，加上你的体魄一定会成为一名相当出色的庄稼人。

不幸的是，你知道的太多了，思考的太多了，因此才有了这种不能为周围人所理解的苦恼……既然周围的人不能理解他的苦恼，少平也就不会把自己的苦恼表现出来。在日常生活中，他尽量要求自己用现实主义态度来对待一切。毫无疑问，对孙少平来说，在学校教书和在山里劳动，这差别还是很大的。当老师不必忍受体力劳动的熬苦，而且还有时间读书看报……虽说身在双水村，但他的精神可以自由地生活在一个广大的天地里。

一整天在山里挣命，晚上回到家里，唯一的向往就是倒在土炕上睡觉，连胡思乱想的功夫都没有。一个有文化有知识而爱思考的人，一旦失去了自己的精神生活，那痛苦是无法言语的。

他一个人在山里劳动歇息的时候，头枕手掌仰面躺在黄土地上，长久地望着高远的蓝天和悠悠飘飞的白云，眼里便会莫名地盈满了泪水，山里寂静无声，甚至能听见自己鬓角的血管在哏哏地跳动。

这些也倒罢了。最使他憋闷的仍然是不能按照自己的意愿去安排自己的生活。他很羡慕村中那些单身独户的年轻庄稼人，要累就累得半死不活，毕了，无论赶集上会，还是干别的什么事情，都由自己支配，这一切他都不能。理性约束着他，使他不能让父亲和哥哥对他的行为失望。他尽量做得让他们满意，即使受点委屈，也要竭力克制，使自己服从这个大家庭的总体生活。

农村的家庭也是一部复杂的机器啊！

他一个人独处这天老地荒的山野，一种强烈的愿望就不断从内心升起：他不能甘心在双水村静悄悄地生活一辈子！他老感觉远方有一种东西在向他召唤，他在不间断地做着远行的梦。

随着他在双水村的苦闷不断加深，他的这种愿望却越来越强烈了。他内心为此而炽热地燃烧，有时激动得像打摆子似的颤抖。他意识到，要走就得赶快走！要不，他就可能丧失时机和勇气，那个梦想就将永远成为梦想。

现在正当年轻气盛，他为什么不去实现他的梦想呢？哪怕他闯荡一回，碰得头破血流再回到双水村来，他也可以对自己的人生聊以自慰了；如果再过几年，迫不得已成了家，那他的手脚就会永远被束缚在这个“高加索山”了！

经过不断的内心斗争，孙少平已经下决心离开双水村，到外面去闯荡世界。

等父亲嫂子先后走了以后，少平却磨蹭着没有急忙回家。他一边在和哥哥添炭，一边吞吞吐吐对哥哥说出了他的心事。

少安惊讶得都有点反应不过来了。他生气地对弟弟说：“你胡想啥哩！家里现在这么忙，人手缺得要命，你怎么能跑到外面逛去呢？”

这个“逛”字刺伤了少平的心。他也有点生硬地对哥哥说：“我不是去逛！我是要出去干点事！”

“干什么事？无非是去揽工！你又不是匠人，当个小工，一天挣一两块钱，连自己的嘴都糊不住！你何必要去受这罪呢？你在家里，咱们父子三人，加上你嫂，一边种地，一边经营咱们的烧砖窑，这不好好的嘛！”

“我已经二十几的人了，我自己也可以干点什么事！”

少安一时不能理解弟弟是什么意思，难道你现在没事可干吗？

但少安猛然感到，弟弟已经长大成人了！他已经不能再像过去一样在他面前以老大自居了！……本来他应该为此而高兴，可是此刻心里却有一丝说不出的伤感。

他早已看出来，弟弟是一个和他想法不太一样的人……现在，少安已经明白，尽管他不情愿弟弟出走，但看来已经很难劝阻他了。

（第二部 · 第12章）

2.5 黄原城里的“揽工汉”

这时候，一个大工匠已经把那块石头抱起来，准备安放到位置上。少平不由自主地对书记说：“这石头上有点血迹……”曹书记的脸色一下子变得很难看——他显然知道这块石头是谁背上来的。因为这事有一种不可言传的神秘和忌讳，众人都停下手中活，静默地目睹了这个小插曲。

少平看见，立在一边的马顺满脸通红，而且把他狠狠瞪了一眼。他知道，他把他舅惹下了。他心里并不为此而懊悔。

当书记的老婆把工钱递到他手里，他点了点后，发现竟然给了他九十元。他立刻抽出二十五元说：“给得多出来了。”

曹书记把他的手按住，说：“没有多。我是一天按两块钱给你付的。”“你就拿上！”书记的老婆接上话茬，“我们喜欢你这娃娃！给你开一块半钱，我们就亏你了！”

“不。”一种男子汉气概使孙少平不愿接受这馈赠。

手上的疼痛使他的心中涌起了一股愤怒的情绪。为了止血，他竟忍不住把那只流血的手猛一下插进了一桶水中。血止住后，他索性赌气担起这担水往他舅家走去。哼，让他们喝他的血吧！

爬到半坡上时，少平感觉自己太过分了。他所具有的文化素养使他意识到他的行为是野蛮的，一刹那间，对别人的不满意和对自己的不满意，使他忍不住两眼噙满了泪水。他随即把那担掺和着他的血的水倒掉，重新到沟底的水井上担了两桶。

书把他从沉重的生活中拉出来，使他的精神不致被劳动压得麻木不仁。通过不断地读书，少平认识到，只有一个人对世界了解得更广大，对人生看得更深刻，那么，他才有可能对自己所处的艰难和困苦有更高意义的理解；甚至也会心平气静地对待欢乐和幸福。孙少平现在迷上了一些传记文学，他已经读完了《马克思传》《斯大林传》《居里夫人传》和世界上一些作家的传记。

“是因为我上了大学，你仍然是个农民吧？看来，你还是世俗的！”晓霞不客气地说。她显然不了解他这两年的变化。他之所以不愿和她再联系。的确是因为两个人在生活中的处境差异太大。但这并不是说，他认为所走的道路就比上大学低贱。恰恰相反，他现在倒很“热爱”自己的苦难。通过一段血火般的洗礼，他相信，自己历尽千辛万苦而酿造出的生活之蜜，肯定比轻而易举拿来的更有滋味——他自嘲地把自己的这种认识叫作“关于苦难的学说”……

（第二部·第 22 章）

2.6 第二讲的三个课后问题

（1）少平为何不能接受少安的请求回村一起办砖厂？

1）阅读让少平成了一个对精神世界有追求的人

2）少平通过揽工生涯感受到了自主选择生活的意义

3）作者刻意要让两种不同的人生选择来做对比

（2）小说为何要安排晓霞抗洪报道中救人而死？

1）这样的安排符合晓霞的性格逻辑

2）增添小说的苦难意味，增加小说的悲剧意识

3）为小说最后少平负伤后又回大牙湾煤矿等情节张本

（3）《平凡的世界》通过哪些人体现了道德善良在苦难体验中的怎样的意义？

1）孙少平：先后救助 4 个人 1 个家庭

2）孙少安：永远不忘亲人，先富不忘乡亲

3）田福军：百姓利益为先，个人官位居次

4）……

（三）孙少安——负重前行的跋涉者

3.1 孙少安的主要情节

1. 与润叶的情感纠葛
2. 迎娶贤内助贺秀莲
3. 多划饲料地“被批斗”
4. 搞“责任制”尝试流产
5. 拉砖捞得“第一桶金”
6. “吃螃蟹”办砖窑厂
7. 为乡亲扩大砖厂规模
8. 抗衡“建庙”而捐资“建校”

3.2 孙少安：负重前行的跋涉者

（1）情感辜负之“重”

（2）家庭责任之“重”

a. 吃白面馍的理想

b. 妻子分家的愿望

（3）社会责任之“重”

a. 从生产队长到“冒尖户”

b. 抗衡刘玉升的“新领袖”

6 岁开始干农活，13 岁辍学务农，18 岁当生产队长。

孙少安不仅要同与生俱来的贫苦搏斗，还要处处提防来自村书记田福堂的算计。

来自家庭和政治的“双重压力”

精明强悍和可怕的吃苦精神

孙少安品行中的“仁”“恕”

超出一般农民境界的独到理解

3.3 搞“责任制”尝试流产

当无比欢欣的情绪过去以后，生活本身的沉重感就向他袭来了。现在，孙少安更加痛切地感到，这光景日月过得太硒惶了！儿子来到这个世界上，他作为父亲，能给予他什么呢？别说让他享福了，连口饭都不能给他吃饱！这算什么父亲啊……连自己的老婆和孩子都养活不了，庄稼人活得还有什么脸面呢？生活是如此无情，它使一个劳动者连起码的尊严都不能保持！

他凭直觉，感到“四人帮”打倒一年多来，社会已经开始有某些变化的迹象了。

孙少安想，他把一队分成几个承包责任组，来它个社会主义劳动竞赛，不是也符合中央的政策吗？但他又知道，这种“理论根据”是很牵强的。

有一天，他突然又想：我为什么不和队里的社员们商量一下呢？人多主意高，说不定这事还有门哩！再说，只要大家都同意，也就不要他孙少安一个人担风险了！

（第一部·第 53 章）

3.4“吃螃蟹”办砖窑厂

这笔钱如何使用，现在倒成了个问题。秀莲央求丈夫说：“现在趁手头有几个钱，咱排排场场箍几孔石窑洞。箍成窑，这就是一辈子的家当……”秀莲说着便委屈地哭了。

孙少安在城里拉砖的时候，就看见现在到处搞建筑，砖瓦一直是紧缺材料，有多少能卖多少。他当时就想过，要是能开个烧砖窑，一年下来肯定能赚不少钱。

（第二部·第 11 章）

随着家庭生活的好转，又加上他们的事业开始红火起来，秀莲渐渐对家庭事务有了一种参与意识。她在这个家庭再也不愿一味被动地接受别人的领导，而是不时地想发出她自己的声音。是呀，她给这个家庭生育了后代；她用自己的劳动为这个家庭创造了财富；她为什么不应该是这个家庭的一名主人？她不能永远是个附庸人物！她首先对少平的出走大为不满。

“我已经受够了！”她泪流满面地对丈夫说：“再这样不明不白搅混在一起，我连一点心劲也没了！”

“家不能分！”少安生硬地说。

“你不分你和他们一块过！我和虎娃单另过光景！”秀莲顶嘴说。

孙少安大吃一惊，他没想到，他的妻子一下变得这么厉害，竟然敢和他顶嘴！

不管从理智还是从感情方面讲，他无法接受分家的事实。他从一开始担负的就是全家人的责任，现在让他放弃这种责任是不可能的。这不仅是一个生活哲学问题，更主要的是，他和一家老小的骨肉感情无法割舍。他们这个家也许和任何一个家庭不同。他们真正的是风雨同舟从最困苦的岁月里一起熬过来的。眼下的生活尽管没有了什么大风险，但他仍然不愿也不能离开这条“诺亚方舟”！

（第二部 · 第 15 章）

3.5 为乡亲扩大砖窑厂

谁来关心这些日子过不下去的人？村里的领导都忙着自己发家致富，谁还有心思管这些事呢！按田福堂解释，你穷或你富，这都符合政策！政策是政策，人情还是人情。作为同村邻舍，怎能自己锅里有肉，而心平气静地看着周围的人吞糠咽菜？

这种朴素的乡亲意识，使少安内心升腾起某种庄严的责任感来。他突然想：我能不能扩大我的砖场？把现有的制砖机卖掉，买一台大型的，再多开几个烧砖窑，不是就需要更多的劳力吗？

（第三部 · 第 6 章）

3.6 如何看两兄弟的不同人生道路？

孙少平的“出走”是一个关键的转折点。其实，这并不是孙少平本人的问题，对于 80 年代初的青年农民，“出走，还是留守”，几乎成为一个莎士比亚式的难题：出走，就有机会摆脱贫瘠的故土，把握城市带来的机遇和挑战，但当时城乡之间巨大的体制鸿沟，意味着他们背井离乡后仍很难获得城市身份；留守，就必须继续忍受精神世界的巨大空虚和单调乏味的农村生活，但至少会温饱无忧，左右逢源……

孙少平选择出走的勇气是令人赞叹的，无论结局如何，一个敢于为自己的理想抛弃安稳的生活去主动冒险、挑战的人在当代中国不多见。而且，作为一个有知识、有思想的高中毕业生（在当时已属高学历），农村精神生活的匮乏是他最无法忍受的，因此，离开家去闯荡一番也不失为一种可尝试的选择。

正是有了千千万万个孙少平不断去冲击这条路，才会有了现在政治环境的日益开明，农民工生存环境和工作质量的大幅度提高，社会的包容性更大，城乡之间差别不断缩小。因此，孙少平出走的意义不在于出走后的成就，而在于出走的本身，这种“唐吉诃德式”的挑战命运的举动本身就有着象征和示范意义。他敢于主宰自己的命运的勇气，敢于挑战现实困境和未知世界的胆识必将被年青一代追捧和模仿。

而孙少安则从小与土地相依为命，他认同自己“庄稼人”的身份，坚信“世事变好”的那一天，自己能凭借双手靠土地过上好日子。所以当机遇来临时，他能凭借敏锐的眼光把握住。孙少安的发展道路是立足于他自身条件和农村现实情况的，相比起孙少平有冒险和运气成分，他脚下的路更坚实，更宽广，更可行，也更有借鉴意义。

因此，这兄弟二人的选择只是代表当时农民所能走的不同的道路而已，并无孰优孰劣之分。

3.7 第三讲的三个课后问题

（1）少安为何不能与润叶结婚？

1）巨大的身份差异背后是两人结合的巨大压力

2）少安为了家庭的负重，有本能的隐忍和担当

3）润叶本质上也是一个为了别人能牺牲自己的人

（2）双水村是一个怎样的世界？

1）乡土中国里宗族矛盾与时代冲突交织的基层社会

2）“文革”后期改革开放初期中国农村的缩影

3）展示少安为争取温饱权与守旧派角力的舞台

（3）改革之后双水村有哪些进步？又伴生哪些问题？

1）个人积极性被调动，解决了生存和温饱问题

2）人的自由得到解放，可以凭智慧和能力创造幸福

3）道德开始滑坡，损公肥私封建迷信等行为开始抬头

4）自私自利的思想抬头，人际关系开始冷漠

（四）《平凡的世界》是个怎样的世界？

4.1 人物分类·小小双水村·平凡大世界

三位“出走异乡”者：孙少平、王满银、金富

三位“乡土创业”者：孙少安、田海民、金光亮

三位“典型女性”：田晓霞、田润叶、贺秀莲

三代“风云人物”：解放前——金光亮之父(大地主)、金俊武之父(大学问家)

解放后——田福堂（村主任）

改革后——孙少安（企业家）

4.2 田福军：复杂官场生态的亲历者·小小的黄原·平凡大世界

中高层官场：

田福军、张有智、乔伯年、石钟

冯世宽、李登云、苗凯、周文龙

基层官场：

田福堂、孙玉亭、田海民、徐治功

金俊山、金俊武、刘根民、白明川

4.3 田福军：孤独而坚强的改革者

（1）深入基层体察民情

（2）以让老百姓吃上黄面馍、白面馍为己任

（3）反对唯上不唯实的冯世宽

（4）在农技站的“坚守”和“突围”

（5）保护和支持孙少安的“基层改革”

（6）对周文龙、张有智两人的态度变化

（7）对润叶婚姻悲剧的悔，对晓霞的正面影响

如果只想当官而不想干事，这种思想太危险了！这难道就是县委书记张有智同志的境界吗？

白元因为在前任书记面前迫不及待要了一回官，反而什么官也没当成。但这位秘书在心里还是敬畏他的前任领导，而对田福军有点瞧不起（当然不敢表现丝毫）。他瞧不起田福军主要是因为新任地委书记太不像个“大官”了，动不动就泥手泥脚和老百姓混在一起，像个公社干部。作为秘书，白元断定：大领导就应该有大领导的威严和威风。田福军太没架子了！太随和了！这哪像个地委书记？

（第二部·第24章）

4.4 田晓霞：现代新女性

无惧世俗的自由灵魂

爱阅读爱思考的青年

爱冒险爱挑战的个性

孙少平的“精神导师”

独立自主的个人奋斗

超越职业道德的勇敢

4.5 田晓霞：超出一般人的境界

田晓霞想，如果她在大学的同学们知道她和一个揽工汉探讨这些问题，不仅不会理解她，甚至会嘲笑她。但这也正是她激动之所在。是的，她和他尽管社会地位和生活处境不同，但在人格上是平等的——这种关系只有在共同探讨的基础上才能形成。或许他们各自都有需要对方改造的地方；改造别人也就是对自己本身的改造。

（第二部·第23章）

4.6 田晓霞：自主独立的见识

一生当个教书匠，这对她来说是难以想象的。尽管她在理性上承认这是一个崇高的职业，但绝对不合她的心意。她天性中有一种闯荡和冒险精神，希望自己的一生充满火热的情调；哪怕去西藏或新疆去当一名地质队员呢！

也许人为了生存，有时也不得不采取一些。但这些东西像是腐蚀剂，必然带来眼界狭窄、自制力减弱、奋斗精神衰退等等弊病。田晓霞毕竟是田晓霞！即使有时候主观上觉得倒退是可以的，但客观上却是无法忍受的，她必须永远是一个生活的强者！

（第二部·第32章）

4.7 田晓霞：敢于冒险的性格

“高朗出差去了。你这时候找他有啥事？”晓霞问他。吴仲平丧气极了。他于是简短地向田晓霞说明了情况。

不料，田晓霞马上说："我去！你带车了没有？""带了。"吴仲平说。他没想到一个姑娘要去冒这种险。他并不知道，这个姑娘的冒险精神闻名全报社。

田晓霞在说话之间便冲进自己的房子，不到两分钟就穿好衣服，肩上挂了个黄书包走出来，抓起楼道的电话，给值夜班的副总编打了招呼，就旋风一般跟吴仲平下了楼梯。她一边气喘吁吁往大门外跑，一边对吴仲平说："谢谢你给了我一个机会！"

田晓霞一到这里，便很快弄清了情况。她找到了气得快要发疯的市公安局副局长，从怀里掏出记者证，像足球裁判亮黄牌一样，在副局长面前一晃，说："我是记者，请你命令民警端起枪，上起刺刀，强迫群众撤离！"

公安局副局长如梦初醒，听从了这个小女孩的指挥，立刻命令民警端起上了刺刀的枪，强迫这些恋家如命而又顽固不化的市民撤退。

（第三部·第 31 章）

田晓霞欣然答应，立刻成了副局长的"高级参谋"，指挥警察四处奔忙着救人。她利用空隙，在屋檐下写成了她的第一条消息，交给副局长，让他过一会打发人送到师专，设法让指挥部发回报社。

田晓霞刚把用塑料袋装好的稿子交到副局长手里，突然发现不远处洪水中有一个小女孩抱着一根被水淹了一半的电线杆，在风雨水啸中发出微弱的哭声，眼看就要被洪水吞没了。

她几乎什么也没想就跳进水中，身边只传来公安局副局长发出的一声惊叫。

（第三部·第 31 章）

4.8 润叶：传统的知识女性

对于有些人来说，寻找幸福是一件不容易的事，摆脱苦难同样也不容易。

田润叶在很大程度上没勇气毅然决然地改变自己的命运。而且随着时间的增长，包围她的那堵精神上的壁垒越来越厚，她的灵魂在这无形的坚甲之中也越来越没有抗争的力量。一方面，她时刻感到痛苦像利刃般尖锐；另一方面，她又想逃避她的现实，尽量使自己不去触及这个她无法治愈的伤口

（第二部·第 37 章）

4.9 润叶的悲剧

徐国强想来想去，没有个好办法给他女婿帮点忙。他突然灵机一动，把田润

叶纳到了这“棋盘”上来。他想：这是一步好棋！润叶要是和向前结了婚，那他李登云就成了福军的亲戚，再好意思和福军作对吗？

润叶一下子被徐大爷的话震住了。天啊，她没想到，在这门亲事的后面还有这么严重的情况呢！

一个她说：不能答应这门亲事！因为你不爱向前！你爱的人是孙少安！

可另一个她又劝说这个她：少安早已经结婚了，你一生也许不会再碰上一个称心如意的人。你最终如果还要和一个自己不满意的人结婚，那还不如就把这门亲事应承下来。这样，你还能给二爸解个围……

她开始动摇了。她的力量使她无法支撑如此巨大的精神压力。当然，除过客观的压力以外，她主观上的素养本来也不够深厚。是的，她现在还不能从更高意义上来理解自身和社会。尽管她是一个正直善良的人，懂事，甚至也有较鲜明的个性，但并不具有深刻的思想和广阔的眼界。因此，最终她还是不能掌握自己的命运。

于是，她的所有局限性就导致她做出了违背自己心愿的决定：由于对爱情的绝望，加上对二爸的热爱，她最后终于答应了这门亲事……

（第一部·第 39 章）

4.10 润叶的怕

有一点她很清楚，所谓的婚姻把她和这个人拴在一条绳索上，而解除这条绳索要通过威严的法律途径。本来这也许很简单，可怕的是，公众舆论、复杂的社会关系以及传统的道德伦理观念，像千万条绳索在束缚着她的手脚——解除这些绳索就不那么简单了。更可悲的是，所有这些绳索之外，也许最难挣脱的是她自己的那条精神上的绳索……

（第二部·第 37 章）

4.11 润叶的醒

唉，他实际上也真的是个可怜人。而这个可怜人又那么一个死心眼不变，宁愿受罪，也不和她离婚。她知道他父母一直给他施加压力，让他和她一刀两断，但他就是不。她也知道，尽管她对他冷若冰霜，但他仍然去孝敬他的父母，关怀她的弟弟；在外人看来，他已经有点下贱了，他却并不为此而改变自己的一片痴迷之心。

（第二部·第 50 章）

4.12 润叶的悟

可是，润叶，你又曾怎样对待这个人呢？

几年来，她一直沉湎于自己的痛苦之中，而从来没有去想那个人的痛苦。想起他，只有一腔怨恨。她把自己的全部不幸都归罪于他。平心而论，当年这婚事无论出自何种压力，最终是她亲口答应下来的。如果她当时一口拒绝，他死心以后，这几年也能找到自己的幸福。正是因为她的一念之差，既让她自己痛苦，也使他备受折磨，最后造成了如此悲惨的结果。

她完全能想来，一个人失去双腿意味着什么——从此之后，他的一生就被毁了；而细细思量，毁掉这个人的也许正是她！

（第二部 · 第 50 章）

4.13 润叶的善良

“我现在应该去照顾他。”一种油然而生的恻隐之心使她忍不住自言自语说。

这样想的时候，她自己的心先猛地打起了一个热浪。人性、人情和人的善良，一起在她的身上复苏。她并不知道，此刻她眼里含满了泪水。一股无限酸楚的滋味涌上了她的喉头。她说不清楚为谁而难过。为李向前？为她自己？还是为别的什么人？

这是人生的心酸。

（第二部 · 第 50 章）

4.14 秀莲：传统农村女性

自进这个家门来，她没少吃过苦哇！现在，她又熬死累活帮扶他支撑这个大摊场，家里和砖厂两头忙，手上经常裂着血口子……虽然她坚持分了家，但按乡俗说，对待老人也无可挑剔。平时，这面家里做点好吃喝，她总想着给那面的三个老人端过去一些。

天冷的时候，母亲眼睛不好了，她就熬夜把老人们的棉衣棉裤都拆洗得干干净净。就是他给老人量盐买油，她也从不说什么。只是他要把一笔大点数目的钱拿出来给家里的人，她就有些不高兴了——钱是她管着的，分分厘厘的花费都瞒不了她……

（第二部 · 第 44 章）

4.15 田福堂再遇孙玉厚

孙玉厚下山时要从他这块地里经过，将要亲眼目睹他田福堂的狼狈相了！

田福堂挣扎着端直粪斗子，把刚才剩下的半犁沟播完。然后他放下粪斗，回转牛，继续向另一头犁去。他想避开过路的孙玉厚，以免让他看他的笑话！

快犁到地头的时候，田福堂听见自己的喘息声比牛的喘息声都厉害。

当他强撑着又把牛回转的时候，惊讶地看见孙玉厚端着他的粪斗子，顺着他刚耕过的犁沟，一步一把撒着粪籽，走过来了。

一团热乎乎的东西一下子堵在了田福堂的嗓子眼上。他没有想到孙玉厚会来给他帮忙，一时竟愣住了。

孙玉厚吆着牛走了以后，田福堂看着下了山的孙玉厚，不禁无限感慨地想了许多事。他记起了他们年轻的时候一同给有钱人家揽工的情景，那时他们曾经像兄弟一样，伙吃一罐子饭，伙盖一床烂棉絮……解放以后多少年，尽管他们同住一村，但再也没有在一块亲热地相处过。想不到今天，他们又一块种了一会地！

在一刹那间，田福堂的心头涌上了一种怪酸楚的滋味——他已经很长时间没有体验过这样的滋味了……

（第二部・第16章）

4.16 改革后的田福堂与孙玉亭

农村的改革如同一次大爆炸，把我们的玉亭同志震成了严重的脑震荡……失去了亲爱的集体以后，孙玉亭感到就像没娘的孩子一样灰溜溜的。唉，他不得不像众人一样单家独户过日子了。他当然也不再是双水村举足轻重的人物。人们现在在村巷里碰见他。甚至连个招呼也不打，就像他不存在似的。哼！想当初，双水村什么事上能离开他孙玉亭？想不到转眼间，他就活得这么不值钱？

（第二部・第16章）

在山里孤单地劳动一天，回家吃完晚饭后，玉亭无法立刻躺到烂席片土炕上去睡觉；他总觉得晚上还应该有些什么事。

他把碗一丢，便拖拉起那双烂鞋，丧魂失魄地出了大门。他也不知道自己怎么一下子就走到了大队部。

噢，他是开会来了！以前几乎每晚上他都要在这里开半晚上会，现在他竟然又不由自主地来到了这里！

（第二部・第16章）

田福堂的态度对玉亭的打击是极为沉重的。当这位“革命家”失去了最后一个精神依托后，只好黯然伤神地生活在他自己的孤独之中……孙玉亭的感觉是正确的，田福堂就是没心思和他的前助手谈论“革命”了。比较起来，不论怎样。孙玉亭可以说对“革命”一片赤诚——为了“革命”，玉亭可以置自己的吃穿而不顾，把头碰破都乐而为之，但田福堂没有这么幼稚，这是一个饱经世故的人。

（第二部 · 第 16 章）

4.17 以上两个片段，关于《平凡的世界》的思考

时代在变，总有苦难考验

时代在变，人得应时而变

时代再变，道德良善不变

二、斗争·信仰·组织

——《红岩》整本书阅读笔记

《红岩》的三个关键词：斗争、信仰、组织

“胜利是斗争取得的”“信仰是力量的源头”“组织是信仰的支撑”

《红岩》：残酷的真实——从回忆录到小说

《在烈火中永生》：“11·27 大屠杀”幸存者回忆录

罗广斌：重庆忠县人。国民党第 15 兵团司令罗广文的胞弟。1948 年加入中国共产党，从事学运工作，因叛徒出卖，同年被捕，囚禁在重庆渣滓洞、白公馆集中营。入狱后，拒绝其兄罗广文的保释，宁愿坐牢，也不写悔过书，并和难友一起秘密制作五星红旗，迎接解放。1949 年“11·27 大屠杀”之夜，策反看守，带领难友集体越狱成功。

《红岩》：以真实事件、人物为原型

1947 年 12 月，渣滓洞监狱（时称“重庆行辕二处第二看守所”）关押的人员主要是 1947 年“六一大逮捕”中抓捕的教育、新闻界人士，“小民革”地下武装案被捕人员，上下川东三次武装起义被俘、被捕人员，《挺进报》事件被捕人员，民革川东、川康分会成员等，最多时关押过三百多人。江竹筠、许建业、余祖胜等曾在此关押过。此地还曾居住过“小萝卜头”和他们一家人。1949 年 11 月 27 日国民党特务在溃逃前夕策划了震惊中外的大屠杀，仅 15 人脱险。

● 为何而斗争？为何是重庆？

周副主席亲切指示的话语，还一直在他耳边回响：“四川是美蒋反动派的重要巢穴，是敌军兵源、粮源、军工生产的主要基地。你们这里的斗争，对我正面战场影响特大。要注意充分依靠和发动群众。要有应付突然事变的准备……”

一眨眼，李敬原仿佛看见周副主席紧跟在毛主席身边，正在陕北山沟里奔波的巨大身影，他那无比刚强、激动人心的语音，像正混合着人民解放军胜利进军的号角声在空中震响：“三五年以后打回来，可能性很大；重庆，我们一定会回来的！”

（第 5 章）

为统一调集力量，迅速破获不断组织罢工、破坏军工生产，阻滞兵源粮源，煽动民变，威胁陪都安全之共匪领导机关，西南长官公署特设立侦防处。由徐鹏

飞兼任处长，严醉、沈养斋兼任副处长，指挥所有军、警、宪、特工人员严加缉捕。（第 6 章）

重庆军工生产，迄未好转，纵火事件余波，尚在滋蔓，军火爆炸案件更连续发生。蓉、筑、昆、渝学潮、米潮此起彼伏。滇、黔、川、康地下武装复乘我后方兵力空虚之际，四出奔袭，如入无人之境。最近川北华蓥山一带，抗丁抗粮，竟成燎原之势，致使兵源、粮源濒于断绝，消息传来，惊心动魄！长此以往，西南前途殊堪焦虑。此等情况业已函告人凤兄知悉。近复得总裁手谕，令兄立即破案……（第 6 章）

因为你们的最后目的，是要我们下台，而我们又决不会让步，我们当然要靠美国的援助，来最后消灭对手。因此，南北朝的形势，又似乎是一定时期难以避免的局面。这是我对今后时局的一点估计。但是不管怎样，西南是我们的后方，我们在任何时候也不会放弃。（第 10 章）

- **《红岩》：都有几个层面的斗争？**

工运斗争：成岗、余新江

学运斗争：成瑶、华为、孙明霞

农运斗争：江姐、双枪老太婆

地下斗争：许云峰（9、10）、李敬原、陈松林

狱中斗争：许云峰（9、10）、成岗（9、19）、刘思杨（18）

老大哥、余新江、江姐、齐晓轩、华子良

- **跟谁斗争？**

特务头子：徐鹏飞（9）毛人凤（10）

监狱看守：猩猩、猫头鹰、陆清、杨进兴

党内叛徒：甫志高

红旗特务：郑克昌（5）老朱（18）高邦晋（21）

催眠医生：中美合作所特别医院（19）

斗争地点：渣滓洞（11、12、13、21、25、26、28）

白公馆（19、20、22、23、24、26、29、30）

- **都是怎样的斗争？**

极其残酷的考验人身心承受极限的

拷打：毒刑（成岗、江姐、许云峰）

折磨：断水、蚊虫叮咬（刘思杨）

恐吓：假枪毙（成岗、华子良）

利诱：假许愿（刘思杨、许云峰）

● 靠什么斗争？有信仰、有组织

信仰：强大的意志力量

巨大的精神力量

组织：信仰的支撑力量

● 信仰是什么？力量从哪里来？

信仰什么？

对所追求事物的坚定不移地相信

作为人的自由（叶挺的《囚歌》）（第 11 章）

下一代的幸福（“监狱之花”）（第 12 章）

力量从哪里来？

难友的慰勉、胜利的消息

成岗朗诵《我的“自白书”》（第 9 章）

刘思杨吟咏《囚徒之歌》（第 11 章）

● 信仰的支撑：从兵工厂办进白公馆的《挺进报》

为了把胜利的消息，及时告诉人民，决定出一种群众性的宣传刊物。刊物定名为《挺进报》，每周出版一期，着重报道解放战争的胜利消息，评介时局和宣传党的政策法令……可以发到可靠的积极分子手里。市委希望它成为团结、教育广大群众的一种有力的武器。（第 3 章）

● 信仰是什么？力量从哪里来？

一年来，他习惯于用渣滓洞人们的眼光，来衡量一切，因而，他感到白公馆这个地方，完全不像渣滓洞那样活跃和充满斗争。……不管是在二处，或者渣滓洞，他都得到过无数同志式的友爱和关心。一张字条，几句鼓励的话，轻轻的一个微笑，和那些在牢房阴暗角落的墙壁上坚贞的题词……都使他感到是和集体生活在一起，免除了冷淡和寂寞。（第 19 章）

● 《红岩》中的几类人物形象

睿智果断的领导者：许云峰、江姐、李敬原

坚贞顽强的新骨干：成岗、余新江、刘思杨、成瑶

成熟稳重的老党员：老大哥、龙光华、李青竹、齐晓轩、老袁、华子良

生而不幸的孩子：“监狱之花”、小萝卜头

•许云峰：火一样热情，钢一样坚强的人

处理“书店事件”（第7章）

掩护李敬原脱险（第8章）

拒威逼斗徐鹏飞（第9章）

拒利诱斗毛人凤（第10章）

领导“绝食斗争”（第13章）

勉励江姐抗毒刑（第15章）

地窖暗中修通道（第24章）

保通道英勇就义（第28章）

（1）许云峰：勤勤恳恳的工作

和老许在一起工作久了，成岗愈来愈感到他是个火一样热情，钢一样坚强的人。他那明亮深远的目光，充满了洞察一切的力量。在他面前，从来没有克服不了的困难和解决不了的问题。……他是那样勤勤恳恳地为自己的阶级兄弟工作，每逢听到哪个工厂发生工人斗争，他都要亲自前去，为工人策划，部署，忘记了疲劳和休息……（第3章）

（2）许云峰：大公无私的境界

“我服从党的需要。”成岗有力地回答。

“还有，”老许的声音很平静，怀着饱满的热情，“不能把对党的忠诚，变成对某个领导者的私人感情，这是危险的，会使自己迷失政治方向。你懂得我的话吗？”

成岗的脸红了；他抬起头来，坚定地说：

“懂得，我一定改正。”（第3章）

（3）许云峰对比甫志高

他相信，不仅是许云峰，还有已经离开的江雪琴，对自己的印象都未必很好。自己对他们，在感情上也有距离。在为党工作的时候，不能不为自己的抱负想一想，作点安排。这次把联络站办成书店，他是早有计算的：把书店办好，出版刊物，逐渐形成一种团结群众的阵地，到解放后，当然比仅仅搞经济工作所能得到的好处更多，也比单纯搞联络站工作的收获更大。（第7章）

天生我材必有用，要在革命斗争中露出头角，而不被时代的浪潮淹没，就应该在力所能及的条件下，尽可能地发展自己，这绝非过分的事。在办书店以前，他想抓点学运工作。后来又想下乡去。听说川北方面搞得不错，那是他的家乡，

如果回去搞点武装，在全国胜利的形势下，一年两年苦过了，到胜利那天，安知自己混不到个游击队司令员？（第7章）

又喝了一大口酒，心里暗想道：还是对许云峰让步吧！可是让步的后果呢？他很难逆料。也许是批评，甚至是处分，这使他很不愉快。最担心、最害怕的是把他调离银行。多少年来，好容易得到了一个幸福温暖的家，如果离开银行，用来掩护身份的生活和享受全都完了，至少短期内是难以恢复了。

一想到这里，甫志高不能不怀念妻子了，也许，她此刻正斜靠在床边，等待着他的归来？（第7章）

（4）许云峰：睿智果断地处理“书店事件”

陈松林看见许云峰认真思索的神情，连忙又把郑克昌的日常表现，和自己对他的印象告诉许云峰。许云峰静静地听着，没有插话。……“这个人还爱写诗？把他的诗给我看看。”……“这首诗是抄袭的！《新华日报》副刊早就发表过。”（第7章）

许云峰注视着陈松林，慢慢地说：“你想过这样的问题吗？他为什么用这种手段？这是一种骗取我们信任的手段！”……“书店是党的秘密机关，”许云峰冷冷地说，“郑克昌住进书店，一定有不可告人的目的。”（第7章）

“可是老甫，他是个老同志了呀！为什么他老是要我‘放手工作，大胆联系群众！’他，他为什么……”“你是没有经验，至于甫志高……”老许没有说下去，却转口问道：“如果郑克昌他们是特务，你怎样对付？”“我和他们拼了！”陈松林咬牙切齿地说：“别人怕特务，我可不怕。”“我们需要的是冷静，不是害怕，也不是硬拼。”老许缓缓问道：“你仔细想想，郑克昌最近的行动，有反常的地方吗？和敌人做斗争，我们要知己知彼。”

许云峰扭头向外察看，只见茶园门口，人丛里夹杂着几个形迹可疑的人。再往门外一望，一眼看出：便衣特务封锁了商场的所有通路。许云峰猛然见到甫志高守在门外，领着两个陌生人正要挤进茶园。他知道情况不好，便两手按住桌沿，低声地神色不变地说：“老李，马上通知转移，甫志高叛变了！”（第8章）

许云峰无比坚强、果敢、镇定的神情，更加强了他试图以万分紧张的瞬间寻找突然脱险机会的决心。李敬原毫不迟疑地说道：“我们走！”这时，特务已经阻住了进进出出的人，开始清查叛徒供出的许云峰。“来不及了。”许云峰把茶碗推向一边，急速地交代着：“甫志高不认识你，你赶快走。通知区委、成岗、刘思扬……还有小余，所有甫志高知道的人全都转移！”（第8章）

“请不要为我担心……”许云峰又补充一句：“你走，从旁门出去！”“我们一定设法给你取联系！”李敬原退后一步，沉着地说。许云峰丢开报纸，从拥挤不堪的人丛中站起来，仿佛一点也没有发现危险似的，缓步向甫志高走去。直到叛徒卑劣的目光对准了他时，许云峰才不慌不忙地高声招呼道：“甫志高！你来了？这边坐吧！”立刻，所有便衣特务的目光和注意力，完全集中在突然从人丛中出现的许云峰身上。（第8章）

（6）许云峰：机智冷静斗徐鹏飞

“可惜叛徒也会告诉你，旁的人你已经抓不到了。”许云峰神色自若地说：“否则，就不能解释你们为什么抛开叛徒，而对我许云峰发生了这样特殊的兴趣。我老实告诉你，尽管许云峰掌握着你渴望知道的一切材料，却只能给你加添烦恼！”徐鹏飞隐隐地感到自己抛出的材料太多了，而且这些刀子，看来一点也没有戳中对方的要害。（第9章）

一阵心如刀割的绞痛，顿时使许云峰热泪盈眶……“太残酷了吧？看着自己人身受毒刑，你能无动于衷？”许云峰再次擦去成岗脸上涌流的鲜血，愤然抬起头来，怒火燃烧，瞪着这群卑劣的野兽。可是，瞧着徐鹏飞那挑战的神气，他立刻又冷静下来。在敌人的毒穴里，他怎能用廉价的感情冲动，来代替斗争，而这种失去冷静的冲动，正是敌人期待着的。于是他把愤怒的目光，逼视着徐鹏飞，却一言不发。

“谁领导？”敌人的神色已经暗示了答案——《挺进报》多半是他在领导。为了掩护党的组织和李敬原的安全，他决定不露声色地引导敌人作出错误的判断。……“我是地下党市委委员，工运书记，你们也许还知道我和《挺进报》的关系……”“老许！你？”刚刚醒来的成岗，突然喊了一声。他的目光惊诧地和许云峰坦然的目光相遇。许云峰低下头来对成岗解释了一句：“叛徒早已告诉敌人了。”

从容的许云峰和刚强的成岗，互相靠在一起，肩并着肩，臂挽着臂，在这诀别的时刻，信赖的目光，互相凝望了一下，交流着庄严神圣的感情。他们的心情分外平静。能用自己的生命保卫党的组织，保卫战斗中的无数同志，他们衷心欢畅，满怀胜利的信心去面对死亡。……许云峰的声音分外平静，但是狠狠地刺进徐鹏飞的心脏：“拷打得不到的东西，刑场上同样得不到。”（第9章）

许云峰看也不看对方送来的酒杯，不费思索就猜透了对方的阴谋，他推开那阴险的照相机……“收拾起你们这一套！”许云峰霍地站起，立刻戳穿了敌人狡诈的阴谋：“要我干杯？要我碰杯？要我照相？把你们的武装派来，岂不更加有

效?！要和共产党员碰杯，你们永远休想！” （第 10 章）

“‘创举’，‘尝试’，‘变敌对关系为友好合作’……是啊，多么美妙的词句！”许云峰忽然扬起眉头反问：“一个特务头子，会说几句陈腐不堪的政治术语，这就是你的‘政治价值’吧？”……“可惜你们连一张碰杯的照片，也没弄到。你们的报纸，除了骗骗你们自己，谁还相信它吗？……” （第 10 章）

（7）许云峰：有理有节地领导“绝食斗争”

余新江和刘思扬边走边想着老大哥在临走前的嘱托：“许云峰同志说，一定要坚持条件，公开追悼龙光华，打下敌人的气焰，改变敌我力量的对比，从根本上摧毁敌人的迫害和虐待！有全体战友的支持，提出的条件决不能让步。”想着这些话，他们挺身走进了猩猩的办公室。……” （第 13 章）

（8）许云峰：勉励江姐抗毒刑

一阵高昂雄壮的歌声，从楼八室铁门边最先响起。江姐在歌声中渐渐苏醒了。……目光一闪，江姐仿佛发现了从楼八室传来的，许云峰的信任与鼓舞的眼波。战友的一瞥，胜过最热切的安慰，胜过任何特效的药物，一阵激烈的振奋，使她周身一动，立刻用最大的努力和坚强的意志，积聚起最后的力量，想站定脚步。她摇晃了一下，终于站稳了。 （第 15 章）

（9）许云峰：地窖中暗挖逃生地道

地窖，也许是敌人认为最“安全”的地方，没有特务来日夜看守。许云峰一开始就觉得：对敌人的这种疏忽，若不充分利用，那是一种软弱和错误。世界上没有奇迹，但是坚定顽强的战士，却可以做出常人认为无法做到的事。能不能在这毫无希望的地底，挖出一条脱险的通道呢？这个大胆的想法，看来几乎是不可能的，但他却有决心试一试。 （第 24 章）

他确信自己被囚的地方，必然是中美合作所内的一处集中营，也许，正是敌人威胁地宣布过的那座“魔窟”白公馆？

不管是什么地方，被囚禁的决不止自己一人。不断挖掘的这条通道，不仅可以自己使用，还可以给更多的战友使用。如果可能，他宁肯自己不用，也要为将来战友们的越狱，准备一条备用的通道。 （第 24 章）

（10）许云峰：视死忽如归

许云峰不屑再讲下去。死亡，对于一个革命者，是多么无用的威胁。他神色自若地蹒跚地移动脚步，拖着锈蚀的铁镣，不再回顾鹄立两旁的特务，径自跨向石阶，向敞开的地窖铁门走去。他站在高高的石阶上，忽然回过头来，面对跟随在后的特务匪徒，朗声命令道：

“走！前面带路。”（第 24 章）

• 江姐：意志如钢铁，信念似红岩的人

承受“丧夫之痛”（第 4 章）

斥叛徒掩护成岗（第 14 章）

承受报复的毒刑（第 15 章）

组织狱中绣红旗（第 25 章）

别狱友从容就义（第 25 章）

（1）江姐：承受“丧夫之痛”

江姐茫然的视线，骤然碰到华为手里的箱子……“我在干什么？”一种自责的情绪，突然涌上悲痛的心头。是什么地方？什么时候？自己负担着党委托的任务！不！没有权利在这里流露内心的痛苦；更没有权利逗留。江姐咬紧嘴唇，向旁边流动的人群扫了一眼，勉强整理了一下淋湿的头巾，低声地，但却非常有力地对华为说：

“走吧，不进城了。”（第 4 章）

“你放声哭吧！”无声的泪，不断地流，江姐做梦也没有想到，自己会遭受这样的不幸。多少欢乐的想念，多少共同战斗的企望，全都化为泡影。动身的时候，她还想着他肺病很重，给他带来了瓶鱼肝油，可是谁想到…江姐无力地依在老太婆的肩头，大睁着泪眼，她真想放声一哭！“不，不啊……”江姐忽然轻轻摇头。“哭，有什么用处？”（第 4 章）

老太婆也默然了，更紧地把江姐搂在怀里。江姐微微抽泣着，时断时续，但她却不肯顺从老太婆对她善意的纵容……她终于慢慢抬起头来，深情的目光，凝视着老太婆的泪眼，仿佛从她满是皱纹的脸上，感受着无穷的爱和恨，感受着共同的感情。“你说过，剩下孤儿寡妇，一样闹革命！”江姐轻轻吐出心坎里的声音：“我怎能流着眼泪革命？”（第 4 章）

（2）江姐：斥叛徒掩护成岗

江姐盯着甫志高陡然变色的脸，她缓缓地，但是斩钉截铁地说出几个清清楚楚的字：“无耻的——叛徒！”江姐轻蔑地瞟了一下枪管，她抬起头，冷冷地对着叛徒狰狞卑劣的嘴脸，昂然命令道：“开枪吧！”叛徒一愣，仓皇地朝后退了一步。江姐立刻迈步向前，一步，又一步，把紧握手枪的叛徒逼到墙角。江姐站定脚跟，慢慢抬起手来，目光冷冷地逼视着不敢回视的叛徒，对准那副肮脏的嘴

脸，清脆地赏了一记耳光。　（第 14 章）

（3）江姐：承受报复的毒刑

追悼龙光华以后不久，江姐被押到渣滓洞里来，日夜拷问的次数，已经无从计算了。大家都知道，为了保卫党的机密，江姐忍受了多少摧残，获得了多少同志的尊敬。经过绝食斗争，敌人被迫接受了条件，不敢继续迫害了，现在却在渣滓洞对江姐进行非刑拷打，很显然，这是敌人疯狂的报复！江姐不仅为党，也为大家受苦，这使得每个人都感到敬佩而又十分痛苦。　（第 15 章）

（3）江姐：组织狱中绣红旗

江姐依偎在李青竹身边，凝望着刺绣中的五星红旗，她不仅理解战友们的兴奋心情，她自己的心境，也和大家一样。但是她在胜利的喜讯中，激动而又冷静，想得很多、很远。……她知道，在越狱和屠杀的斗争中，必须付出多少生命作为代价。这代价，也许首先是自己，也许还有别人，但她宁愿用自己来代替一切战友，为党保存更多的力量。然而，在欢乐的战友们面前，在五星红旗面前，她什么也没有讲。　（第 25 章）

（4）江姐：别狱友从容就义

江姐一听见叫她的名字，心里全都明白了。她异常平静，没有激动，更没有恐惧与悲戚。黎明就在眼前，已经看见晨曦了。这是多少人向往过的时刻啊！此刻，她全身心充满了希望与幸福的感受，带着永恒的笑容，站起来，走到墙边，拿起梳子，在微光中，对着墙上的破镜，像平时一样从容地梳理她的头发。

（第 25 章）

江姐换上了蓝色的旗袍，又披起那件红色的绒线衣。她习惯地拍拍身上干净的衣服，再用手熨平旗袍上的一些褶痕。“明霞，帮我扯扯衣服。”孙明霞知道，江姐素来爱好整洁，即使在集中营里，也一贯不变。……江姐略停了一下，又轻声说道：“如果需要为共产主义的理想而牺牲，我们每一个人，都应该、也可以做到——脸不变色，心不跳。”　（第 25 章）

● 读《红岩》，知今天

“和平是先烈通过斗争和牺牲换取来的”“信仰是战胜苦难折磨的强大精神力量”

第二节　厚书读薄与薄书读厚

一、从文化的角度写抗战

——《四世同堂》整本书阅读笔记

（一）老舍和他的《四世同堂》

1. 老舍的经历影响了《四世同堂》

老舍出生于北京一个下等旗人家庭。父亲早亡，在母亲的抚养下长大成人，从母亲那里接受了更多的传统文化教育。儒家文化中的“中庸”“仁爱”“尚柔”等人生哲学和传统思想对老舍影响很大。

后来老舍又到外国留学，到各地任教，并受“五四运动”的影响，老舍的思想产生了很大的转变。其经历与生活环境使其笔下的人物深受传统文化思想的熏染。

老舍在创作中善于借鉴外国的先进理论，并且与中国传统文化精神和中国现状相结合，在反映和揭露传统文化的同时，注重传统文化影响下对国民劣根性的揭露和批判。

2. 创作背景与作品特色

抗日战争时期，中国陷入内忧外患的时代：“七七”事变，北平沦陷；保定失守，太原失守；淞沪会战失利，南京沦陷；武汉撤退，广州失守，汪精卫叛国；珍珠港事变，太平洋战争爆发；美国在日本投下原子弹，日本无条件投降。

在日本的残酷统治下，同胞生活在水深火热中。沦陷区人民呈现出“众生相”：很多人偷生苟活，沦为“亡国奴”；不少人奴颜媚骨，甘为“汉奸卖国贼”；也有人挺身反抗，成为“抗争者”；……

有许多像祁老者的老人，希望在太平中度过风烛残年，而被侵略者的枪炮打碎他们的希望。即使他们有一份爱国的诚心，可是身衰气败，无能为力。他们只好忍受。（第6章）

有许多像祁天佑的半老的人，事业已经固定，精力已剩了不多……只求在身心还未完全衰老的时候再努力奔忙几年……去享几年清福。他们没有多少野心，而只求在本分中凭着努力去挣得衣食与家业。（第6章）

有许多像祁瑞宣的壮年人，有职业，有家庭，有知识，有爱国心，假若他们有办法，他们必定马上去奔赴国难，决不后人。他们深恨日本人……以瑞宣说吧，一家大小的累赘，像一块巨石压在他的背上……尽管他想飞腾，可是连动也动不得。（第6章）

有许多像瑞全的青年人，假若手中有武器，他们会马上去杀敌。平日，他们一听到国歌便肃然起敬，一看到国旗便感到兴奋；……他们没法子不深恨日本人……日本兵攻破他们的北平！他们宁愿去死，也不愿受这个污辱！可是，他们手中是空的；空着手是无法抵抗敌人的飞机与坦克的。（第6章）

有许多小崔，因为北平陷落而登时没有饭吃；有许多小文夫妇，闭上了他们的口，不能再歌舞升平；有许多孙七，诟骂着日本人而没有更好的方法发泄恶气；有许多刘师傅想着靠他们的武艺和日本小鬼去拼一拼，可是敌人的坦克车在柏油路上摆开，有一里多地长；有许多……谁都有吃与喝那样的迫切的问题，谁都感到冤屈与耻辱，他们都在猜测事情将要怎样变化——谁都不知怎样才好！

（第6章）

3. 情节概述 · 第一部《惶惑》（1—34）

1）祁老人盼过80大寿，日本人打进北平城。

2）钱仲石开车摔死日本兵，与敌同归于尽。

3）冠家积极靠拢日本人，钱诗人被其出卖。

4）孟石病死其母殒命，街坊们帮料理后事。

5）瑞全出城抗日，大赤包靠招弟得到差使。

6）瑞丰得任科长，钱诗人出狱后投身抗战。

4. 情节概述 · 第二部《偷生》（35—67）

1）邻居们开始缺煤缺粮，冠家人生活越发滋润。

2）瑞宣辞教职，富善先生安排其进“英国府”。

3）瑞丰被解职，胖菊子见风使舵改嫁给蓝东阳。

4）瑞宣被抓，韵梅求富善先生，终被营救出狱。

5）戏园袭击敌人出意外，小文夫妇和桐芳遇难。

6）大赤包入狱，招弟失踪，晓荷高第流落街头。

5. 情节概述·第三部《饥荒》（68—100）

1）晓荷与瑞丰被特务抓走，大赤包死在狱中。

2）高第出城被特务招弟拦截，加入抗战行列。

3）开始规定粮食份额，韵梅出面领取共和面。

4）流行传染病，落魄孙七与冠晓荷惨遭活埋。

5）瑞全回北平开展地下工作，杀死特务招弟。

6）李四爷惨死，钱诗人又被捕，小妞子饿死。

（二）从文化的角度写抗战

6. 作品特色与主题高度

1）以三个家庭代表北平市民

2）以小羊圈胡同折射社会与时代

3）以普通市民的生活侧面反映抗战

4）从审视传统家族文化弊端的视角写抗战

5）从反思我们民族之劣根性的高度写抗战

小说的文化反思①——马寡妇的“忍”

马寡妇赶紧把门关好，像耳语似的对长顺说：“不要听孙七的，咱们还是老老实实的过日子，别惹事！反正天下总会有太平了的时候！日本人厉害呀，架不住咱们能忍啊！”（第16章）

小说的文化反思②——陈野求的“惜命忍辱”

他（陈野求）告诉瑞宣：“从历史的久远上看，作一个中国人并没什么可耻的地方。但是，从只顾私而不顾公，只讲斗心路而不敢真刀真枪的去干这一点看，我实在不佩服中国人。北平亡了这么多日子了，我就没看见一个敢和敌人拼一拼的！中国的人惜命忍辱实在值得诅咒！话虽这样说，可是你我……”

（第16章）

小说的文化反思③——安静老实的文化

现在，他可看清楚了：在他的反战思想的下面实在有个像田园诗歌一样安静老实的文化作基础。这个文化也许很不错，但是它有个显然的缺陷，就是：它很容易受暴徒的蹂躏，以至于灭亡。会引来灭亡的，不论是什么东西或道理，总是该及时矫正的。（第 27 章）

小说的文化反思④——缺乏有血性的基因

北平已经亡了，矫正是否来得及呢？瑞宣说不上来。他可是看出来，一个生活与趣味全都是田园诗样的钱先生现在居然不考虑一切，而只盼身体健壮，好去报仇，他没法不敬重老人的胆气。老人似乎不考虑什么来得及与来不及，而想一下子由饮酒栽花的隐士变成敢流血的战士。难道在国快亡了的时候，有血性的人不都应当如此么？（第 27 章）

小说的文化反思⑤——缺乏有血性的下一代

瑞宣从祖父一直看到自己的小女儿，没说出什么来便走进屋里去。到屋里，他对自己说："这就是亡国奴的家庭教育，只有泪，哭喊，不合理的袒护，而没有一点点硬气儿！钱老人盼望有个会打仗的孩子，这表明钱诗人——受过日本人的毒打以后——彻底的觉悟过来：会打仗的孩子是并不多见的，而须赶快的产生下来。……"（第 27 章）

7. 主题解读——小羊圈 · "沦陷"的中国

"小羊圈胡同"的象征意义：

1）中国人是"羊圈"里任人宰割的"羔羊"吗？

2）中国人像羊一般软弱、隐忍？

3）在封闭的小家庭、小世界中偷生苟活，会有什么结局？

4）我们的文化与民族性格有什么问题？

5）何以御敌？何以新生？

8. 主题解读——惶惑 · 偷生 · 饥荒

1）惶惑与偷生的结局就是饥荒

2）惶惑苦闷则任人宰割，忍辱偷生即自取灭亡

3）惶惑苦闷的背后是传统家族文化的桎梏

4）忍辱偷生的背后是我们民族性格的劣根

5）革新家族文化，重塑民族性格，从惶惑偷生走向觉醒反抗，才能走向民族的新生

9. 主要人物与相关情节

三个家庭为主线：

1）祁家：祁老人、天佑、瑞宣、瑞丰、瑞全、韵梅、胖菊子

2）钱家：钱默吟、孟石、仲石、钱老太太、钱太太

3）冠家：冠晓荷、大赤包、尤桐芳、高第、招弟

三类人物为主体：

1）忍辱偷生者：祁老人、天佑、钱太太、韵梅

李四爷、孙七、程长顺、小崔、金三爷、陈野求、常二爷

2）媚日求荣者：冠晓荷、大赤包、瑞丰、胖菊子、招弟、蓝东阳、高亦陀

3）觉醒反抗者：仲石、钱默吟、瑞全、高第、桐芳、瑞宣、刘棚匠、白巡长

10. 老舍自认最好最满意的作品

历时 8 年（1941—1948）完成，分 3 部陆续出版。是老舍规模最大、写作时间最长的作品；是老舍自认最好最满意的作品；也是唯一正面描写抗战时期普通民众生活的长篇抗战小说。主要家庭有七八个，主要人物有几十个，囊括了老派市民、新派市民、洋派市民和城市贫民等各类形象，涉及五行八作、三教九流的众多角色。

（三）北平市民"众生相"

11. 主要人物与相关情节

1）两位老人：祁老人与钱诗人

2）三个兄弟：瑞宣与瑞丰、瑞全

3）女性形象：韵梅、桐芳与招弟、高第等

4）汉奸群体：冠晓荷、大赤包、蓝东阳、胖菊子等

5）各色市民：祁天佑、刘棚匠、程长顺 、孙七、李四爷、金三爷、丁约翰等

12. 祁老人与钱诗人：守旧苟安者·觉醒反抗者

祁老人：旧派守旧市民形象，守旧、苟安、中庸，按照旧法规维持家族的生活

钱老人：从隐士诗人到先锋战士、从自足自乐到觉醒反抗

12.1 祁老人：旧派守旧市民形象

1）讲规矩、守规矩

对瑞宣的不满：生日前放走瑞全、中秋前赶走瑞丰

2）极谦卑、很愚弱

对时局的糊涂认识，对瑞丰的袒护，与瑞全的隔膜

3）有奴性、没血性

对日本特务也毕恭毕敬，对日本人的残暴止于哭骂

12.2 祁老人为什么会这样?

讲究“中庸”、追求“平和”的儒家文化毒化的结果。作为大清的“遗民”，民国的“顺民”。其最大的理想是安享晚年。作为老人，是慈爱的；作为大家长，是专制的；作为长者，又是愚昧的；作为受害者，又是健忘的。

12.3 钱诗人：从隐士诗人到先锋战士

1）有修养、有见识

养花品画，饮酒赋诗的隐士诗人“范儿”，教育出仲石

2）极坚强、很坚韧

被捕时镇定，受刑时无惧，出狱后首先找冠晓荷“复仇”

3）有血性、有头脑

唤醒桐芳、刘棚匠、高第；策划戏园行刺行动；教训冠晓荷；指导瑞全、白巡长、瑞宣的抗敌行动

12.4 钱诗人：有国家观念，有见识

钱默吟：“第一次来看你老人家，我……简直不愿出街门。”……祁老人先提出实际的问题：“……你有粮食没有。……”默吟先生没说有粮，也没说没粮，而只含混的一笑，倒好像即使已经绝粮，他也不屑于多去注意。……“时局要演变到什么样子呢?你看，我是不大问国事的人，可是我能自由地生活着，全是国家所赐。”(第3章)

12.5 钱诗人：骨子里的勇者

……老人的头慢慢往下低，眼珠往旁边挪，不敢再看她。高第急忙地立起来，以为老人要哭。老人忽然又抬起头来，并没有哭，只是眼中湿润了些。纵了一下鼻子，他伸手把桌下的酒瓶摸上来。……“死得好！好！”打了个酒嗝，他用乌牙咬上了下唇。

“钱伯伯，你得走!”“走?”“走！……不是要有灭门的罪过吗?”“呕!”钱先生反倒忽然笑了一下，又端起酒来。“我没地方去！这是我的家，也是我的坟墓！况且，刀放脖子上的时候，我要是躲开，就太无勇了吧！……”（第11章）

12.6 钱诗人为什么能这样？

我是不大问国事的人，可是我能自由地生活着，全是国家所赐。我这几天什么也干不下去！我不怕穷，不怕苦，我只怕丢了咱们的北平城！一朵花，长在树上，才有它的美丽；拿到人的手里就算完了。……假若北平是树，我便是花，尽管是一朵闲花。北平若不幸丢失了，我想我就不必再活下去！（第3章）

他看清：对方的本事只是打人，……他一辈子做梦也没梦到，自己会因为国事军事而受刑；今天，受到这样的对待，他感到极大的痛苦，可是在痛苦之中也感到忽然来到的光荣。他咬上了牙，准备忍受更多的痛苦，为是多得到一些光荣！（第33章）

他越看，那个青年就越像自己的儿子。……仲石，会把自己的身体和日本人的身体摔碎在一处，摔成一团肉酱。他的儿子将永远活在民族的心里，永远活在赞美的诗歌里；这个青年呢？这个青年大概只会和爱人在一处享受温柔乡的生活吧？他马上开了口：“你挺起胸来！不要怕！我们都得死，但须死得硬梆！你听见了吗？”（第33章）

他忽然地想到：“不能死！不能死！我须活着，离开这里，他们怎样杀我们，我要怎样杀他们！我要为仇杀而活着！”……他往四处找那个青年，看不见。他愿把心中的话告诉给青年：“我常在基督教教堂外面看见信，望，爱。我不大懂那三个字的意思。今天，我明白了：相信你自己的力量，盼望你不会死，爱你的国家！”（第33章）

青年转过身来，看着姑娘的身体。看着看着，热泪一串串地落下来。一边流泪，他一边往后退；退到了相当的距离，他又要往前蹿，大概是要把头碰在墙上。

“干什么？”他——钱老人——喝了一句。青年愣住了。“她死，你也死吗？谁报仇？年轻的人，长点骨头！报仇！报仇！”（第33章）

是的，敌人是传染病，仲石和一切的青年们都应当变成消毒剂！……屋子不那么空虚了……已不是一间小小的囚房，而是抵抗敌人，消灭敌人的发源地。敌人无缘无故地杀死那个中年人与美貌的姑娘，真的；可是只有那样的任意屠杀才会制造仇恨和激起报复。敌人做得很对！假若不是那样，凭他这个只会泡点茵陈酒，玩玩花草的书呆子，怎会和国家的兴亡发生了关系呢？（第34章）

他忘记了他的诗，画，酒，花草，和他的身体，而只觉得他是那一口气。他甚至于觉得那间小屋很美丽。它是他自己的，也是许多人的，监牢，而也是个人

的命运与国运的联系点。……现在他才有了生命，这生命是真的，会流血，会疼痛，会把重如泰山的责任肩负起来。（第34章）

他对自己说："……我自己应当做个和国家紧紧拴在一处的新人，去赎以前袖手旁观国事的罪过！我不是被国事连累上，而是因为自己偷闲取懒误了国事；我罪有应得！从今天起，我须把生死置之度外的去保全性命，好把性命完全交给国家！"这样想清楚，虽然满身都是污垢和伤痕，他却觉得通体透明，像一块大的水晶。（第34章）

我属于一切抗敌的人，做一切抗敌的事，一直做到死。假若第一阶段是个人的英雄主义或报仇主义，这第二阶段是合作的爱国主义。前者，我是要给妻儿与自己报仇，后者是加入抗敌的工作，忘了私仇，而要复国雪耻。（第84章）

现在，我走到第三阶段……由复国报仇看到整个的消灭战争。这就是说，我们的抗战不仅是报仇，以眼还眼，以牙还牙，而是打击穷兵黩武，好建设将来的和平。……在战前，我往往以苟安懒散为和平；现在呢，我是用沉毅坚决勇敢去获得和平。（第84章）

12.7 钱诗人为什么会这样？

喜欢古诗词，也有新观念。有传统的士子诗人的"气节"，有骨子里的勇敢，更有正确的国家观念，还有英雄儿子的激励，所以能弃小家为大家。被捕受刑的经历使其从日本人的残暴中清醒——没有反抗，便无法生存。所以，能决绝地走上唤醒同胞坚决抗敌的道路。

12.8 以钱诗人为镜子，看开去

看祁瑞宣：有见识而无决绝行动

看陈野求：有学识而无胆略魄力

看牛教授：有学问而无大是大非

12.9 祁老人与钱诗人的对比有何意义？

同是老一辈北平市民

祁老人守旧，钱诗人拓新

祁老人守小家，钱诗人为国家

祁老人象征守旧愚弱的旧派市民

钱诗人代表浴火新生的启蒙势力

钱诗人象征着爱好和平与英勇刚毅相糅合的理想民族心理性格

13. 祁瑞宣与祁瑞丰：有坚守有担当·无节无聊无耻

祁瑞宣：成长中的正派知识分子、在报国与顾家之间犹豫、在传统文化影响与新教育的冲突中徘徊、在瑞全的影响下走上反抗侵略的道路、爱好和平与英勇刚毅相糅合的理想民族心理性格

祁瑞丰：无聊浅薄的小汉奸

13.1 祁瑞宣：从顾虑犹豫到坚决反抗的青年市民

1）表面平和儒雅，内心备受煎熬

在胡同受众人尊重，家庭长孙与国家青年的矛盾身份

2）能有清醒认识，能够忍耐担当

受新教育懂大时局，助瑞全刘棚匠，劝瑞丰引导长顺

3）始于自责自守，终于觉醒反抗

坚决不为日本人做事，扶持邻居，助钱诗人瑞全抗日

13.2 瑞宣：自诩“有思想的废人”

……听到她的声音，瑞宣的眼中就不由得湿润起来。……平日，他不否认自己是爱国的。可是爱到什么程度，他便回答不出。今天，他知道了：南京的声音足以使他兴奋或颓丧，狂笑或落泪。

……因为钦佩钱老人，他就更看不起自己。他的脑子一天到晚像陀螺一般的转动，可是连一件事也决定不了。他只好管自己叫作会思想的废物！（第27章）

13.3 瑞宣：长子、长孙、长兄、丈夫和父亲的模范

假若老二是因为不放心老三的安全而责备老大，瑞宣一定不会生气……把手足之情抛开，而专从实利上讲，瑞宣简直没法不动气了。可是，他咽了好几口气，到底控制住了自己。他是当家的，应当忍气……他极勉强地笑了一笑。“老二，你想得对，我没想到！”“现在最要紧的是千万别声张出去！”（第13章）

瑞丰……“……一有人负责，我想，经费就会有了着落，维持费或者不至于发好久。得啦，这总算都有了头绪；管他谁组织政府呢，反正咱们能挣钱吃饭就行！”

瑞宣很大方的一笑，没敢发表自己的意见。在父子兄弟之间，他知道，沉默有时候是最保险的。（第13章）

13.4 瑞宣：家国之间的抉择

瑞宣听着看着，心中难过，而不敢躲开。看着，听着是他的责任！看别人发笑，他还得陪着笑一下，或点点头。……他没法一狠心把人伦中的情义斩断，可

是也知道家庭之累使他，或者还有许多人，耽误了报国的大事！他难过，可是没有矫正自己的办法；一个手指怎能拨转得动几千年的文化呢？（第 39 章）

13.5 祁瑞丰：汉奸顺民的典型（无是非的青年）

1）缺乏大是非、没有主心骨

带学生媚日，被老婆辖制，没有丧国之痛，难有夺妻之恨

2）为人极度自私、处事极端自我

对亲大哥入狱避之不救，害死小崔，躲避钱家，讨好冠家

3）愚昧麻木、奴颜媚骨

以能做日本特务为人生目标，甘做日本人忠实的走狗顺民

13.6 瑞丰：以能做日本特务为人生目标

高第真想扯他们一顿嘴巴子，但是她必须按照钱先生的嘱咐行事，她纳住了气："她当了特务！"

"真的？"瑞丰狂喜的说："喝！谢天谢地！二小姐是真有两下子，真有两下子，我佩服，五体投地的佩服！"（第 71 章）

13.7 瑞丰：没有廉耻，没有是非

瑞丰已穿上孝衣，红着眼圈跟大家闲扯，他口口声声抱怨父亲死得冤枉，委屈，——不是为父亲死在日本人手里，而是为丧事办得简陋，不大体面。……看见大哥和孙七进来，他嚷嚷得更厉害了些，生怕大哥听不懂他的意思。看瑞宣不理会他，他便特意又痛哭了一场，而后张罗着给亲友们买好烟好茶好酒，好像他跟钱有仇似的。（第 61 章）

13.8 瑞丰：没骨头的窝囊废

"……东阳有势力，你不敢惹他！惹恼了他，他会教日本人惩治你！"瑞丰的怒气冲上来，可是不敢发作。他的确不敢惹东阳，更不敢惹日本人。日本人给了他作科长的机会，现在日本人使他丢了老婆。他不敢细想此中的来龙去脉，因为那么一来，他就得恨恶日本人，而恨恶日本人是自取灭亡的事。一个不敢抗敌的人，只好白白的丢了老婆。他含着泪走出来。（第 61 章）

14. 瑞全：有血性的新青年

……他出去找敌人，而敌人在北平逼死他的父亲，杀害了他的邻居。他不应当后悔逃出北平，可是他的青年的热血使他自恨没有能在家保护着父亲。他失去了镇定，他的心由家中跳到那高山大川，又由高山大川跳回小羊圈。他已说不清哪里才是真正的中国，他应当在哪里作战。他只觉得最合理的是马上去杀下一颗

敌人的头来，献祭给父亲！（第 84 章）

14.1 祁瑞全：觉醒的青年，抗敌的先锋

1）思想先进、富有激情

果断出走，从被瑞宣支持帮助，到引领瑞宣走向反抗

2）敢想敢做、意志坚决

从理智地离开初恋招弟，到坚决地除掉特务招弟

3）有血性、有骨气、有知识、有能力的新青年、新市民

从容开展“地下斗争”，收拾胖菊子，威慑蓝东阳

14.2 瑞全：走出北平的瑞全得到了什么？

那滚滚的黄流与小得可怜的山村……有一种力量，是北平所没有的一种力量……从有历史以来，它们好像老没改过样子，所以也永远不怕，不能，被毁灭。……他想，新的中国大概是由这些坚实纯朴的力量里产生出来，而那些腐烂了的城市，像北平，反倒也许负不起这个责任的！（第 82 章）

他也爱那些脚蹬在黄土上的农民……他们没有北平人那样文雅，聪明，能说会道，可是他们……把秦岭与巴山的巨石铲开，修成公路；……填平水田，筑成了飞机场；……把子弟送上前线，把伤兵从战场上抬救下来。……有他们，“原始的”中国才会参加现代的战争。（第 82 章）

这样看明白了，瑞全才也骄傲的承认自己是中国人，而不仅是北平人。他几乎有点自愧是北平人了。他有点知识，爱清洁，可是，他看出来，他缺乏着乡民的纯朴，力量，与从土地中生长出来的智慧。……乡民才是真的抓紧了生命，……到时候，他们敢去拼命……（第 82 章）

在北平，他一筹莫展；现在，他抓住了爱国的真对象。爱国成了具体的事实——爱那些人民与土地。战争，没想到，使都市的青年认识了真的中国。……假若他拿着机密的文件或抗日的宣传品，他必把它们放在日本人的行李当中，省得受检查；有时候，他托日本人给他带出车站去。（第 82 章）

……有时候为故意进入占领区，就绕了许多许多路，得到详细观察各处情形的机会。走了些日子之后，闭上眼他能给自己画出一张地图来。在这地图上，不仅有山河与大小的村镇，也有各处的军队与人民的动态。这是一张用血画的地图……他知道了中国人并不老实，并不轻易投降给敌人。（第 82 章）

15. 女性形象：韵梅、桐芳与高第、招弟等

韵梅：从愚弱不懂世故到勇敢知分寸的普通家庭妇女

开始只懂操持家务，渐渐懂得帮助邻居，最后独当一面

桐芳：从个人不幸经历和家乡沦陷痛苦中觉醒的女性

智斗大赤包、自居为东北人，得到钱诗人指引成反抗者

高第：从富家小姐到抗日女战士

爬墙报信、与汉奸父母作对、与桐芳结盟得钱诗人指引

招弟：从富家小姐到日本女特务

以大赤包为榜样、主观好逸恶劳、客观被汉奸家庭毒害

其他：天佑太太、李四妈、若霞、马寡妇、小崔太太、日本太太

15.1 桐芳的觉悟：原来每个人的私事都和国家有关！

桐芳是冠家里最正面的注意国事的人。她注意国事，因为她自居为东北人。……总想回到说她的言语的人们里去。……只有中国强胜了，才能收复东北，而她自己也才能回到老家去。……有时候无可如何地笑自己："一国的大事难道就是为你这个小娘们预备着的吗？"

现在，听到高第的话，她惊异地悟出来："原来每个人的私事都和国家有关！是的，高第的婚事就和国家有关！"（第31章）

16. 汉奸群体：冠晓荷、大赤包、蓝东阳、胖菊子等

冠晓荷：权欲大而胆量小，贪心重而又愚蠢到了极点

一心想媚日得官位，迷信日本人至死不悟

大赤包：霸道、狠毒的"恶汉奸"

告发钱诗人、攫取所长位、欺压桐芳、带坏招弟

蓝东阳：吝啬、贪婪的"日本狗"

讨好日本人全心全意，欺诈同胞无所不用其极

欺负祁瑞丰、"攻击"大赤包，祸害铁路学校

胖菊子：势利、狡诈的"寄生虫"

辖制前后两任丈夫，以大赤包为"偶像"

16.1 汉奸群体：什么样的人会做汉奸？

冠晓荷——民国失意小官僚，希望借日本人势力"做大官"

蓝东阳、祁瑞丰——不学无术会钻营，希望借势"捞好处"

大赤包、胖菊子——好吃懒做好享受，希望借势"发大财"

冠招弟——虚荣肤浅爱炫耀，被汉奸父母带坏的"可怜人"

牛教授——有专业知识但不问国事、不懂时政的"书呆子"

16.2 冠晓荷：甘做顺民至死不悟的典型汉奸

冠先生，尽管嘴里花哨，心中却没有这一股子气。他说什么，与相信什么，完全是两回事。他口中说“国家民族”，他心中却只知道他自己。他自己是一切。（第6章）

16.3 大赤包：狠毒、霸道的“恶汉奸”

听到钱二少的消息，她马上有了新的决定。“晓荷！”她的眼一眨一眨的，脸儿上笼罩着一股既庄严又神秘的神气，颇似西太后与内阁大臣商议国家大事似的。“去报告！这是你的一条进身之路！”

……“去报告？那得抄家呀！”……“你这个松头日脑的家伙！你要管你自己的前途，管别人抄家不抄家干吗！再说，你不是吃过钱老头子的钉子，想报复吗？这是机会！”（第11章）

16.4 大赤包：霸道、狠毒的“恶汉奸”

审问桐芳的结果，并不能使晓荷相信那个消息是千真万确的。他不愿拿着个可信可疑的消息去讨赏。大赤包可是另有看法：

真也罢，假也罢，告他一状再说！即使消息是假的，那又有什么关系，我们的消息假，而心不假；教上面知道咱们是真心实意地向着日本人，不也有点好处吗？你要是胆子小，我……

17. 各色市民：祁天佑、刘棚匠、程长顺 、孙七、小文、李四爷、金三爷、丁约翰等

祁天佑：坚守道义、刚直不阿、以死洗冤的“老掌柜”

刘棚匠：坚守节义不媚日觉醒后出城抗日的“手艺人”

程长顺：始有热血帮过小崔最终忙于生计的“破烂王”

孙　七：关心国事渐渐落魄，最终被活埋的“剃头匠”

李四爷：以领杠和搬家为生，仗义排忧解难“好邻居”

小　文：只管唱戏，爱妻遭难反抗最终被害“唱戏人”

金三爷：能仗义，为挣钱不管是非终醒悟的“倒房客”

丁约翰：装腔作势、媚外求荣，浅薄可笑的“洋奴才”

二、航海历险传奇故事的不朽经典

——《鲁滨逊漂流记》整本书阅读笔记

（一）《鲁滨逊漂流记》缘何成为经典？

《鲁滨逊漂流记》取材于18世纪英格兰本土的一个真实事件，经过小说家的加工，成了举世闻名的经典，反映了那个时代英国的时代风貌。小说1719年问世，即在英国造成“洛阳纸贵”的局面，300多年来，已经出了几百版，几乎被译成世界上的所有文字，在全世界广泛传播，据说，除《圣经》以外，《鲁滨逊漂流记》是出版最多的一本书。

《鲁滨逊漂流记》何以传世而不朽？

我认为，一在于其为世界文学画廊贡献了鲁滨逊这一经典“硬汉”形象，二在于其一直被视为航海历险故事的经典之作，奠定了笛福“英国和欧洲小说之父”的地位。

下面分别具体阐释。

1. 塑造了“硬汉”鲁滨逊这一世界经典文学形象

鲁滨逊是比桑迪亚哥早两个多世纪的世界经典文学形象中的“硬汉”。

①鲁滨逊形象是超越时代的经典

鲁滨逊是一个热爱劳动、意志坚定、积极乐观、吃苦耐劳的文学形象，在他的身上展现了人类的优秀品质，这一形象超越了时空、种族、阶级的局限，具有经典意义。

在鲁滨逊那里，冒险、坚韧、毅力、智慧、勇气、果敢、积极进取、开拓创新全都集于一身，为一切不甘于平庸、不安于现状的人们提供了他们心中所寄托的英雄形象。

鲁滨逊的形象鼓舞了为发财致富而奋斗的人们，据说当时很多人的枕头底下，都压着一本卷了角的《鲁滨逊漂流记》！

②鲁滨逊形象是折射时代的典型

鲁滨逊是一个为追求财富而奋斗的极具个性色彩的人物，是西方资本主义原始积累时期集冒险精神、开拓精神与创造精神于一身的典型，具有鲜明的代表性。

诞生于资本主义原始积累时期的鲁滨逊形象，具有深刻复杂的时代和文化背景，从鲁滨逊的身上折射出18世纪英国乃至整个西方社会的“时代之光”。

从鲁滨逊的身上，人们能形象地看到：从欧洲中世纪宗教束缚中解放出来的人们，把增加物质财富视为合理目标和高尚行为之后，表现出一种昂扬向上的人生状态。

从鲁滨逊的身上，人们能直观地感到：受西方科学革命和启蒙运动的影响的“新人”，正用理性的头脑和进取的精神开创一个全新的时代。

《鲁滨逊漂流记》通过对时代精神内容的反映，集中体现了思想水平的深刻性，使其成为经典小说。

2. 一直被视为航海历险传奇故事的经典之作

所谓经典作品，得有开创性和标杆意义。《鲁滨逊漂流记》就具有这样的示范作用。

①写真实的人，现实的故事

《鲁滨逊漂流记》的直接原型来源于一个水手的真实经历：1704年塞尔柯克因为船上水手的叛变而被抛弃到智利海外的一个岛上，在那里经历了近五年的艰辛生活，后得到航海家罗杰斯的营救才得以回国。这个故事被作者加工改造，赋予了新的情节和思想。

在《鲁滨逊漂流记》问世以前，欧洲的长篇小说大都是以帝王将相的业绩或骑士美女的浪漫传奇为主要内容的。笛福开始尝试用日常语言来描写普通人的生活。小说被认为是第一本用英文以日记形式写成的小说，采用第一人称写法，情节真实具体、亲切自然，虽然鲁滨逊并非实有其人，但由于这部小说的关系，他早已成为世界上家喻户晓的“名人”，其事迹常常被人引述，如同真人真事一般。笛福得到“英国和欧洲小说之父”的美誉，跟这部小说的划时代意义是分不开的。

②成为英国“荒岛小说”的源头

“荒岛文学”只是一种历史性的文学现象，因为它们都取材于海上航行遇到失事而流落荒岛，拥有了这些共同的特点使它们能够归属于同一个文学类型。荒岛文学的产生，与英国独特的地理环境密不可分，更与其国家的社会背景有很大的关系。《鲁滨逊漂流记》是英国“荒岛小说”的开山之作，后来，《金银岛》《蝇王》（1983年诺贝尔文学奖获奖作品）等一系列英国“荒岛小说”的不断涌现，成就了英国“荒岛文学”的繁荣，这种繁荣里，《鲁滨逊漂流记》具有重要的地位。

③成为世界“历险小说”的典范

历险小说是通俗小说的一种，准确的叫法应为冒险小说（Adventure fiction）。它是以各种不寻常的冒险事件为描写的中心线索，主人公往往有不平凡的经历、遭遇和挫折，情节紧张、冲突尖锐、场面惊险、内容离奇。提到“历险小说”可以开出一个长长的书单，《鲁滨逊漂流记》《海底两万里》《格列佛游记》《汤姆·索亚历险记》《骑鹅历险记》《爱丽丝梦游奇境记》《神秘岛》《格兰特船长的儿女》《绿野仙踪》等等，在这其中，《鲁滨逊漂流记》是较早的“历险小说”，堪称“历险小说”的典范之作，对之后“历险小说”的繁荣和发展产生了深远的影响。

（二）如何读透《鲁滨逊漂流记》？

经典是耐读的，是需要耐力耐心去品味的。《鲁滨逊漂流记》是一本读起来似乎不费力的作品，如果我们在阅读时，只纠结于下面一些类似的问题：一个人独居 24 年为何语言能力不会丧失？为何鲁滨逊 24 年都没有发现有船只经过荒岛？为何野人多次光临只登陆荒岛而不在此岛定居？一个人如何能在孤岛坚持 28 年之久？那说明，你其实还没有真正走近这本小说。

如何读透？

1. 深入分析主人公鲁滨逊

且回答几个问题。

①在一座荒无人烟的孤岛上，鲁滨逊能生存 28 年，靠哪些因素？请尽量多列举。

我们尝试列举以下一些答案：

a. 鲁滨逊勇敢且乐观

b. 鲁滨逊冷静且智慧

c. 鲁滨逊能坚持劳动

d. 鲁滨逊能不断探索

e. 岛上有丰富的物产

f. 岛上没有大型猛兽

g. 鲁滨逊有救急食品

h. 鲁滨逊有简单工具

i. 鲁滨逊有枪支弹药

j. 鲁滨逊有谷物种子

k. 鲁滨逊有圣经相伴

l. 鲁滨逊有猫狗相伴

m. 鲁滨逊会治疗疟疾

n. 鲁滨逊会圈养野羊

o. 鲁滨逊会创制工具

p. 鲁滨逊会自制面包

q. 鲁滨逊降服野鹦鹉

r. 鲁滨逊降服星期五

s. 鲁滨逊常尝试离岛

t. 鲁滨逊曾又见海难

②以上 20 个因素如何分类？各因素之间有何关系？说明了什么？

a. 鲁滨逊勇敢且乐观

b. 鲁滨逊冷静且智慧

c. 鲁滨逊能坚持劳动

d. 鲁滨逊能不断探索

（以上 4 条为个人能力，是鲁滨逊 28 年孤岛生存的主观能力）

e. 岛上有丰富的物产

f. 岛上没有大型猛兽

（以上 2 条为客观条件，是鲁滨逊 28 年孤岛生存的客观前提）

g. 鲁滨逊有救急食品

h. 鲁滨逊有枪支弹药

i. 鲁滨逊有简单工具

j. 鲁滨逊有谷物种子

（以上 4 点为抢救所得，是鲁滨逊 28 年初期生存的物质条件）

k. 鲁滨逊会创制工具

l. 鲁滨逊会自制面包

m. 鲁滨逊会圈养野羊

n. 鲁滨逊会治疗疟疾

（以上 4 条为习得技能，是鲁滨逊 28 年后期生存的必备技能）

o. 鲁滨逊有猫狗相伴

p. 鲁滨逊有圣经相伴

q. 鲁滨逊降服野鹦鹉

r. 鲁滨逊降服星期五

（以上 4 点为偶然所得，是鲁滨逊 28 年孤岛生存的精神支撑）

s. 鲁滨逊常尝试离岛

t. 鲁滨逊曾又见海难

（以上 2 条为重要因素，是鲁滨逊 28 年孤岛生存的希望所系）

我们从小说的内容来看，鲁滨逊能孤岛生存 28 年，是由一系列综合因素互相作用共同支撑的结果，这些因素巧妙作用，让鲁滨逊孤岛生存 28 年成为可能，体现了小说情节构思的严谨逻辑和自然巧妙。

总体来说，28 年的生存奇迹，一归因于奇人，二归因于奇岛。

岛之奇在于，这是一座孤独而决不荒芜的小岛，这座岛离周边最近的岛屿也有四十英里，而且环岛海流奇特，海岸礁石奇特，气候条件奇特，且远离正常商业航道，野人的登岛活动不可能频繁，西方商船正常靠近机会渺茫。这一切，也保证了故事的合理性与真实性。有了这些条件，鲁滨逊才能在此采摘狩猎，安然一人度过 24 年，也为最后离岛提供了可能性。

人之奇在于，这是一个有理性有力量的人，这种理性是一种科学理性，这种力量是人类智慧和人类文明的力量。生活在科学革命和启蒙运动时代的小说家笛福，用科学理性武装了鲁滨逊的头脑。

理性的判断力让他上岛后冷静下来做出了一个堪称伟大的决定——冒险泅水上船，持续 13 天取走一切可以利用的东西；理性的判断力让他在雷雨交加的时刻想到的是，分装贮藏在山洞里的火药；理性人的远略让他放弃了滥杀无辜土著的想法；理性人的胆识让他做出了救助星期五的行动；理性人的胆识让他做出了解救西班牙人的决定。

当 28 年后最终看见梦寐以求的西方商船出现在海岛附近时，他也没有丧失理性——“如果他们真的是英国人，特意到这里来，不会有什么好的企图，与其落在盗贼和罪犯手里，还不如按现在的老样子过下去。我的不安甚至可以说害怕不是没有理由的，我必须小心谨慎才能活下去。”

难能可贵的是，这样的奇岛为鲁滨逊这样的理性人提供了一个对生命意义进行追问的哲学空间，面对死亡，鲁滨逊始终处在生存的焦虑与生活的反思之中，28 年，他几乎独自面对整个世界与生存，他不得不回到自己的内心深处寻找生存的意义——“我们天天看见的大地和海洋，它们究竟是什么？它们究竟是怎么产生的？我和其他所有的生灵，驯化的和野生的，富于人性的和残暴的，又都是什么？又都是从哪里来？”这就是有三本《圣经》在手并不断阅读《圣经》的意义。

不得不提的是，孤岛是一个远离文明的存在，鲁滨逊用现代文明的方式在自然的荒岛上进行着文明重建的工作，以使其保持一个文明人的存在，比如不断创制新工具，驯化和耕作，盖“乡间别墅”，比如坚持寻找交流伙伴，养狗养猫驯化鹦鹉读《圣经》，跟星期五对话……

总而言之，28 年的孤岛生存，是多重因素综合作用造就的奇迹，这一奇迹，集中体现了人的理性与知识、信念与智慧的价值和意义。

言而总之，从鲁滨逊的身上，我们看到了普通人的力量，但是这个“人”，不再是欧洲中世纪听天由命、受人愚弄的小百姓，而是有头脑能动手，为信念焕发出全部才智和力量的“新人”！这种“新人”形象，在欧洲文学史上是“空前”的，这种新人即将开创欧洲乃至世界新的未来！

③鲁滨逊孤岛生存展现的能力与智慧从哪里来？与小说的主题有何关联？与小说的其他部分有何关系？

根源于其冒险精神和开拓意识，来源于登岛前水手生涯的历练，体现了科学革命和启蒙运动背景下西方的“冒险文化”。

应该说，小说展现了鲁滨逊爱冒险的天性，因为爱冒险，他毅然离开安适的家，决然告别自己的巴西种植园，并且在离开孤岛回国后继续踏上冒险之旅……按照马斯洛的“需求层次”理论审度，冒险恰是鲁滨逊人生自我实现的最高需求得到满足的方式，28 年的孤岛生涯，本身何尝不是一次酣畅淋漓的冒险之旅？

推及小说人物产生的时代，西方海洋商业文明在对外拓展的过程中，“冒险文化”何尝不是其发展壮大的基因？

④如果论及文化，《鲁滨逊漂流记》中，还有哪些西方商业文化的元素？

a. 与陌生人相处的“契约文化”（给离岛西班牙人的叮嘱、对落难船长的要求，对留岛西班牙人的要求）

b. 用基督教完成对其他文明的教化（对星期五的教化）

c. 鲁滨逊是冒险家、开拓者与殖民者身份的合一（海岛主人的态度，重返海岛的做法）

所以，是否也可以说，《鲁滨逊漂流记》是西方文学作品中最早的近代西方商业文明海外拓展天然有理的“活广告”？

2. 关注有开创价值的小说写法

a. “自传性回忆”式的日记体写法

b. 以日常语言描写普通人生活的尝试

c. 夹叙夹议叙事说理熔于一炉的写法

（三）《鲁滨逊漂流记》是如何诞生的？

前文提到，鲁滨逊实是奇人，《鲁滨逊漂流记》可谓奇书，奇人奇书的诞生，正源于一位真实的奇人——丹尼尔·笛福。这本奇书，被各国艺术家改编成很多影视作品，不断“圈粉”，影响至今。

1. 丹尼尔·笛福的不平凡人生

在丹尼尔·笛福的墓地前，竖立着一块纪念碑，碑上刻着“丹尼尔·笛福，《鲁滨逊漂流记》的作者”。可见，笛福是以《鲁滨逊漂流记》为毕生骄傲的。

①一生恰似“鲁滨逊”的笛福

鲁滨逊孤岛生存28年，经历离奇。巧的是，塑造这一形象的笛福，也充满着冒险精神，其精彩程度丝毫不亚于其笔下人物鲁滨逊。

笛福是英国第一位小说家，也是一名商人，还是一位著名的新闻评论家，被后世誉为“现代新闻之父”。他曾感慨自己的一生“我已经从富裕到贫穷经历了十三次之多，没有人能经历更多不同的命运了”。

他受过刑罚、蹲过监狱；拥有过富丽堂皇的官邸、豪华的私人游艇和大马车，最后却在贫困中死去；他曾一度受到国王的赏识与重用，但在另一段时间又成为被仇视、辱骂和蔑视的对象。

在经商期间，他曾游历欧洲各国，在文学方面也表现出惊人的天赋。

他对社会和公共问题兴趣浓厚，必要的时候，总是会参与到政治的风口浪尖上去。25岁的时候，笛福参与了推翻时任国王的叛乱，事败后逃亡至一块墓地中，与逝者为伴，此间刻着“Robinson Grusoe”的墓碑给他留下了深刻的印象，后来他就借此作为小说《鲁滨逊漂流记》主人公的名字。

②被国民奉为"革命英雄"的笛福

后来，笛福加入政党，参与和经历了英国历史上著名的"光荣革命"，这一革命是新兴资产阶级从封建势力手中夺取权利的政治运动，对英国现代化和启蒙运动具有非常重要的意义。

笛福因为自己的革命行为而承受"枷刑"，三次戴着枷具站在高台上示众受辱，令他意外的是，人们不但没有羞辱他，反而向他送上鲜花，为他欢呼！被国民奉为英雄。

经历了英国资产阶级革命的笛福，追求宗教自由，促进社会进步，经历各种人生"险境"，这一切都影响到了《鲁滨逊漂流记》的创作。

遭遇时代的洗礼和不间断的文学创作，笛福终于在他 59 岁这一年出版了《鲁滨逊漂流记》，一面世，就首先受到英国人的喜爱。

2. 英国人为何钟爱《鲁滨逊漂流记》?

在英国，当时的文学界始终被浪漫的骑士故事和感伤的文学作品所占领，而新兴的资产阶级读者非常厌恶这种与自己的现实生活没有任何联系的作品。

面对这样的文化现状，笛福决定要创作与普通人生活相关的作品，选择真实的体裁创作，抛弃虚假浮夸的情感故事。《鲁滨逊漂流记》中全是现实、财产和如何生存等现实中人们必须面对的问题，因此受到人们的欢迎。

《鲁滨逊漂流记》诞生的时代，正值英国启蒙运动时期。启蒙运动是在思想界、文化界兴起的一场声势浩大的革命，在这种运动中，新兴的资产阶级作为英国的新兴贵族开始在社会生活中逐渐占有重要地位。

处于上升时期的这些社会新贵，倡导理性、人权，反对封建专制，以追求财富为人生目标，英国社会整体表现出一种进取精神和开拓精神，笛福通过鲁滨逊这一形象，把这些形象集中地表现出来，呼应了英国人民当时的心声，自然受到英国人民的欢迎。

《鲁滨逊漂流记》一面世，就在英国造成"洛阳纸贵"的局面！

3. 不断被改编的《鲁滨逊漂流记》

《鲁滨逊漂流记》因表现了强烈的资产阶级进取精神，及当时新兴资产阶级不满足于现状，积极开拓、谋取财富的欲望，受到人们的喜爱。19 世纪末电影诞生以后，这部流传广泛的小说，受到人们的关注，并被多次改编搬上银幕。

电影发展早期，《鲁滨逊漂流记》的电影版改编主要以片段式的场景呈现。

1902 年法国导演乔治・梅里埃首次改编《鲁滨逊漂流记》，时间长度为 1 分

17 秒，主要是拍摄了小说中的两个场景。

1913 年、1916 年、1917 年和 1922 年，美国共有 4 部《鲁滨逊漂流记》电影和观众见面，这四个电影版本美国特色鲜明，影片时长突破了 30 分钟，并初步具有了故事情节。

继美国之后，欧洲也开始出现篇幅较长的电影改编作品，1923 年法国版本和 1927 年英国版本，两部作品片长均在一小时左右。

1945 年，苏联导演列克桑德·安德利夫斯基导演了彩色电影《鲁滨逊漂流记》，与早期的欧美版本相比，这部电影带有浓厚的社会主义价值观色彩。

1975 年英美合拍的另类《鲁滨逊冒险记》，影片中鲁滨逊不再处于中心位置，影片也以星期五命名，叫作《Man Friday》。星期五与鲁滨逊同为主角，影片对星期五的土著文化给予肯定，探讨了殖民历史中西方基督教文化与非洲土著文化的冲突，发掘星期五身上的土著文化魅力，折射出西方对历史的反思。影片最后以鲁滨逊在夕阳下的海滩自杀结束，极具颠覆效果的结局，反映出西方的自我反思。

……

关于《鲁滨逊漂流记》的影视改编，一直在持续，也应该没有终点，从另一侧面充分证明这部小说的经典价值。

（四）该向《鲁滨逊漂流记》学点什么作文经验？

会讲故事，讲好故事，这是一种基本的作文能力。《鲁滨逊漂流记》情节设置曲折有趣，人物描写生动真实，对于苦于记叙文写作的同学而言，是很好的借鉴范本。

具体讲，可以从学会复杂记叙的角度学习哪些东西呢？

1. 发挥想象力，尽量把故事讲得复杂曲折一些

试想，小说中摩尔小孩佐立的设置，是不是多了一些有趣的历险经历？没有这个小孩，鲁滨逊在非洲西海岸漂流的经历是不是就缺少了很多故事？这段经历是不是后来遇到星期五的一次预演？

请看，鲁滨逊的小岛生活多么有趣而有层次：从解决居住、饮食等生存问题到创造新居制作面包生产羊奶，从采集、狩猎到驯养，从利用工具到制造工具，从一无所有到逐渐富足，从山洞帐篷与乡间别墅……

试想，鲁滨逊在决定搭救"大胡子"的时候，是不是没有想到星期五的父亲也会被顺便搭救？对星期五是个意外之喜？这个情节是不是为西班牙人和星期五的父亲返回对面岛屿也埋下了巧妙的伏笔？

请看，小说后面写到鲁滨逊决定再次来到孤岛并安排岛上的土地和相关事宜，是不是在你的意料之外？如果不这么写，会怎样？有何讲究？对我们讲故事有何启示？

诸如此类，同学们尽可放飞想象的翅膀，跟笛福学习讲复杂故事。

2. 学会看细节，尽量把故事讲得生动有趣一些

古语云：细节决定成败。作文讲故事，也如此。

这部小说中，也不乏精准到位的细节描写，不妨整理摘抄，体会其妙，并尝试学习使用。

比如：

我跳出船舱一看，认出那是一艘葡萄牙船。于是我拼命地把船往海里开，决心尽可能地与他们取得联系。

同时，我的心灵也升上天上，我高喊："上帝啊，请赐给我悔改的心吧！"

他（落难船长）全神贯注地听着我讲，特别是听我讲如何种植、收获和制作工具时，更显得惊讶万分，使他觉得我的经历实在是一连串的奇迹……我的经历，以及我所做的一切，都使他们感到十分震惊和钦佩……

3. 懂得巧点题，尽量把故事中的道理讲得明晰一些

文中叙事间隙的说理议论时时可见。

比如：

老是贪求他们还没有得到的东西，老是感到缺少什么而不知满足，是因为我们对已经得到的东西缺少感激之情。

不经历这种悲惨的状况，就不会懂得自己原来享受的一切。

对危险的恐惧比危险本身更可怕，而焦虑不安给人的思想负担又大大超过我们真正担忧的坏事。

人往往有一种通病，那就是总不知足，现在我清醒地认识到，人们的种种苦难，至少有一半是不知满足这种毛病造成的。而这也正是不懂世事的年轻人共同的命运。

第五章　我的教育随笔

阴晴风雨总无闲，歌赋诗词已蔚然。
毫端蕴秀临霜写，笔耕讲台垄亩间。

第一节　诗词与演讲

一、为青春代言，为青年画像

——于 2022 届高三成人礼的叮嘱与祝愿

庭中三馀桥，荡了秋千初二来了松竹高三
院东小平房，篮扣多少欢笑一朝难舍乔迁
楼前坚强杏，黄绿妆换绿黄几多光阴瞬间
今天，鸟雀呼晴冬日暖，红梅正吐艳
今天，霞光万丈晓风暄，天高且云淡
今天，亲朋瞩目同祝愿，祝福已在线
今天，同学少年心向远，满座皆俊贤
今天，盛装美颜似天团，为青春代言
今天，管城春满重落笔，及笄或加冠
学校明朝呵，称了母校
西单站台呢，变了起点
翠柏森然乎，已是参天
吾家少年矣，已然青年
211 抑或 985
单车即可早晚，或者高铁奔走晨昏
登高抑或爬藤
且往黄庄海淀，或者走出洲际国门
木车发轫兮辘辘，辙环非为自身
巨轮离港兮巍巍，一如展翅雄鹰

神舟点火兮遥遥，泊驻大海星辰
青春，是一首豪放的诗
写捭阖纵横，垂髫豆蔻总角及笄加冠成人
青春，是一幅壮美的画
绘大幅山水，伏脉千里花开写意鱼跃龙门
青春，是一面鲜艳的旗
迎西风猎猎，今朝牵黄擎苍翌日飞猱爬藤
青春，是一匹奔腾的马
踏贺兰山缺，大江大河横渡昂首出门远行
“乘骐骥以驰骋兮，来吾导夫先路”
这是屈原大行美政的青春
“仰天大笑出门去，我辈岂是蓬蒿人”
这是李白张扬自信的青春
“白日放歌须纵酒，青春作伴好还乡”
这是杜甫喜极畅想的青春
“九万里风鹏正举，蓬舟吹取三山去”
这是李清照浪漫肆意的青春
“夜静海涛三万里，月明飞锡下天风”
这是王阳明无畏自尊的青春
“寄意寒星荃不察，我以我血荐轩辕”
这是鲁迅矢志启蒙的青春
“大江歌罢掉头东，邃密群科济世穷”
这是周恩来忧时立志的青春，
“自信人生二百年，会当水击三千里”
这是毛泽东豪情万丈的青春
“摩霄志在潜修羽，会接鸾凰别苇丛”
这是古人自励自勉自信的青春
“能追青春无限景，始是非凡登高人”
这是我辈追求追寻追怀的青春
青年端木赐，追随着孔夫子
才懂匡城有险陈蔡由凡入圣

青年柏拉图，离开苏格拉底
终有古希腊阿卡德米的雏形
青年苏子瞻，出川到汴河来
碰撞王安石的拗司马光的真
青年孙少平，要走出双水村
始叹黄原这么大矿井那么深
青年祖冲之，总明观建康城
正痴迷三点一四一五的推算
青年小李华，等你风里雨里
挠头于演讲稿道歉信邀请函
青年司马迁，为成一家之言
搜古事网旧闻访曲阜随封禅
青年徐霞客，碧海心苍梧志
心所向素履往行走大山名川
青年马克思，厌虚名远荣利
张扬理想的旗打破资本的神
青年钱学森，国为重家为轻
坎坷五年归国路心是中国心
青年门捷列，排列着周期表
满眼氢氯钾钠银氧钙钡镁锌
青年达尔文，弃神学弃数列
移情博物自然选偏门选冷门
青年刘长春，早在 1932 年
一人扛旗成中国奥运第一人

青春，是爬八零梦找最好的角度看流星
咂摸二龙路的“大”与“深”
青春，是跟月考作文分数一起落的泪
级部广播老说的“爱拼才会赢”
青春，是修改申请文书第 11 遍的苦
回望京畿道 4 层很晚很亮的“灯”

青春，要去听清华的课赏武大的樱
到呼伦贝尔去寻根河的根
青春，要去吹哈佛的风淋耶鲁的雨
看伦敦的晴天纽约的云
200 米跑道的小操场，连着大世界
这边叫西单，这里是实验
何以中国？何以实验？何以青年？
多年后，你的实验“爷青回”
可记得今天，老师们的，列队祝愿
打开话筒又红又专，宝伟王洋玲玲适然
进班早课瞅第一眼，东方徐公黎特汀兰
管手机管得特别严，王适龚磊佳君老袁
校会直播几张笑脸，文芝王澜玉涛兆前
八十二岁的老梗代代传
某科某师的掌故成了美谈
一样的言无不尽知无不言
一样的朝五晚九身手不凡
一样的谆谆教导娓娓道来
一样的学富五车自成一派
三大神，语数英徐李尹
作文命题几何解题完型空独孤求败
理三宝，理化生赵马许
并联电路有色气体种豌豆名扬四海
文不老，史地政孙徐郑
一条鞭法季候风四个自信冠军风采
文书辅导不厌其改，晓蕊小潇曾仪方态
聊天谈心踢毽很嗨，彭邢二姐何王两帅
头顶有光眼里有爱，能文能武郑坛梁凯
集团发展人文关怀，指挥若定晓辉国才
领航兼着护航，既滔滔不绝又侃侃而谈
双减肩负双增，既修渠引水又下地种田

指导伴随指引，既挥斥方遒又自我纠偏
登台同时搭台，既当运动员又能做教练
理科大神成团
孟德尔海德格尔麦克斯维尔
文科大咖排座
杜甫洪秀全王维王充郦道元
肯定挂一漏万，没法一一呈现
公元 2022 年夏，倒计 171 天
这些年，讲过歇后语为你答过疑
陪你踢过毽的那些人，为你祝愿
从明德实验勤政楼自后素堂体院馆
且看弹幕，已经排满
勤肃楼非山顶洞
澄观堂外套间是艺术馆
逸夫楼底崔英剑
四会堂雷雨茶馆常年演
《茶馆》客串王利发
《雷雨》主演周朴园
课本剧做路人甲乙
毕业大戏当编剧导演
紫藤树下，放歌《赤壁怀古》
八零梦前，弹唱《爱我实验》
“超尘作文奖”与“范轶然学长戏剧奖”
“紫藤文学社”搭《伏脉时文报》
是双料的文学双年展
四会堂廊厅那钢的琴
流淌的《星空》就着午间的餐
人文是实验的底色，科学是实验的亮色
是诫勉，也是礼赞
多元是实验的特色，四会是实验的本色
是礼赞，也是诫勉

开讲“吴氏西游”，张贴“竞赛榜单”
举办“文人雅集”，上演“百团大战”
曾记否，圆规画了几多很圆的圆
画直线多少回弃用三角板
可还行，广口瓶里顺序放石头沙子水
酒精灯每一回都能点燃
不能忘，勤肃信毅，是楼名
更是实验前辈的箴言
得谨记，求是拓新，是校训
更是我辈践行的良劝
这里，是我的实验，也是你的实验
这里，是我们的实验，更是我们的家园
今天，你们要起航要远行
要去更远的海要翻更高的山
今天，我们一起把百年实验的
凝聚和沉淀细数并盘点
畅想的未来，已来
逐梦的行程，尚远
愿实验的底色增添你生命舒展的亮色
愿脚下的土地带给你平视世界的底气
愿你感受的包容变成你对他人的宽容
苔花如米或幽兰空谷都有自己的春天
愿你，出走半生，归来依是少年
愿你，离审美近一点，离功利远一点
想无用之用多一点，想有用之用少一点
常有奋进奋斗的状态少有怠惰躺平的心态
用你的阳光让阳光更阳光
用你的阳光让黑暗不黑暗
你怎样，未来便怎样
中国便怎样，世界便怎样

行船，最重要的是航向
人生，最重要的是方向
青春，就是要去找一面镜子
为自己画像
我是怎样的人
我想过怎样的生活
我能做些什么
如何生活得更有意义
一百年前，《新青年》这样定位青春
以青春之我，创建青春之家庭
青春之国家，青春之民族，青春之人类
五十年前，《青春万岁》这样理解青年
我们有力量，有燃烧的信念
我们渴望生活，从来不淡漠
十二年前，《我的青春谁做主》这样解青春
谁的青春不迷茫，不要说我叛逆我轻狂
我的青春我做主，我是我而不是你的映像
一代人有一代人的青春
一个时代有一个时代的青年
晚清名臣曾国藩曾说
天下事，在局外呐喊议论总是无益
必须躬身入局挺膺负责，乃有成事之可冀
所以
无论哪个时代，青年，你最好的状态是
积极入世勇于担当而不空谈闲话八卦短长
必期事功坚毅不懈而不评头品足信口雌黄
近代教育家杨贤江曾说
什么是青年的大敌
顽固的头脑是一个，时髦的朋友是一个
颓废的习气是一个，厌世的思想是一个
年轻人，《论语》得学通了学透了用活了

孔子曰：毋意毋必毋固毋我
曾子曰：不忠乎不信乎不习乎
先哲言从道不从君从义不从众从仁不从师
孔子曰：视其所以观其所由察其所安
师友说：一看动机二辨逻辑三观真相
陈独秀先生百年前
对青年的定位
还是经得起时光岁月淘洗的
自主的而非奴隶的，进步的而非保守的
进取的而非退隐的，世界的而非锁国的
实利的而非虚文的，科学的而非想象的
这，才是青春的画像
这，才属精神的成长
成人，既是身体增力量
更要头脑有思想
远行，既要准备物质的口袋
更得充实精神的行囊
青春的行囊装什么？
运动的喜好算一个，读书的爱好算一个
思辨的脑力算一个，笃行的定力算一个
直面的勇气算一个，格局的大气算一个

美学家朱光潜说
理想的青年有四条
运动选手的体格第一条
醍醐灌顶啊
体格的茁壮，身心的康健
是资本的资本，本钱的本钱
颜回的悲剧，孔子的悲叹
王阳明说此心光明亦复何言
可那也是

一个思想家黄金年岁的遗言
贺秀莲的梦魇，孙少安的遗憾
可真比不了孙玉厚
田福堂晚年，耕几垄地就喘
孱弱的躯体
支撑不了
你翘起地球的梦想以及
健康工作多少年的豪言
成长成熟，不会在某一瞬间
长高长壮，得是一粥一饭
窥镜自照吧
冬日的长跑春天的出操
如果你
逃去厕所或者溜了楼道
堪比
跑题跑得没边的文
跑调跑得离谱的歌
走板荒腔的荒谬
堪比某所的味道
爱上有氧跑圈，或喜欢
踢几脚球投几个篮
举铁拉伸吊单杠，甚或是
羽毛乒乓踢毽滚铁环
把体育是第一学科的理念
变成你终身身运动的习惯
备一份健身运动的项目单吧
装进青春的行囊

身上长肌肉
还得精神长骨骼
身体要长高

还得精神不缺钙
当年，华北之大
容不下一张书桌的平静
如今，众生芸芸
又有几多读书人的安静
当，抖音越来越抖快手越来越快
阅读的时间越来越散
阅读的内容越来越浅
精神的河床就会越涸越干
信用卡透支会影响花钱
阅读的欠账也不能
老赖着不还
年轻人，不论你多忙多没时间
还是去
上心读点儿书吧
挤一点玩游戏的时间
挤一点八卦神侃的时间
分一点刷剧的时间
让一点流连电视的时间
让一点低效做题重复刷题的时间
读一读《论语》《孟子》
也读一读韩非子和老庄
读一读《额尔古纳河右岸》
也读一读《尘埃落定》《西风独自凉》
读一读《我的遥远的清平湾》
也读一读《达·芬奇密码》《呼啸山庄》
读一读《万历十五年》《歌德谈话录》
也读一读《世界美术名作二十讲》
读一读《文明的溪流》《数理化通俗演义》
也读一读《时间简史》《植物的欲望》

读一读《货币战争》《乔布斯传》
也读一读东野圭吾、卡勒德·胡赛尼
马尔克斯和莫泊桑
读一读《文明的冲突》《犹太文化史》
也读一读阿来余华刘亮程
薛兆丰刘慈欣和毛宗岗
读文学使人情感丰富
读科学让人理智通达
读史书使人目光如炬
读诸子让人心里亮堂
让阅读的品位随成长而成长
让阅读的习惯伴地老到天荒
读点长骨骼有意义的书吧
备一份必读书清单吧
装进青春的行囊

能读通课业学业的书本
更要能读懂社会人生的书卷
断舍离
能接受但不囿于
小惊喜小确幸小时代
辨别力
不以起点为终点
获得感成功感荣誉感
不留恋于赏红叶
敢挑战登冰峰的远和险
不能闯红灯不可越红线
不能向右没事向左就烦
要能想明白，为什么
可以有小说丛林，不能搞社会丛林

不必要零和博弈，肯定能互利共赢
只存在和平的国度，难得找和平的年代
只去想现世的安稳，哪里有岁月的静好
象牙塔里千日好，千里之行麻烦了
有人庇护时了了，出了温室未必好
好未必了，了就是好
谁的青春不迷茫
谁的青春不轻狂
有点傲骨傲气还算好
变成狂傲骄傲就得警醒了
自信天生我才还算好
总是目空一切就该警惕了
绝不迷信权威还算好
自诩天下第一就得警醒了
有叛逆不盲从还算好
变得故步自封就该警惕了
考砸了绕弯了还算好
从此躺平不起就得警惕了
迷爱豆爱电玩还算好
除此别无所好就该警惕了
迷芭比爱跑车还算好
走向拜金啃老就得警醒了
宏大叙事无感还算好
鼓吹历史虚无就该警惕了
知道，并分得清
内卷与躺平，女权与女拳
黑粉与喷子，拉踩与引战
洗白与洗地，虎扑与豆瓣
意见与异见，明星与演员
出圈与破防，双碳与双减

小鲜肉与老戏骨
有意义与有意思
二次元与二次方
企业家与投机商
元宇宙与真宇宙
李子柒与张同学
爱迪生与爱默生
黄旭华与黄日华
李泽厚与李泽楷
司马光与司马迁
有用之用与无用之用
西湖大学与湖畔大学
感恩博士与霸座博士
物质主义与理想主义
浅水是喧哗的，深水是沉默的
没有烦恼的青春大约不是青春
从不迷茫的青年大概不是青年
在众声喧哗的时代
最应该也最难得的，是守脑如玉
让子弹先飞一会儿吧
让新闻先跑一会儿吧
让喧哗的自去喧哗吧
不要让无恶意的谣传
和有祸心的谣言
来自己的头脑跑马圈地
你得把
一双慧眼与一颗慧心
的修炼手册
装进青春的行囊

游戏里的荣耀是虚拟的荣耀
游戏里的英雄是想象的英雄
氪金族离着月光族不远
借呗花呗讲究有借有还
京东白条，可不能变现
滤镜的时代
人人都要美颜
若论美颜
华为 P50 也不及
会养心的高端
养眼的未必养心
养心的必定养眼
说走就走与奋不顾身
这里面的任性很奢侈
吃啥有啥与有啥吃啥
这两者的转换很现实
肚子的困窘比头脑的困惑
也许更值得忧叹
忧钱理群之忧
叹钱学森之叹
心灵麻木与良知缺席
就会看得见宇宙的尽头
看不见身边的苦难
无穷的远方与无数的人们
都与我有关
纪录片《柴米油盐之上》《无穷之路》
都值得看一看
杂志《中国新闻周刊》《三联生活周刊》
都应该看一看
节目《这就是中国》《典籍里的中国》

特值得看一看
B 站 UP 主“所长林超”“观视频”
不妨都看一看
第一粒扣子扣得好
人生的底色才着得牢
要知道今天怎么来
看一看
那些年的这些青年
方志敏与邱少云
焦裕禄与王进喜
胡福明与袁隆平
黄大年与黄大发
黄文秀与毛相林
张桂梅与李兰娟
施一公与潘建伟
张文宏与钟南山
看一看
身边的这些青年
北大韦神与清华洞主
“北京明白”高健与科大天才陈杲
“考古女孩”钟芳蓉与大疆灵魂汪滔
君不见
年轻的神舟团队，平均 35 岁
青年的探月团队，平均 33 岁
青春的北斗团队，平均 33 岁
创造历史的排球队，平均 17 岁
夺得世界冠军的全红婵，才 14 岁
一群朝气蓬勃的年轻人，刚刚 18 岁
人到半山路更陡，船到中流水更急
爬坡或过坎，冲锋以登顶

不辜负青春，就是不辜负时代
可以信奉达尔文主义
但要坚决抵御社会达尔文主义
青年，得有点骨气和底气
年轻，要有点血气和勇气
成为为孟晚舟回国点赞的
四点五亿分之一
成为支持调查德特里克堡的
二千万分之一
应该知道三条红线是
哪三条红线，两份清单
是两份什么清单
看清这个世界
热爱这个世界
发声或做事
使之向真向美向善
这才是中国青年
这才是不枉青春
这才是不负实验
这，才是青春的姿态
这，才是青年的画像
这，才是成熟的模样

今年，恰逢中国共产党于红船诞辰一百年
今年，适值新中国恢复联合国席位五十年
今年，赶上伟大祖国加入世贸组织二十年
今年，是百年未有之大变局成为热词的年
今天，一批风华正茂的实验学子及笄加冠
明年，奥密克戎可能还会发威
相信，隧道有尽头，光明定不远

明年，北京冬奥运会如期开幕
祝愿，冰雪天地间，中华谱新篇
明年，人生分水岭的大考来到
祝愿，诸君多努力，前程定无限
明年，去往更大的世界看一看
试看，潮平两岸阔，风正一帆悬

二、爱在实验，情满实验

——2018 年元旦教工联欢会联合朗诵稿

又一年，小天桥边柿子红/红了又落下/落下半个秋天
又一年，八零梦前银杏黄啊/那黄袍染透了整个校园
又一年，治学楼角苍柏绿了/那绿色蜿蜒向天际线
又一年，西门迎面的大白杨呵/筑巢的喜鹊/来了又还
又一年，小花园中央玫瑰紫哟/每个夏天/都那么光鲜

一年又一年，春分又夏至，素秋又冬天
多彩的秋天，多美的校园，多元的实验
我，在流走无痕的沙漏中，添了白发
我，在润物无声的春雨里，改了朱颜
我，在凉风飒爽的松林间，流连忘返
我，在暮色苍茫的大地上，昂首向前
我把青春无畏熬夜备课的志学之年
给了这片校区
我把壮年有怀挥洒讲台的而立之岁
给了这片土地
我把四面突围砥砺负重的不惑之年
给了这片校区
我把老骥伏枥延薪续火的天命之岁
给了这片土地
不要问我，问我当初，为什么选择了你
就像相对论没法回答，它为什么选择了爱因斯坦
好比牛顿永远没法解释，被苹果砸到的那个瞬间
恰似李清照说不清楚，什么时候迷上了烟雨江南

挤两个小时 4 号线骑 5 分钟摩拜到西单

那，权且算是我每日准点的遛腿晨练
一个 40 分钟连着另一个 40 分钟的转场
岁月的意义就是这无休止的轮回翻转
批作业到眼花想去走走吧却走到了班级
佛系青年说我融进了班主任的角色里
过一两条街去分校区或者摩拜长驱华夏
我见证了大实验开疆拓土的保二争一
不要问我，问我为什么，当初选择了你
就像艾青不会跟你解释，他为什么爱这土地
好比门捷列夫会说，他的最爱还是元素周期
恰似孟德尔说不清楚，他哪天开始对豌豆着迷
还是周杰伦的那句词，好哇
天青色等烟雨，而我在等你

从讲台到灶台，隔着一条地铁和五趟公交的距离
从讲堂到厅堂，从钥匙开门的那一刻才有转换器
从学子到孩子，我们牵挂的两端在这里也在那里
从李白杜甫到洗菜拖地，我们上得讲堂下得厨房
从函数方程到打球刷剧，我们来得考场去得疆场
从出题讲题到诗歌戏剧，我们天文地理说学逗唱
我们是蜡烛，也是火炬
我们是渡船，也是媒体
我们是苍穹，也是大地
我们是海德格尔，也是路德维希
我们是麦克斯维尔，也是陀思妥耶夫斯基
我们是亚伯拉罕·林肯，也是卡拉姆昌德·甘地

我们是他们，我们也是我们
我们不是凡人，我们也在凡尘
我们从浪漫岁月的时光深处，走来
我们从柴米油盐的家庭琐屑，走来

根正苗红看重出身和成分，那是五十年代
为了革命国家至上青春奉献，那是六十年代
“上山下乡”加“三面红旗”招展，那是七十年代
“三转一响”开始见证我们的爱情，那是八十年代
两情相悦也得看有没有房有没有车，那是九十年代
说走就走的旅行，奋不顾身的爱情，那是零零年代
我们从时代走来，我们不能脱离时代
你问我，什么可以永恒
你去看那明德楼畔，顶风挺立孤标绝美的大雪杉
你问我，什么可以长存
你去看那傲雪不屈永远冻龄的翠柏，就在治学楼前
遥远的星空，浩瀚的大海
教育的星火，百年的实验
我们是火种，我们是薪碳
我们筚路蓝缕，我们薪尽火传
我们舌耕笔耘，我们坚守杏坛
我们诲人不倦，我们数代百年

你，冲破 1917 年新式教育的前夜，走来
你，带着那勤肃信毅的定力和静气，走来
你，唱着女附中时代的昂扬的校歌，走来
你，凤凰涅槃于东北中学校的旧址，走来
你，穿越救亡图存追求解放的烽火，走来
你，坚守诚信求是严谨拓新的校训，走来
你，秉持做人办事求知生活的高标，走来
你，追求做真教育真做教育的境界，走来
我们理想中的实验
要有包容民主，也要有师道尊严
我们理想中的实验
既能谋得稻粱，也能超越向前
我们理想中的实验

在此安身立命，也在此立功立言
实验在变，实验也不变
昔日砖混楼，成了游泳池体育馆
曾经水泥路，变了塑胶道木地板
过去小平房，换了我分校大庭院
286 进化成联想 Tinkpad，抖落过去的寒酸
网速从前慢，看如今无线网覆盖了整个校园
钢琴坐镇信毅楼，四会堂的大戏开始年年演
明朝一节从容课，今宵三更不敢眠
忍把家务委家人，因有作业待细看
答疑相围已三重，意犹未尽忘午餐
但有学子有所问，倾其所有无不言
如履薄冰待学问，杏坛游刃写新篇
一日未敢忘学术，每有懈怠愧先贤
破除佛系立儒系，立言敢为天下先
更有诗意念远方，正己修身抬望眼
威名岂是争伯仲，花开两枝岂等闲
不要人夸颜色好，天生丽质是西单
不言下自成蹊路，桃李三千在人间
起得大楼育大师，几代耕耘一百年
实验在变，物在变，人在变
实验不变，风不变，人不变
正青春兮，实验百年！我心壹哉，情满实验！
巍巍大哉，百年实验！续辉煌兮，青春百年！

三、长安古意到如今

——近年旧体诗词创作选

1. 题紫藤架古风朗诵会三绝

其　一

秋光紫藤舞翩跹，朗照暖阳沐诗篇。
久在习题课室里，一朝古风返自然。

其　二

辉映红黑杂汉装，凭栏靠架论短长。
此身合是诗人未？身边同窗在宋唐。

其　三

吟罢先秦诵魏晋，才了李杜又苏辛。
对面孔丘微颔首，少年无诗不青春。

2022. 10. 14 作于北京

2. 壬寅夫子诞辰祭礼有怀五绝

其　一

子贡主礼曾参拜，实验倏忽曲阜来。
三千弟子拱手立，夫子安然两千载。

其　二

盥手揖拜衣袂鲜，眼前祭坛似杏坛。
万古无斯如长夜，七十二贤天地宽。

其　三

五鼓四拜天地师，仁德如斯文在兹。
弦歌不辍大生命，喟然与点拒樊迟。

其　四

三牲送请鲜花代，清酒更换清水来。
献帛献爵诚笃敬，如沐春风舞雩台。

其　五

春秋暗夜烛摇曳，恭祭壬寅岁九月。
五百乃有王者兴，河出图兮麒麟解。

2022. 9. 28 作于北京

3. 壬寅中秋雅集有怀

幽篁西畔明楼东，澄观堂前观古风。
京昆粉墨舞冷袖，生旦挥毫唱晚钟。
祭拜七奏九韶乐，铺垫六层四围重。
寻常一样中秋月，才有吾辈便不同。

2022. 9. 10 作于北京

4. 壬寅军训有感五绝

其　一

劈空挥拳气焰长，一身戎马少年狂。
我心已有拿云志，眼前骄阳似暖阳。

其　二

河朔足登古战场，遥想夫子射御堂。
尚武之魂何曾灭，看我子衿换戎装。

其　三

立正齐步又跨立，踢腿摆臂时稍息。
一令千人如一人，谁道此技乃小技？

其　四

骄阳催促喉生烟，怒其不争又加练。
秋雨不告晚来急，柔情高歌是教官。

其　五

换骨脱胎不敢言，动心忍性道无间。
红妆武装人文人，洪荒宇宙天地宽。

2022. 8 作于北京

5. 发轫

茅檐长扫净无苔，蓬门今为弟子开。
始龀小女往祝之，古车劲竹信手来。

2022. 8 作于北京

6. 自洛阳赴安阳感赋

古今河洛多少事，林州渠水犹可怀。
驮经白马佛国自，造像龙门孝文开。
殷墟妇好退鬼方，朝歌帝辛焚鹿台。
伊水漳河流不尽，曾鉴后羿盘庚来。

2021. 7 作于安阳

7. 秋日过苏州

吴门十月草色鲜，桂香影里谒先贤。
曾祺昆明乐微雨，圣陶苏州有遗篇。
有心师者甘退后，放胆学子勇向前。
京城徐君走稳道，苏地多见满堂欢。
辛有张公拨迷雾，返璞无须炫技谈。
枕水姑苏今何在？吴音同里无闲田。
三尺震泽方寸小，百里太湖天地宽。

2019. 10 作于苏州

8. 游学江浙有怀

由来慕书圣，今到鹅湖前。
兰亭流觞会，雅聚永和年。
穿越逢徐渭，笔走龙蛇烟。
咸亨酒店小，门泊乌篷船。
读书有三味，蓊郁百草园。
远晋有羲之，近代闻呐喊。
钟灵毓秀地，千里伏脉延。

2016. 6 作于绍兴

9. 游鉴湖感怀一首

久仰大侠女，今到鉴湖前。
一川明如镜，倒映会稽山。
细桥分碧水，乌篷隐翠烟。
前有陆放翁，继绝越勾践。
遥知有鲁镇，氤氲在水边。
试药是夏瑜，先生且呐喊。
秋瑾英魂在，柯岩立千年。

2016. 6 作于绍兴

四、中国自古有军训，中华文明有韧性

——2022级高一军训仪式讲

各位同仁，各位同学：

身为一名语文教师，作为人文五班的班主任，在今天的这个时刻，我想用文学和文化的逻辑来证明一个命题，叫作：中国自古有军训！因为中国自古有军训，所以中华文明有韧性！

假如春秋没有军训，孔子如何能以强健身躯周游列国十四年？又怎么能率领众弟子抗住陈蔡之困绝粮七天？

早在先秦，孔子即于曲阜，把“礼乐射御书数”的“六艺”课程开展，其中的“射御（驾车射箭）之学”，即是那时的“军训”必修课，三千弟子七十二贤，习得“射御本领”，以强身以卫国以平天下！而先师孔子，真可谓杏坛“军训总教官”！

齐鲁“夹谷之会”，孔子曰：文事，乃以武事备之！孔门毕业生，好几位堪称“军事专家”！看来，儒家的文化基因，是表里如一的文质彬彬，更是文武之道的发展均衡。

假如汉武帝不懂军训，又哪里有“马邑之谋对匈奴亮剑”？卫青与霍去病的大将之才，又怎么去发掘和发现？又哪里来的“河西四郡”与“封土狼山”？

假如高适不懂军训，他就只是一位普通的边塞诗人，甚至很可能像王昌龄一样窝窝囊囊地丧命于“安史之乱”；因为真的去过边塞，山水田园诗人王维才写出“大漠孤烟直，长河落日圆”；因为经历战乱并且用生命捍卫了士人的节操，大书法家颜真卿作品，才让李后主不敢正眼看！

宋太祖酷爱读书，但他绝不是书生，如果不懂军事，如果不懂军训，他又怎么去奠定两宋的百年基业，又怎么能成为五代十国的“终结神”？

当蒙古大军因为承平日久，失去了尚武精神，就立即被叫花子出身的朱元璋按在地上摩擦；当八旗铁骑开始提笼架鸟沉迷于听戏斗蟋蟀，西方的坚船利炮就席卷而来。

一言以蔽之，尚武勇猛而不迷信和滥用武力，崇尚和平而又刚柔并济，才让中华文明有韧性，有过去，有今天，有未来。

懂得军训，组织军训，参与军训，全民具备军事素养，保持中国人的刚毅坚卓，我们需要军训，中华自古有军训！

古人云：宁为百夫长，胜作一书生。君不见，军人出身的任正非，塑造了今天华为的不屈不挠和“创新之魂”；军队退伍的魏建军，一手成就了民族汽车帝国——“长城”；早年曾入伍的“万达掌门”王健林，立志要做“五好士兵”，一年就完成了拉练野营……

苏轼有言：古之立大事者，不惟有超世之才，亦必有坚忍不拔之志。

毛泽东说：欲文明其精神，先自野蛮其体魄；苟野蛮其体魄矣，则文明之精神随之。

邓小平说：一个听过枪声的士兵和没有听过枪声的士兵就是不一样的……

进入高中，诸君已是进入“孕穗拔节期”之青年，拥有坚定意志，具备极限抗压能力，增强在特定情境下的服从意识，尤为必要。而这些，短时校园很难给，唯有在军营，受军训，才能立刻就感受，收获快成长。

今日之中国，正进入强国事业的“攻坚期”，迈进复兴大业的“深水区”，世界仍有动荡，持久永续的和平，仍然是丰满的理想。有鉴于此，作为当代青年精英的实验学子，更应该到军营里去，去听一听军歌嘹亮，看一看军旗猎猎，体验“枕戈以待旦”，感受“令来如山倒”！

这是“实验人”的本色，也是高中求学生涯的底色。

谨录唐人祖咏诗一首，愿诸君不辜负这一段军训时光：

望蓟门

燕台一望客心惊，箫鼓喧喧汉将营。
万里寒光生积雪，三边曙色动危旌。
沙场烽火连胡月，海畔云山拥蓟城。
少小虽非投笔吏，论功还欲请长缨。

2022. 8. 20

五、做一株经霜历冬的竹子

——2017 届高三毕业典礼讲

各位同事，各位同学：

今天的毕业典礼，很有仪式感，在提醒各位同学高中生身份的终结和新的人生阶段的开始。今天的毕业典礼，正如一根纽带，把我们 2017 届 563 名学子最后一次团聚在一起。我代表全体教师在此发言，是大家能听到的高中老师的最后的集会叮嘱。

前几天，陆续有同学向新高三的学弟学妹们出售学案资料；过几天，咱们 2017 届高三学子捐资，吴荻老师总设计的“勤肃楼庭院景观”，也将永久存留在校园。铁打的营盘，流水的校园。从明天起，学校变为母校，二龙路 14 号，将成为大家青春的记忆符号。作为曾经的老师，我们更关注的是，大家能在实验求学生涯总结后，带走点什么？

大家能带走什么？

字音字形背诵默写，李白的诗李清照的词，你还记得多少？必背单词完型语法，等差数列解析几何，你还将记多久？物理公式化学方程与染色体数量，你还能否得到满分的答题分数？古代丝绸之路兴衰的原因，北京新机场选址的地理秘诀，中国政协的政治架构，你还能否说得清清楚楚？为 SAT 拿高分刷的那些阅读，为 AP 课程通关而做的那些套题，你是否还有兴趣捡起来，不以考试为目的做些研究？

就像赵雷带不走成都，那些以功利的考试为目的被动捡起来的知识，恐怕大家也带不走。

知识，如果不能内化为学科素养，你就带不走。

知识，如果不能转化为智商能力，你就带不走。

知识，如果不能固化为兴趣动力，你就带不走。

今天，要离开，希望大家保持求知的兴趣，带走对学习的热情。今天，要离开，希望大家保有做人的原则，带走对生活的热爱。带着大实验的“四会”，离开。

高考后出分前的这段时间里，我们看到了“后高考时代的众生态”。听说，不少同学在故宫的文物展览上不期而遇流连忘返，我们为这样的同学点赞！也听说，高二时的枣庄支教团队重返故地，兑现联络当年支教学生的诺言，我们为这样的实验学子点赞！7 月 1 日的校园，百年校庆“走向未来的教育”基础教育国际论坛上，近 50 名高三同学冒着高温返校做志愿者，我们为这样的实验学子点赞！

高考结束了，当有同学把《平凡的世界》《红楼梦》等书籍和《名著预考》一起当垃圾一样丢弃在楼道，而有的同学已经把今年高考没有考的另外 6 部名著列入了自己的暑假读书单。你为什么而读书？你在读什么书？距离就这样拉开了！

高考结束了，当有同学宅在家里吃着外卖玩着游戏追着电视剧的时候，还有的同学已经走遍了川藏线甚或完成了留学目的地游学考察。世界那么大，我想去看看，这是大家曾经的共同心愿。高考前，你抱怨没时间，高考后，你却成了“宅男”！

高考结束了，当有同学从板野友美的演唱会赶场林宥嘉演唱会的时候，还有的同学在欣赏人艺话剧《寻找春柳社》《雷雨》参加了“暑期公益国学课程”。三年的实验教育，带给了你什么，你能带走什么？在你高考后的自主安排中，已经显示出差距！

高考结束了，当有同学面对自己的不理想的成绩沉浸在抱怨和失落之中不可自拔的时候，还有的同学却毅然决然选择了为自己的“北大清华梦”去复读！这个世界上，一切都有因有果，有根有脉。但是不论怎样，选择坚强面对既定的结果，勇敢前行，这才是实验学子该有的样子！

我们曾经探讨过：青春，是用来干什么的？我们有共识，青春不是用来挥霍享受的，青春是用来超越的，青春是用来打破世俗的，青春是用来承受失败的，青春是用来远行的，青春是用来为人生奠基的！

我们还曾经探讨过：有些有意义的东西很难有意思，该何去何从？是的，告别高中，如果我们不能带着对知识的信仰对生活的热爱再次启程，就有可能被别的什么东西带走。

最后，要分享一个故事：

少年遇到一个卖笛人。

他走街串巷，且行且吹，步态潇洒，旋律悠扬；随身的浅口布袋里插着好多笛子，笛身锃亮；随着身体的晃动，笛子轻轻触碰，发出翠竹特有的那种声响。

少年很欣赏，就买了一支，拿回家练习吹笛。

邻居一位退休音乐教师听到笛声，语重心长地对少年说：“这支笛子是用当年生长的竹子做成的，没有多大用处，让小孩当玩具还行，拿它训练或演奏可不成。竹子要经年历冬，饱尝‘风刀霜剑严相逼’之后，才变得质地密实沉稳。拿它做成的笛子，才经得起吹奏，才不虫蛀、不开裂、不变形、不走调。并不是每根竹子都能做成好笛子的，东西也不都是生鲜光亮的好啊！”

少年听后，恍然大悟。

青春之路，道阻且长，前路漫漫，未来可期。那些表面光鲜实不堪用的“笛子”，太多；那些炫惑欺人的“卖笛人”，也太多。愿每一同学，都能再次遇到自己人生的“音乐教师”；更愿每一位同学，都成长为“经霜历冬，质地密实沉稳”的竹子！

最后，集句四联，代表全体教师，聊以相赠，正所谓：

少年心事当拿云，母校今别去远行。
千里伏脉存远志，百年辉煌正青春。
落木千山天远大，澄江一道月分明。
做棵经霜历冬竹，不负此生实验人！

2017. 7. 3

六、亲近图书馆，才是实验人

——二龙路校区图书馆开馆仪式讲

从今天起，咱们二龙路校区又有了一个新的去处——图书馆。在这个面积有限教室紧张的校区里，单辟出近一个楼层作为开放式图书馆，是学校给同学们的最大福利，更体现出学校的教育品位和教育坚守。

如果有人问：孩子，你每天去学校，干什么？最好的回答是：去读书！所以，古人常常说“上学读书”——上学的目的就是读书，真读书才等于真上学！

在哪里读最好最全的书？当然是学校图书馆。所以，卓越优秀的学校，常常会在校园最好的地段设置读书的角落。世界一流的学府，往往以拥有最好的图书馆为荣！

所以，哈佛图书馆彻夜长明的灯光，也照亮了美利坚的夜空；北大图书馆里安静的读书人，也必然是我们民族未来的精神开拓者！

所以，看到本校区西门的拾缘咖啡馆里，最引人瞩目的几排琳琅满目的书架，我们窃喜，实验读书的象征，还在！看到本校区“地标建筑”八零梦前的读书圆凳上，偶尔还有些学生在那里静静地读书，我们庆幸，实验读书的香火，还在！看到本校区地下一层的图书馆里，经常也还有借书还书的同学进进出出，我们欣慰，实验读书的种子，还在！

然而，现在的校园，能安静读书的角落，仿佛越来越少了，分层走班功能改造，地下室改了饭厅，储物间成了实验室，读书的空间，成了问题。

然而，现在的校园，能安静读书的机会，仿佛越来越少了，日益紧张的学习节奏，轻松阅读的诱惑，电子娱乐的泛滥，读书的时间，成了问题。

让我们亲近图书馆！

亲近图书馆，就走近了深阅读，从浅阅读的沼泽里拔腿上岸，读一读《公案百则》读一读《人生三书》读一读《草房子》读一读《苏菲的世界》，摘掉“吃瓜群众”的帽子，你就不再是一个“愤怒的无知少年”！

亲近图书馆，就走近了深思考，在单调刷题一味应试的日子里喘口气，读一读《物理之美》读一读《牛奶可乐经济学》读一读《三体》，你会明白：比学科知识更重要的，是领会学科魅力！

图书馆有什么用？读书有什么用？

有一张图片，叫作《废墟里的读书人》，图片背后的故事，令人惊叹：1940年10月22日，英国伦敦，有一座图书馆几乎被炸成废墟。这座图书馆的屋顶已被炸塌，钢筋、水泥、瓦砾遍地。在硝烟弥漫的时刻，有三名绅士站在图书馆的废墟里静静地读书。这些严谨的英国人，在最残酷的岁月里，仍然衣冠楚楚，神色坦然。在废墟中，在大书架前，他们安静地阅读，犹如老僧入定。

有一篇文章，叫作《孤独的普希金》，文章里面的感慨，令人唏嘘：上海岳阳路的普希金塑像，孤零零地立在那里，人们从他身边匆匆走过，看都不看一眼，奔向南京路淮海路的地方就去了，偶尔光顾的人，用笔把塑像底座的普希金的“金”字密密涂满，多么讽刺的一幕！

图书馆的意义，好比实体书店的坚守，代表这个电子阅读时代里纸质阅读的顽强生存。

经济越发达，越需要深阅读。

所以，全世界，实体书店数量最多的，是经济最发达的城市纽约。中国的经济重镇温州，在城市的黄金地段，开设了17家“城市书房”。左手西单商业街右手北京金融街的实验中学，同样有责任打造最好的图书馆！校园的阅读气息，同学们身上的书香气质，才是我们这所百年名校引为骄傲的资本。

让我们亲近图书馆！

还好，在实验的校园里，还有坚守至今的静心读书沉淀思考的各类读书活动：有集团校整体推进的“每周阅读课”，有各年级独立推进的“阅书达人秀”，有各年级有序开展的“学段读书赛”，有分校区于晓冰老师主持的“小松读书会”，有本校区樊后君老师不定期开展的“悦读悦动人”、徐逸超老师开成课程的《论语》读书课《红楼梦》读书课……

这些，都是我们永不打烊的“图书馆”。我们的二龙路校区图书馆，也将为初二年级的阅读活动增光添彩！

多年以后，当我们离开校园，追忆校园的生活，如果这一段的生命记忆里，只有埋头刷题抬头交卷，上课记知识下课抄笔记，课间聊八卦放学玩手机，岂不是“误了青春误苍生”！

所以，在二龙路校区图书馆开馆之际，倡导大家：

把玩游戏的时间，挤一点出来；

把跟同学八卦神侃的时间，挤一点出来；

把上网浏览信息的时间，分一点出来；

把看美剧看韩剧的时间，分一点出来；

把看综艺节目的时间，让一点出来；

把低效做题重复刷题的时间，让一点出来。

让我们一起，走进图书馆，亲近图书馆，爱上图书馆！

来图书馆，静静心，看看书。读点学科知识的书，明白自己为什么要做题；读点提升人文素养的书，领悟自己为什么要学习。

就让我们行动起来，多读书，读好书；多阅读，深阅读。

正所谓：

无边落木萧萧下，不尽长江滚滚来。
不要人夸颜色好，只要书香满校园。
我劝天公重抖擞，满城尽是读书人。
校园最爱图书馆，不枉此生实验人！

2016. 11. 9

第二节　散文与戏剧

一、精神之旅在哪里？

——序《两访文萃》校本学案

《两访文萃》终于要付梓了。

这又是一项艰巨且艰辛的工程。

历时一个学期，都要在时间的缝隙里笔耕不辍。

所以，必须要感谢诸位编委，共同的愿望支撑我们在完成同一件事情，而这又不是一件简单的事情。

还要感谢两位实习老师黎敏、王慧。

特别要感谢樊后君老师，这位“长在办公室”的语文组的新生力量，为此做了大量的工作，还以其厚实的学问与宽广的视野为我们选定了“传世古剧观赏”与“经典影片欣赏”。

还要感谢，那些默默无名的支持我们的人们。

在这样一个时代，编选这样一本文集，是需要一点情怀的。

理想主义的大旗在现实功利的狂风中似乎要被撕扯得四分五裂……

但是，想一想《养心阅读》，我们就有了坚持下去的勇气，以及力量。

想到《君不读书枉实验》还是有几个会心的读者，特别是《养心阅读》还是激起了一点波澜，编者的辛苦也顿作云散。

在《两访文萃》之前，也照例要说一点什么，这篇名为《精神之旅在哪里?》的小文章，也不是简单地非要呼应《君不读书枉实验》，而是确实有积蓄已久的一点心思要表达。

已经很久很久了。

我曾经听过这样两个故事：

某学校组织学生游学英国。在大英博物馆，当周围慕名而来的游客都目不暇接地徜徉在艺术的殿堂里的时候，有几位学生竟然无聊地在大英博物馆里找了一个所在打起了扑克牌！

某学校组织学生游历美国。在马萨诸塞州，在举世闻名的学府区，大巴车停下了，随队教师招呼学生下车到学府一游，有几位学生回告老师：我们不下去了，在车里玩会儿游戏！老师问：你们来过？答曰：没有，这里没什么意思，一会儿要是到购物区，我们再下去。

这两个故事的主人公来自同一所北京著名的中学。

还听同事讲过这样两个故事：

随旅游团报名游四川，却蓦然发现旅游地附近就是四川眉山，这可是赫赫有名的苏东坡的故乡，于是询问导游可否稍改行程顺便到眉山一游以便拜谒三苏祠。导游回答说如果全车有超过一半的人同意即可成行，于是全车“公投”，只有同事一个人有此意愿，而那些没有意愿的人也没有到过眉山且完全有时间顺便到三苏祠赴一趟精神之旅，就是不愿意，因为没兴趣。

同事只得悻悻作罢。

举家驾车自助游，往哪里去？最后取了孩子的意见，来一趟“三国遗址自驾之旅”，原来孩子酷爱“三国”，于是动了在江淮间穿行寻访“三国遗迹”的心思。一家人相偕出游，历史的风尘在滚滚的车轮间弥散而又清晰，穿越回了那个风云际会的遥远时代。

同事讲得兴高采烈。

这个故事中的孩子也来自那一所北京著名的中学。

我做了一个大胆的联想，游英国与玩美国的那两拨孩子如果在眉山附近的那辆车上参与“公投”，他们会支持我的同事吗？

其实，我只想问一个问题：我们步履匆匆周游世界，奔走在购物的人流里，拥挤在最佳的自然观景台前，那么，我们的精神之旅到底在哪里？

身在北京，长在北京，自诩为北京人。

知道王府井，闭眼走西单，熟悉北京每一处胡同的“私房菜”。

就是北京人？

地坛庙会年年去，图书大厦常光顾，工体演唱会场场不落。

就是北京人？

想去就去故宫，想逛就逛北海，想游就游颐和园，想爬就爬长城。

就是北京人？

拥有北京户口，在北京上幼儿园小学中学还能在这上大学找个好工作娶妻生子。

就是北京人？

元大都遗址？没去过。

郭守敬纪念馆？没听说过。

文丞相祠里的指南树为什么指向南方？不知道。

通州区海子公园燃灯塔西侧有什么？不清楚。

香山的文化名人遗存除了黄叶村还有什么？红叶村！

湖广会馆与梅兰芳大剧院的京剧演出一出没看过。

首都剧场复排了几次《茶馆》但一次都没去捧个场。

你敢说你是根子里骨子里精神上的北京人？

你敢说你是无愧于实验人文教育的实验人？

巴黎人不知道先贤祠，华盛顿人没去过阿灵顿国家公墓，伦敦人没有亲看过一出莎士比亚剧，爱尔兰人没有激赏过一场《大河之舞》，欧登塞人没有拜谒过一次安徒生故居，那么你敢称是巴黎人华盛顿人伦敦人爱尔兰人欧登塞人么？

一个城市，你没有从精神上的融入从文化上体认，你只是这里的过客。

即使住在这里，你也只是匆匆的过客。

于是，你也能明白，我们在高一的那个夏天倡导“行几里路”去踏访名人故居有多么深的良苦用心。

看到《两访文萃·故居踏访》，看到同学们足之所至心有所动，于愿足矣！

曾经听说一个这样的美国作业：要求学生回家采访调查，然后编写一份自己家的家谱。多么有创意有远见有人文情怀的作业！

于是我复制成为我们的“人物访谈”，其实特别想大家采访自己家族的先辈老者，想一想“从哪里来往哪里去”的问题。

到底是比美国人的境界小了些，没有上升到“编订家谱”的高度，足矣！

看到《两访文萃·人物访谈》，看到同学们广有所访深有所思，于愿足矣！

精神之旅在哪里？

就在故居踏访里。

就在人物访谈里。

精神之旅有何用？

坐高铁往南京开会，中间短停泰安。极目远眺，苍黄的天底下远近横着几个村庄，但是眼中却顿时有泰山的高耸，想到“登泰山而小天下”的气魄，我看着玻璃外面的那几座村庄然后目光穿过知道目力所不及的远方，那里也许便是李健吾写的曾经在雨中登过的泰山吧！

泰安过后，许久，又经停一站，滁州。心中默念起《醉翁亭记》来。

两座名城，匆匆而过，却在心底中留痕。

假以时日，必当专程前来！

机缘巧合来到佛山南海，只有半日的逗留时间，问：当地朋友，可否驱车康有为故居一游？朋友诧异：为何不去黄飞鸿故居？反问：为何？答曰：谁不知道“佛山黄飞鸿”？好多人慕名前来。

我说：只有一个选择，只选康有为。

其实心里想说：黄飞鸿是功夫的，康有为是精神的，一个影响中国近代史的精神巨人，岂是拳脚功夫比得了的？

南海一程，不虚此行，经久难忘，因为康有为！

于是我想起了沈园，这个极寻常的小公园，想起了《文化与城市》的论断，一座城市的文化与精神，需要百年千年的传承更需要生活在其间的人了解关注滋养它。

于是我想起了《孤独的普希金》里描述的那个场景，莫斯科的普希金广场经常有人冒雨雪而来拜谒，人们在雨中悄悄吟诵普希金的诗句……

多么美好的诗的意境！

有人说：我们是蚁族，精神与我们何干？

我想说：身为蚁族，你也可以是一个精神贵族！

别人说我们是暴富的“蝗族”，在好望角也要刻上“到此一游”，穷得没有精神，富得没有文化，都会让人瞧不起。

精神之旅在哪里？

今冬的北京，分外地寒冷。

当你的目光穿越别人的目力所不及的地方，当你的精神有个安身之所，你就有了安之若素的力量。从二龙路的天空望过去，我看到那里紫气升腾……

春天的气息，细若游丝。

精神之旅在哪里？

传世古剧观赏，经典影片欣赏。

有道是：精神之旅在这里！

许是不知所云，但为序。

2013年1月8日

二、评优·宝玉挨训（特别版）

——2023“北京大观园·十幕大戏演红楼”剧本

核心事件：宝玉辞父上学，被贾政训斥为“劣子”；学部期末表彰，宝玉被推荐为“尖子”。

主题聚焦：宝玉是科举时代时人眼中蔑视“仕途经济”的“逆子”，却是现代教育背景下“全面发展”的“人才”。

表演类型：先锋剧，戏中戏

场景地点一：贾政书房

人物：贾政（汪文龙饰）、清客程日兴（徐逸超饰）、清客山子野（袁金楠饰）
彩云（靳童饰）、彩霞（李思瑶饰）、金钏（宋琳饰）、玉钏（王宇飞饰）
宝玉（贾靖国饰）、贾环（张云鹭饰）
茗烟（李晨希饰）墨雨（尹乐水饰）扫红（王思远饰）锄药（芒莱夫饰）
李贵（林鉴易饰）李富（任泓宇饰）李安（宗益安饰）李平（孟闻景饰）

第一幕

（旁白：这日，宝玉约了秦钟，准备去学堂，于是来到贾政书房，准备辞别父亲往学堂里去，贾政正在书房跟两个清客相公——古董商人程日兴，园林绘画师父山子野闲话。彩云、彩霞、金钏、玉钏在书房端茶伺候。）

地点：贾政书房

（贾政、程日兴、山子野同上，踱步进贾政书房，彩云、彩霞门口恭迎，金钏、玉钏于屋内布让，玉钏焚香，金钏准备随人落座上茶）

贾　政（面有愁容，叹息着饮茶）

程日兴：今日风和日丽，府上诸事顺遂，老世翁何故忧叹？

贾　政：阖府上下，诸多人事，我所忧者，唯有宝玉。如今有老太太百般宠溺，一天大似一天，却只知道任性玩闹，贾府的科举仕途，恐怕是无望了！

山子野：府上先珠大爷弱子兰哥，听学堂里代儒先生说，小小年纪，那八股文章，已经是无出其右了，将来考个状元，也未可知。

贾　政：可也是，宝玉要是有孙子兰儿一半的用功，用心在这举业文章上，至少也比得上他姑父，拿个“探花”回来，也算不负天恩祖德了！只可惜，心思全在玩儿上，还说什么杂学旁收的，从“抓周”抓那劳什子脂粉钗环开始，从来都不务正业！嗐，还是兰儿，叫人喜欢些，心思专一，都在那“四书五经”“八股文章”上，这才是读书人的正道。

程日兴：老世翁，宝玉年纪尚小，一时贪玩些，一旦又发奋起来，也是有的，不必过虑。

山子野：外间听得有人说，宝玉吟诗作对，也算有些功夫的。

（宝玉上，四小厮四护伴外间垂手立定，宝玉一步挪不了三寸，蹭到这边来，彩云、彩霞、金钏、玉钏门外窗下垂手站着）

金　钏（一把拉住宝玉悄悄地笑）：我这嘴上是才擦的香浸胭脂，你这会子可吃不吃了？

彩　云（一把推开金钏，笑道）：人家正心里不自在，你还奚落他。趁这会子刚喜欢些，快进去罢。

（贾政、程日兴、山子野正欣赏书案上一幅展开的园林画，一边有贾政轻声赞叹：好一幅园林山水画，子野真乃画界行家也！）

宝　玉（恭敬地跪下）：宝玉给老爷请安。儿子这就上学里念书去了。

贾　政（冷笑道）：你如果再提“上学”两字，连我也羞死了。依我的话，你竟玩你的去是正理。仔细站脏了我这地，靠脏了我这门！

程日兴（忙起身笑道）：“老世翁何必如此！今日世兄一去，三二年就可显身成名的了，断不似往年仍作小儿之态的。天也将饭时，世兄竟快请罢！”

（玉钏、彩霞拿了药丸进来，递与宝玉）

彩　霞：宝二爷，太太说这些药丸你顺便拿去，天天临睡的时候，叫袭人服侍你吃了再睡。

贾　政：袭人，服侍宝玉？袭人是何人？

玉　钏（看了彩霞一眼，一看宝玉竟一时无话，连忙说道）：老爷，袭人是个丫头，跟我们一样，宝玉身边的，以前服侍过老太太，再后来就派过去服侍宝玉了。

贾　政：丫头不管叫个什么罢了，是谁这样刁钻，起这样的名字？

宝　玉（一时语塞，半晌方道）：是老太太起的。

贾　政：老太太如何知道这样的话，一定是你，宝玉。

宝　玉（见瞒不过，只得回道）：因素日读书，曾记古人有一句诗云，花气袭人知昼暖。因这个丫头姓花，便随口起了这个名字。

程日兴（忙向宝玉道）：世兄回去改了罢。老世翁也不用为这小事动气。

贾　政：究竟也无碍，又何用改。只是可见宝玉不务正，专在这些浓词艳赋上做工夫。（说毕，断喝一声）作孽的畜生，还不出去！

（程日兴、山子野冲宝玉摆摆手，宝玉退出外间）。

贾　政（猛然一问）：跟宝玉的都有谁？

（外面答应了两声，垂手站立的四小厮四护伴同上，八人一起向贾政打千儿请安）

贾　政：你们都叫什么名字？

四护伴（朗声昂头道）：李贵、李富、李安、李平

四小厮（低头小声道）：茗烟、墨雨、扫红、锄药

贾　政（回头盯住四小厮）：你们这名字，怎么也这么刁钻，什么烟雨锄药，扫红扫黑的？是不是也是宝玉给起的？

茗　烟（跪下回道）：回老爷，我们四个原来叫作“赵大、王二、张三、李四”都是学堂里瑞大爷给起的！宝二爷，嫌听着硌牙，就都给我们改了。

贾　政：你们看看他们四位，“富贵平安”，寓意吉祥，正和咱们这样的人家，你们四位的名字，是不是不是宝玉给起的？

李　贵：是的，老爷。

李　安（不自觉地插话）：老爷，“富贵平安”我们四位的名字，是兰哥定的！

贾　政（向李贵）：你们成日家跟他上学，他到底念了些什么书！倒念了些胡言混语在肚子里，学了些精致的淘气。等我闲了，先揭了你的皮，再和那不长进的算账！

李　贵（吓得忙双膝跪下，摘了帽子，碰头有声，连连答应“是”，又回说）：哥儿已念到第三本《诗经》，什么“呦呦鹿鸣，荷叶浮萍”，小的不敢撒谎。（满座哄然大笑起来）

贾　政（也撑不住笑了，因说道）：哪怕再念三十本《诗经》，也都是掩耳偷铃，哄人而已。你去请学里太老爷安，就说我说的，什么《诗经》、古文，一概不用虚应故事，只是先把《四书》一齐讲明背熟，是最要紧的。

李　贵：是！是！是！（小厮、护伴一起躬身退出）

（此时，宝玉独站在院外，避猫鼠儿似的，屏声静候。待他们出来，便忙忙

地走了。)

李　贵（一面掸衣服，一面跟上宝玉，说道）：可听见了不曾？先要揭我们的皮呢！人家的奴才，跟主子赚些好体面，我们这等奴才，白陪着挨打受骂的。从此后也可怜见些才好。

宝　玉（笑道）：好哥哥，你别委曲，我明儿请你。

李　贵：小祖宗，谁敢望你请！只求你听一两句话就有了。

（所有人下，剩贾政、程日兴二人弈棋）

场景地点二：贾府分校

人物：学部主任贾玲（孙玲玲饰）、学部助理贾代然（王适然饰）
学部助手贾茼（杨晓桐饰）、班主任贾薇（孙薇薇饰）
学部教师贾畋（田朝霞饰）、学部教师贾琳（宋琳饰）
投票班代表——贾代影（吴飞影饰）、贾雨辰（杨宇辰饰）、贾苇（林伟伟饰）、贾薇（孙薇薇饰）、贾汪（汪文龙饰）、贾代吉（李佳吉饰）、贾菁（徐晶京饰）、贾雨多（许多饰）、贾絮春（曹絮饰）、贾代广（吉广智饰）、贾雨帅（王帅饰）、贾红春（曹洋红饰）、贾代君（谢佳君饰）、贾代楠（袁金楠饰）、贾博春（彭博饰）
投票校领导——贾宝伟（宝伟主任饰）、贾代辉（晓辉校长饰）

第二幕

（旁白：秦可卿当年说“登高必跌重”，赫赫扬扬已历百年的贾府，正享受着“烈火烹油”“鲜花着锦”之盛，要延续这“钟鸣鼎食之家”“诗书簪缨之族”的荣耀，贾氏宗族学堂迎来了他的春天，那就是并入了“实验中学”教育集团，成为京城里名为“实验中学贾府分校”的新学堂，一时“身价暴涨”，成为这京城里的“头部名校”。这贾府周围的房价，首先涨了起来；“实验中学贾府分校”的录取分数线，自然也涨了起来。学校的“伏脉千里”戏剧节，备受学生欢迎，老师也抢着要演个角色，这不，语文组的贾畋、贾琳两位老师就对剧组的安排表示了不满。）

（贾畋、贾琳上，慢慢走近贾政、程日兴这边）

贾　畋：演的什么破戏！当个教研组长，啥了不起，一会儿有他好戏看！

贾　琳：可不是嘛？语文老师演个剧，单单就不叫咱俩，你说，现在，台下

3班4班6班7班，可坐着1000多号咱们的“粉丝”呢，也太不拿人当“腕儿”了。

贾 畋：一会儿让他有好戏看！（左右四下里踅摸）

（贾环上，一副到处惹事不着调的样子，一只手拎着美团外卖，一手还运着篮球，摇摇晃晃地过来）

贾 畋（看见贾环，计上心头，大声喊）：臭小子，过来！《齐桓晋文之事》背下来了吗？上周的《伏脉时文报》，怎么又没写？听说，你还欺负12班贾瑞来着？手里拿的什么？来，我替你拿着！（顺手把贾环手里的外卖拿过来，贾环为护住篮球，只能丢开外卖）

贾 环：畋老师，我还没吃饭呢！这刚打完篮球，一会儿饿低血糖了！您快把这救命的“口粮”，赏还了我吧，我这回去我就背书去。

贾 畋：唉，学校有规定啊，不许学生定外卖！我一会就去告诉宝伟主任啊。（见贾环害怕，冲他招手，把外卖也冲贾环晃了晃）你过来，告诉你件事儿。

（对贾环耳语，若干分钟，贾环点头“好好好，一会儿就去办”）

贾 琳（趁机顺手夺过外卖，还给贾环，对贾畋说）：有事说事，别回头真给孩子饿低血糖了！（回头冲贾环说）快点回吧，趁热吃了，下回不许点外卖了啊！校纪校规，底线是不能触碰的！

贾 环（一溜烟跑了，一边回头说）：谢谢琳老师，琳老师再见！（一边又冲着贾畋，做个手势）畋老师再见，那事儿，包我身上了，您就擎好吧！

（贾畋、贾琳同下）。（贾政，程日兴继续下棋，贾环贼头贼脑地从外面蹭进来，在贾政处耳语：流荡优伶，表赠私物，害死金钏等等）

贾 政：什么！宝玉流荡优伶、淫辱母婢？拿大棍来，前后门关上，把宝玉给我叫来，谁往后头送信儿，一并打死！

程日兴：老世翁！宝玉已经打过了呀！再打，就打第二回啦！

贾 政：不打，再不打，将来就要闹到弑君弑父了！啊？谁打了宝玉？哪里打的？

程日兴：老世翁！四班打的，刚在这台上打的呢。

贾 政：这学里，还有没有王法了？宝玉，我能打，我想打就打。岂是别人随便打得的，打坏了，可怎么办？

程日兴：老世翁，这不是你安排课本剧表演，让四班演“宝玉挨打”，才打的么？

贾　政：世人都晓神仙好，唯有儿孙忘不了；痴心父母古来多，儿孙出息谁见了？我们家那不长进的宝玉，恐怕永远比不了兰儿啰！

程日兴：老世翁，此言差矣！君不见——在实验中学贾府分校里，宝玉可是备受拥护呢？

贾　政：宝玉备受好评？实验中学贾府分校？校长可是贾代辉？学部主任可叫个贾玲？这可是未来的“宇宙第一名校”呢！素质教育搞得好，高考出国“双一流”呢！

程日兴：老世翁这是如何知晓？莫非穿越啦？

贾　政：天机不可泄露，日后必然知道！“太虚幻境”里的事儿，可是灵验得很呢！

程日兴：借老世翁吉言！这么说，我得先去实验中学投个简历，找份工作，呵呵！

（贾政、程日兴同下）

第三幕

（旁白：贾府分校的期末评优工作，按惯例又拉开了帷幕，学部主任贾玲，学部助理贾代然，管理助手贾茼又忙乎上了，这回，贾宝玉、贾兰、贾环都成为了议论品评的对象。）

（贾玲、贾然、贾茼同上，一路说着期末评优之类的事情，进入办公室，分开坐定）

贾　玲（踱步，做艰难思考状，旋又坐下，此间贾代然、贾茼的注意力都在贾玲身上）：这回全校期末评优，咱们学部一个推荐名额，听说要在4班宝玉和14班贾兰之间决出胜负？

贾代然（拿出一堆选票，仿佛要再确认一下）：是的！这两位确实得票学部全面领先，没有争议。好玩的是，贾环居然成了21班的候选人，不知道他们怎么把握的原则。这学期，贾环成了数学B层的唯一成员，这待遇，太稳定了！

贾　玲：哟？那薛蟠也从数学B层考出去了？他们两人不是难兄难弟吗？

贾代然：是的。

贾　茼：这贾环同学本学期共迟到366天！违规买外卖24回，跟贾瑞打了3场架。21班有这个同学，班主任估计都得换第6回了呢？

贾　玲：家庭教育，很重要啊！赵姨娘开家长会一发言，就很不靠谱，护犊子不说，有一次竟然当我面，就要打贾环。看来，“家校共建”的工作还得加大力度哇！（看一眼工作日志，醒悟过来，转而说）咱们说贾环这么多，差点忘了“推优”的正事了，你们觉得，推宝玉还是选贾兰呢？

贾代然：我站队贾兰，成绩好，各科作业不落，选科都在 A 层，上次他们班“顽童闹学堂”，他也不受影响，还劝贾菌不受影响好好听讲呢！

贾　茼：这也太“学霸”了吧！不过，宝玉的发展，好像更全面。通技课唯一的 P 层学员，纸艺服装设计大赛，得了全国一等奖呢！不仅动手能力极强，还很会审美，5 班红楼戏剧表演，从黛玉宝钗到鸳鸯平儿，全是他给化的妆，棒极了，简直天才啊！

贾　玲：啧！这样的男生，少见啊。找班主任来问问吧？

（贾茼给贾薇打电话，用英语，贾薇进办公室）。

贾　玲：听说，你们班宝玉是全票通过初选的？这么高人气呢？

贾　薇：可不是嘛！宝玉不觉得自己是“官二代”也不觉得自己是“富二代”，平等待人，连西门保安威少，他也从来和气热情，食堂师傅，没有一个不说他懂事的。真真难得呢！

贾　茼：上周六班里几个女生画板报，他一个男生，跟着后面檫黑板递粉笔，买喜茶送蓝熊，“护花使者”，妥妥的！

贾　薇：宝玉杂学旁收，懂得多会得多，合唱节主唱，艺术节骨干，会写诗，懂绘画，数学在 P 层，英语学得精，选科也均衡，这不是“五育并举”的创新人才吗？上周在班里还演了英语剧《哈姆雷特》，当了主演呢！（飙一段哈姆雷特的经典英文台词）还有呢！各班，全学部，都有宝玉的粉丝呢？他可是年级名人，“校长奖”的热门人选啊！（再飙一段英语，极尽赞美之词）

贾　玲（笑了）：瞧，咱这班主任，说起自己的学生，眉飞色舞，爱护有加，简直完人啊！一看，就是自己的亲学生！那，这么办得了，咱们哪，来个学部大投票，每班一个代表，选宝玉，还是选贾兰，一人一票，一决胜负，以示公平，如何？

贾代然：这个好！

贾　茼：我看行！

贾　薇：我同意！

（学部大投票开始，各班投票代表贾代影、贾雨辰、贾苇、贾薇、贾汪、贾代吉、贾菁、贾雨多、贾絮春、贾代广、贾雨帅、贾红春、贾代君、贾代楠、贾博春陆续选择自己最酷的方式上台走秀，在名牌引领下，各念支持理由，各自站队宝玉或贾兰——单号班站队贾兰，双号班站队宝玉，宝伟主任站队宝玉，晓辉校长最终也站队宝玉，决出胜负，宝玉胜出）

（第一组“水字辈”五班代表贾汪上）

贾　汪：假做真时真亦假，无为有处有还无。大家好！我是贾府“水字辈”儿第一代，五班代表贾汪，黑发不知勤学早，白首方悔读书迟。我代表五班，站队贾兰！

［第二组“代字辈”一班、六班、十班、十三班、十四班代表贾代影、贾代吉、贾代广（上场口）、贾代君、贾代楠（下场口）同上］

贾代楠：世事洞明皆学问，人情练达即文章。（齐声说）我们是贾府“代字辈”儿第二代，（分别说）一班代表贾代影、六班代表贾代吉、十班代表贾代广、十三班代表贾代君、十四班代表贾代楠。

贾代影：书山有路勤为径，学海无涯苦作舟。我代表一班，站队贾兰！

贾代吉：新涨绿添浣葛处，好云香护采芹人。我代表六班，支持宝玉！

贾代广：枕上轻寒窗外雨，眼前春色梦中人。我代表十班，支持宝玉！

贾代君：少年易学老难成，一寸光阴不可轻。我代表十三班，站队贾兰！

贾代楠：静夜不眠因酒渴，沉烟重拨索烹茶。我代表十四班，支持宝玉！

［第三组“雨字辈”二班、八班、十一班代表贾雨辰（上场口）、贾雨多、贾雨帅（下场口）同上］

贾雨多：世人都晓神仙好，唯有金银忘不了。（齐声说）我们是贾府“雨字辈”儿第三代，（分别说）二班代表贾雨辰、八班代表贾雨多、十一班代表贾雨帅。

贾雨辰：绕堤柳借三篙翠，隔岸花分一脉香。我代表二班，支持宝玉！

贾雨多：吟成豆蔻才犹艳，睡足酴醾梦也香。我代表八班，支持宝玉！

贾雨帅：乡里献贤先德行，朝廷列爵待公卿。我代表十一班，站队贾兰！

［第四组“王字辈”九班、十二班、十五班代表贾絮春、贾红春（上场口）、贾博春（下场口）同上］

贾红春：满纸荒唐言，一把辛酸泪。（齐声说）我们是贾府“玉字辈”儿第四代，（分别说）九班代表贾絮春、十二班代表贾红春、十五班代表贾博春。

贾絮春：春风得意马蹄疾，一朝看尽长安花。我代表九班，站队贾兰！

贾红春：琥珀杯倾荷露滑，玻璃槛纳柳风凉。我代表十二班，支持宝玉！

贾博春：金榜高悬姓字真，分明折得一枝春。我代表十五班，站队贾兰！

［第五组“草字辈”三班、四班、七班代表贾苇、贾薇（上场口）、贾菁（下场口）同上］

贾　薇：都云作者痴，谁解其中味。（齐声说）我们是贾府“草字辈”儿第五代，（分别说）三班代表贾苇、四班代表贾薇、七班代表贾菁。

贾　苇：十年寒窗无人问，一举成名天下知。我代表三班，站队贾兰！

贾　薇：宝鼎茶闲烟尚绿，幽窗棋罢指犹凉。我代表四班，支持宝玉！

贾　菁：书中自有颜如玉，书中自有黄金屋。我代表七班，站队贾兰！

（宝伟主任上，大家鼓掌，分别往自己阵营拉人）

贾宝伟：教育不是万能的，只看学业是万万不能的！贾宝伟代表学生处，支持宝玉！

（晓辉校长上，大家鼓掌，分别往自己阵营拉人）

贾代辉：宝玉不是完美的，但是并不妨碍他很优秀！贾代辉代表我个人，支持宝玉！

（剧终，全体演员上，谢幕）

图书在版编目（CIP）数据

做语文教育的“本手”/汪文龙著. --北京：开明出版社，2024.1
ISBN 978-7-5131-7759-7

Ⅰ.①做… Ⅱ.①汪… Ⅲ.①中学语文课-教学研究 Ⅳ.①G633.302

中国版本图书馆 CIP 数据核字(2022)第 215348 号

出 版 人：陈滨滨
责任编辑：乔　红　刘赫臣
美术编辑：刘昭弘

做语文教育的“本手”

作　者：汪文龙
出　版：开明出版社（北京海淀区西三环北路 25 号　邮编 100089）
印　刷：保定市中画美凯印刷有限公司
开　本：710×1000　1/16
印　张：20.5
字　数：400 千字
版　次：2024 年 1 月第 1 版
印　次：2024 年 1 月第 1 次印刷
定　价：68.00 元

印刷、装订质量问题，出版社负责调换。联系电话：（010）88817647